BERRAK Y

Ev Yapımı bir Paraşüt

DESTEK
yayınları

Demet'e...

İÇİNDEKİLER

“Büyük bir dağı görmek için büyük bir göz gerekmez.”

Meher Baba

*"Kalbim kanıyor durmadan en tatlı çağında
Hicran yanıyor aşk yerine, kalp ocağında."*

Sadettin Kaynak

O GÜNDEN BİR GÜN ÖNCE

Uykumdan birkaç kez uyandım. Beni neyin uyandırdığını bilmiyordum, belki haftalardır tek bir satır yazamamış olmamdan kaynaklanan iç sıkıntısı...

Düşsüz geçen kapkara gecelerden birini daha ardımda bırakmıştım. Önümde tüketmek zorunda olduğum yeni bir yirmi dört saat olduğunu düşünüp, iç çektim.

Ah, niçin yirmi dört saat!

Yatağımı toplamadan, dosdoğru mutfağa yöneldim. Bir süredir bunu âdet edinmiştim. "Toplamanın hiçbir anlamı yok" diyordum kendime. "Nasıl olsa akşam yine bozmayacak mıyım?"

Bu da son zamanlarda günlük işlerden kaytarmak için bulduğum bahanelerden biriydi ve kullanılmaktan yıpranmıştı. Kedimle oyun oynamak için, yürüyüş yapmak için, bir film izlemek için, ortalığı toplamak için, arkadaşlarımla buluşmak için ve normalde severek yaptığım birçok başka şeyi yapmak için hiçbir istek duymaz olmuştum.

Hava sıcak ve bunaltıcıydı. Buzdolabını açıp, şöyle bir göz attım. Birkaç tane elma, bir parça peynir, iki yumurta, tek bir domates...

Günlerdir alışverişe çıkmamıştım, dolabım tamtakırdı. Gözüme bayatlamaya yüz tutmuş bir sandviç ilişti. Başka bir şey hazırlamaya enerjim olmadığı için onu yemeye karar verdim. Gereğinden çok daha fazla vakit harcayarak kendime bir kahve yaptıktan ve biraz da camdan dışarı bakarak oyalandıktan sonra isteksizce çalışma masama doğru yürüdüm. Benim için en zor saatler başlamak üzereydi. Ekrandaki boş sayfaya bakıp durduğum saatler!

Haftalardır bu durumdaydım. Sabahları yeni romanıma başlamak üzere masama oturuyor, akşamları tek bir cümle bile yazamamış olarak yatağıma dönüyordum.

Kendimi iyi hissetmediğim için mi yazamıyordum, yoksa yazamadığım için mi kendimi iyi hissetmiyordum?

Bu sorunun yanıtının pek bir önemi yoktu. Önemli olan şey, bir daha asla bir roman yazamayacağıma inanmaya başlıyor olduğum gerçeğiydi. Her geçen gün daha çok paniğe kapılıyordum.

Masamın başına oturdum, bilgisayarımı açtım ve ekranı izleme mesaim başladı. Her şeyden evvel romanımın adını bulmak istiyordum ve bu benim için neredeyse bir takıntı haline gelmişti. İlk adım yanlış atılırsa, bütün yolculuk yanlış gider diye düşünüyordum.

Kendimi yüreklendirmek için masama dizdiğim romanlarıma baktım. Üçünün de adını, onları yazmaya başlamadan evvel koymuştum.

Romanlarımdan bir tanesini, ilk romanım olan *Konuşmayan Tavus Kuşu Camio*'yu elime aldım ve rasgele bir sayfa açıp, okumaya başladım:

"Bir gece, nehrin kıyısında ateşler saçarak duran bir kurbağaya rastlamıştım" dedi Mama Nono. "Karanlığın içinde gözlerimi kamaştıracak kadar parlıyordu. Bunu

nasıl becerdiğini anlayabilmek için yanına yaklaştığımda karşı kıyıda uçuşan ateşböceklerini gördüm. Kurbağa o kadar çok ateşböceği yutmuştu ki, onlar gibi parlamaya başlamıştı! Doğrusunu istersen, ateşler saçıyor olması ateşböceklerinin hiç umurunda değildi. Diğer kurbağalar ise parlaklığından korkmuş oldukları için ondan uzak durmaya başlamışlardı. Yapayalnız kalan parlak kurbağa günlerini kendi varlığına bir anlam vermeye çalışarak geçiriyordu. Bir kurbağa mıydı, bir ateşböceği miydi, yoksa her ikisi de değil miydi? Bana kalırsa, o hâlâ tam anlamıyla bir kurbağaydı. Diğerlerinden biraz daha parlak bir kurbağaydı, o kadar!"

Başka bir sayfa açtım, gözüm şu satırlara takıldı:

"Madam Bobogel saymakla bitmez meziyetleri olan bir madam olsa da, bu meziyetlerinin arasında en önemlisinin tevazu olduğunu her fırsatta dile getirirdi. Günlerinin büyük bir bölümünü meditasyon yaparak, şifa dağıtarak, pozitif düşünceler saçarak ve kendi geliştirmiş olduğu çok özel yöntemler aracılığıyla Tanrı ile her madama nasip olamayacak kadar özel ilişkiler kurarak geçirdiği için kendine bir eş bulmaya doğal olarak vakit ayıramamıştı. Aslına bakarsanız, madamın bekâr olmaktan ötürü rahatsızlık duyduğu falan yoktu. Hayatı boyunca bir defa bile flört etmemiş olmaktan dolayı da hiç şikâyetçi değildi. Zaten bu dünyada onun gelişmiş ruhunun yüksek frekansına ayak uydurabilecek bir erkek bulunduğundan dahi şüpheliydi Madam Bobogel. Ne de olsa erkekler eşlerinin kendilerinden daha yüksek mertebelerde olmalarına katlanamaz, eninde sonunda huzursuz olup, ilişkiyi bitirirlerdi. İşte, Madam Bobogel de böyle yüksek mertebelerde bir madamdı."

Sayfaya bakarak öylece durdum. Bu satırları gerçekten ben mi yazmıştım? Kitabı kapatıp, elimin tersiyle öteye ittim. Kendime olan inancımı büsbütün yitirmek üzereydim.

Gözüm kütüphaneye yasladığım bisiklete takıldı. Biraz dolaşmak belki zihnimi açabilirdi. Öte yandan arka lastik patlaktı ve onu tamir ettirecek gücü kendimde bulamıyordum. Peki ya bir yürüyüş?

Doğrusu adım atacak enerjim yoktu. Belki yarın sabah dedim kendime...

Bu sırada telefonum üçüncü defa çalmaya başlamıştı. Arayan yakın bir arkadaşımdı ve ilk iki aramasına yanıt vermediğim halde pes etmemişti. En sonunda açtım.

Sinemaya mı? Hayır, tabii ki gelemezdim. Çok, ama çok meşguldüm. Bir roman yazmanın ne kadar zor olduğunu bilmiyor muydu? Hayır, kahve içecek vaktim de yoktu.

Telefonu kapattım ve tavanı izlemeye koyuldum.

Masadan kalktığımda saatler geçmişti. Önceki günden kalma yemeği ısıtıp, televizyonun karşısında yedim.

Çıldırmak üzereydim.

"Yaşadım birkaç bin yıl
Acılara tutunarak
Acı çekmek özgürlükse
Özgürüz ikimiz de."

Hasan Hüseyin Korkmazgil

Ellerin de Depresyonda mı?

Şafak sökerken evimin yakınlarındaki küçük parka yürüdüm ve her zamanki yerime, bir çınar ağacının gölgesindeki banka oturdum. Keyifsiz ve düşünceliydim. İşte, birbirinin aynısı olan günlerden bir tanesi daha başlıyordu ve benim içimde yeni doğan güne katılmak için en ufak bir heves uyanmamıştı. Akşama kadar yapmam gereken işler gözümde canlandı, derin bir iç çektim. Bu düşünce sıkıntımı daha da artırmıştı.

Birdenbire yanı başımdan gelen bir sesle irkildim.

"Kuşlar..." dedi yumuşacık, tatlı bir ses. "Şarkı söylediler ve sustular. Sen o şarkıları duymadın."

Sese doğru döndüm. Elli yaşlarında, son derece hoş, zarif görünümlü bir kadındı. Beline kadar dökülen beyaz saçlarıyla bir tezat oluşturan, uzun, siyah bir elbise giymişti. Bakıştık. Gözlerinde daha evvel benzerine rastlamadığım bir dinginlik ve bilgelik vardı. Kadını tepeden tırnağa şöyle bir süzdüm, sonra hiçbir şey söylemeden başımı öte yana çevirdim. Diğer bütün banklar boşken bu kadın ne demeye gelip benim dibime oturmuştu sanki?

"Kuşlar..." dedi yine. "Anlaşılan bu sabah bir tek benim kulaklarım için şarkı söylüyorlar."

Münasebetsiz kadın sabahın köründe gelip yanıma oturmakla kalmamıştı, bir de benimle sohbet etmeye çalışıyordu! Olacak iş değildi...

Yanıt vermedim, homurdanmakla yetindim. Böylece rahatsız olduğumu anlar ve susar, hatta daha da iyisi yanımdan kalkıp başka bir yere oturur diye umuyordum. Sonra epey bir sessiz kaldım. Kadının olduğu tarafa doğru bakmamaya da özen gösteriyordum.

"Susmakta çok iyisin" dedi, hafif alaylı bir sesle. Bozuldum. Kadını terslemeye ve haddini bildirmeye karar vermiştim. Böylece bir daha parkta tek başına vakit geçiren insanları rahatsız etmemeyi öğrenirdi. Bir hışımla döndüm, gözleriyle karşılaştım ve o anda donakaldım. Ağzımı açmak, bir şey söylemek istiyordum, ama büyülenmiş gibiydim, hiç kıpırdayamıyordum. İçimi bir telaş kapladı. Sabah sabah bir masal kahramanı gibi, bir kitaptan fırlamış gibi yanımda beliren bu gizemli kadın kimdi, neyin nesiydi?

"Doğru yoldasın Berrak!" dedi, yüzünü bir gülümseme kapladı. "Bir kitaptan çıkmış olduğum konusunda haklısın."

Dik dik baktım. "İsmimi nereden biliyorsun?" diye sordum, tersleyerek. "Ne düşündüğümü nasıl anladın?"

"Sen ve ben, birbirimizi çok iyi tanıyoruz. Beni sen yarattın."

"Ben mi yarattım?" diye sordum. Şaşkınlığım iyice artmıştı.

"Biraz daha dikkatli bakarsan, kim olduğumu anlayacağından eminim."

"Mama Nono!" diye bağırdım. Çığlık atmamak için elimle ağzımı kapattım. Öylesine heyecanlanmıştım ki, kalbim yerinden fırlayacak gibi atmaya başlamıştı. *Konuşmayan Tavus Kuşu Camio* romanımdaki sevgi ve şefkat dolu, bilge büyücü Mama Nono yanımda oturuyordu!

"Ta kendisi!" dedi, güldü. "Beni yaratmış olabilirsin, ama bu sana beni bir romanın içine hapsetme hakkını vermiyor. Bana ihtiyacın olduğunu gördüm ve geldim."

"Böyle bir şey gerçekten mümkün mü? Aklım almıyor!"

"Ne güzel! Tadını çıkar. Aklının almadığı durumlarla karşılaşmak sık sık başına gelen bir şey değil."

Biraz düşündükten sonra başımı salladım, "Doğru" dedim.

"Yanlış anlama, ama gördüğüm kadarıyla aklının da sana pek faydası dokunmamış."

Yine bozuldum. "Mama Nono!" dedim. "Karşımdaki sahiden sen misin? Bu bana hiç normal gelmiyor."

"Normal mi!" dedi, kahkaha attı. "Normal nedir? Senin korkularla, çekişme ve mücadeleyle dolu, anlamsız ve sevinçsiz haldeki hayatın mı normal? Duyguların tarafından hırpalanmak, düşüncelerin tarafından işkence edilmek normal mi?"

Sustum.

"Burada ne yapıyorsun?" diye sordu. "Her sabah buraya neden geldiğini merak ediyorum. Gölgesinde oturduğun ağaca hiçbir zaman dikkatle bakmadın, parkın içindeki çiçeklerin bir tanesini bile görmedin. Kuşlar cıvıldayıp durdular, ama sen asla işitmedin."

Bir şey diyecek gibi oldum, vazgeçtim. Haklıydı. Saydığı tüm o güzelliklere asla dikkat etmemiştim. "Hiçbir şey!" dedim en sonunda. "Burada hiçbir şey yapmıyorum. Yalnızca zaman öldürüyorum."

"Harika!" dedi, yine o alaycı tonuyla. "Zaman seni öldürüyor ve sen zamanı öldürdüğünü zannediyorsun."

Sessiz kaldım.

"Zamanını ıvır zıvırla harcama!" dedi. "Dünya, günlerini çeşitli oyunlar oynayarak ve televizyon izleyerek harcayan insanlarla dolu. Ne yaptıklarını sorsan, can sıkıntısından kurtulmak için uğraştıklarını, zaman öldürmeye çalıştıklarını söylerler. Zamanın değerini bilmeyenler, can sıkıntısı çekmeye mahkûmdur. Hayatlarının her anında eğlendirilme ihtiyacı içinde olanlar, can sıkıntısı çekmeye mahkûmdur."

"Aslında benim derdim can sıkıntısı değil" dedim, kendimi temize çıkarmaya çalışarak. "Ben... daha çok mutsuzluktan mustaribim."

"Dün gökyüzünde uzun ve kızıl, görkemli bir günbatımı vardı; ne yazık ki sen onu da görmedin. Camdan dışarıya şöyle bir göz attın, sonra hemen başını çevirip bilgisayarının ekranına bakmaya devam ettin. O muhteşem manzara senin için bir lambanın yanıp sönmesinden daha ilginç değildi. Böyle bir güzelliği izleyecek kadar zamanın yoktu, ama öldürecek kadar zamanın var."

"Bunu bildiğine göre, mutsuz olduğumu da biliyor olmalısın" dedim. "Uzun bir süredir mutsuzum ve nedenini sorarsan sana elle tutulur bir şey söyleyemem. Belki mutsuzluk bir gün yüzüme bakmış ve beni gözüne kestirmiştir."

Kısa bir süre sessiz kaldıktan sonra devam ettim:

"Ortada bir neden bulunmadığına göre yalnızca şımarıklıktan, gösteriş olsun diye acı çektiğimi düşünüyor olabilirsin" dedim, günah çıkarırcasına. "İnan bana, bunu ben de düşündüm. Ama bu doğru değil. Söylesene Mama Nono, mutsuz olmayı kim ister? Ne yaparsam yapayım, bu kasvetli ruh halinden kurtulamıyorum. Yüreğim kilitlenmiş, donmuş kalmış gibi..."

"Seni çok iyi anlıyorum" dedi, şefkatli bir ses tonuyla. "Tarif ettiğin sıkıntı, insanoğlunun ortak mirasıdır. Ne kadar bastırmaya çalışsan da kaybolmayan, içinden söküp atmak için çabalasan da, hatta varlığını inkâr etsen bile kurtulamadığın o huzursuzluğu tanıyor, kaynağını da biliyorum. Dışarıdan baktığında gayet iyiymiş gibi görünen insanların nerdeyse hepsi senin gibidir; içeride aralıksız kanayan yaralarla doludurlar.

Bazıları bunu gizlemeyi iyi becerirler, ama bu seni yanıltmasın. Çeşitli ıstıraplar insanların içlerine çok başlı canavarlar gibi yerleşmişler ve daima oradalar. Her düşüncenizin, her duygunuzun ardında saklanıyorlar. Bu yüzden dar ve sefil; dışarıda gösterişli, içeride sığ hayatlar yaşıyorsunuz. Bu yüzden daima kronik bir gerginlik ve tatminsizlik içindesiniz; en yakınlarınıza bile tam anlamıyla sevgi ve şefkat duyamıyorsunuz. Bu yüzden duygularınız ölmüş, yüreğiniz donmuş gibi. İçinizde yaşama sevincinden ve neşeden eser yok. Bir de üstelik kafanızın içinde size sürekli *'Yeterince iyi değilsin, daha çok şeye sahip olmalısın!'* diye fısıldayan bir ses var. O ses arada bir kısılır ama asla tam olarak kaybolmaz; arka planda onun var olduğunu hep bilirsiniz. Ne kadar yetersiz olduğunuzu tekrarlayıp durarak size ömrünüz boyunca işkence eder.

Bir dahaki sefer bir partiye gittiğinde etrafına dikkatli bak. Şen şakrak kahkahalar atan, müthiş eğleniyormuş gibi görünen kalabalığı incele. Yüzeydeki yapay neşenin altında saklanan gerginliği, korkuları ve sıkıntıları göreceksin. Hiç kimse tam anlamıyla rahat değildir, ama ustaca rol yaparlar. Bir futbol maçına git ve oraya sözde eğlenmek için gelen insanların öfkesini izle. Televizyonu aç, haberlerdeki vahşete ve zulme bir göz at. Popüler şarkıların sözlerine dikkatlice bak ve o satırlarda gizlenen şiddeti, kıskançlığı, açgözlülüğü gör. Sence, siz kendinizle barışık insanlar mısınız? Birbirinizle barışık mısınız? Ya dünyayla?

Bir de şöyle bir yaygın hastalık vardır: Herkes, *'Eğer şunlara bunlara sahip olsaydım her şey yoluna girerdi'* diye düşünür. *'Eğer kıvırcık saçlı olsaydım, beş kilo daha zayıf olsaydım, yüz bin dolarım olsaydı, bir arabam olsaydı, küçük bir bahçem olsaydı, spor yapacak vaktim olsaydı, o kadın beni sevseydi, o adam benim kocam olsaydı, bir çocuğum olsaydı, biraz daha özgür olsaydım...'* Liste sonsuza dek uzayıp gider.

'Biraz daha sosyal bir insan olabilirsem...' diye düşünürsünüz. *'Her şey daha iyi olacak. İşimde terfi edebilirsem, biraz daha çalışkan olabilirsem, kendime daha çok vakit ayırabilirsem, daha kaygısız olabilirsem, daha cesur olabilirsem...'* Bu liste de sonsuza dek uzar.

Bütün bu beklentiler geleceğe yöneliktir. Kendinize zaman içinde gelişmeniz gerektiğini ve bunu başarabilirseniz, çeşitli eksiklerinizi giderebilirseniz daha iyi bir hayat yaşayabileceğinizi söyleyip durursunuz. Bu da üzerinizde bir baskı oluşturur ve içinizde ek bir gerilim yaratır çünkü kişisel gelişim çabası kesin bir kanıya dayanır: Şu anki haliniz yeterli değildir. Şimdi kusurlu ve eksiksinizdir. Yine de çok gayret ederseniz, belki ileride zaaflarınızı giderme ihtimaliniz vardır.

'Bugün buyum, yarın daha iyi bir şey olacağım ve kederlerim sona erecek' düşüncesiyle çırpınıp durursunuz. Oysa kederlerinizin sona ermesi için bambaşka bir yaklaşım gereklidir. İşe, kendinizi ve kederlerinizi anlamakla başlamak gereklidir. Olması gerekeni hayal etmeyi bırakmak ve olanla yüzleşmek gereklidir."

"Bir de her şeyi oluruna bırakmak gerektiğini söyleyenler var" dedim. "Ama benim her şeyi oluruna bırakışım ancak yorgunluğumdan kaynaklanıyor."

"Bazı insanlar hayatı daha çekilebilir hale getirebilmek için bir çeşit alaycı *'Zaten kimin umurunda!'* tavrı geliştirirler" dedi. "Bazıları da zevk arayışına dalar. İlki yenilginin duyarsızca kabullenilmesi, ikincisi ise yenilgiyi hazzın kollarında unutma gayretidir. İki yaklaşım da mevcut sorunu çözmez. Dilersen sen de bu yolları deneyebilir veya bir sürü teoriyle kendini oyalayabilirsin. Kendini, gözlerin kapalı olarak bir amaca, bir fikre adayabilir ve orada kendine bir sığınak bulabilirsin. Ne yazık ki, bu da sorunu çözmez. Kendini bir fikre hapsetmek, çatışmadan kurtuluş değildir."

"Belki de benim için bir kurtuluş yoktur Mama Nono" dedim, ağlamaklı bir sesle. "O kadar uzun bir zamandır depresyondayım ki!"

"Demek depresyondasın!" dedi, derin bir nefes aldı. "Pekâlâ..."

Durakladı.

"Şimdi kendini dikkatle incelemeni istiyorum" diye söze girdi. "Bir bak bakalım, depresyonun yanı sıra nelerin var."

"Nasıl yani?" diye sordum, şaşkınlıkla.

"Tepeden tırnağa depresyonla mı dolusun, yoksa boş olan yerlerin var mı? Ellerin de depresyonda mı?"

Başımı öne eğdim, bir süre ellerimi inceleyerek oyalandım. Sanki onları ilk defa görüyormuşum gibi... "Hayır" dedim en sonunda. "Sanırım ellerim depresyonda değiller."

"Ya kulakların? Onlar da depresyonda mı?"

Sağ kulağıma hafifçe dokundum. "Sanmıyorum..." diye geveledim.

"Çok iyi!" dedi. "Demek depresyonda olmayan yerlerin var! Şimdi şu meşhur depresyonunu bana bir göstermeni istiyorum. Parmağınla göster, tam olarak nerede?"

Kalakaldım.

"Gösteremiyorsun tabii, çünkü depresyonun zihninin içinde" dedi. "Zihnin karmakarışık, buruk ve öfkeli."

"Ben... zihnimi durduramıyorum" dedim. "Kafamın içinde bana acı veren düşünceler kaynaşıp duruyor. Yapacak hiçbir şey yok!"

"Yapacak hiçbir şey yoksa hiçbir şey yapma!" dedi. "Mutsuzluk ve umutsuzluk içinde kendini yiyip bitirmeye devam et. Ama yapacak bir şey varsa?"

"Denedim" dedim. "Zihnim durmuyor!"

"Durmaz tabii!" dedi, kahkaha attı. "Akciğerlerin duruyor mu? Kalbin?"

Boş gözlerle baktım.

"Zihin, düşünce üretmek için yapılmıştır ve görevini aralıksız olarak sürdürür. Akciğerin aralıksız solunum yapması ve kalbin aralıksız kan pompalaması gibi. Zihnin durmaması son derece doğaldır."

"Ama ben..." diyecek oldum.

"Evet, çok güzel bir konuya değindin!" dedi. "Şu *'ben'* dediğin kim? Merak ediyorum doğrusu. Göster bana o *'ben'* i, depresyonda olanı."

Önce biraz tereddüt ettim. Sonra parmağımı hafifçe kaldırıp, kendime doğru çevirdim.

"İşte..." dedim. "Burada. *'Ben'* dediğim burada."

"Demek *'ben'* derken bedenini kastetmiştin?"

"Hayır!" dedim. "Yalnızca bedenim değil elbette."

"Evet, ben de öyle tahmin etmiştim. *'Bedenim'* dediğine göre, bedene sahip çıkan ve onun kendisine ait olduğunu söyleyen bir *'ben'*den söz ediyor olmalısın. Göster onu bana. *'Benim bedenim'* diyeni. Nerede o?"

Duraksadım. Kafam büsbütün karışmıştı.

"İyi analiz edersen, *'ben'* dediğin şeyin vücudunun hiçbir yerinde olmadığını görürsün. Kolun kesilse, yalnızca kolun gitmiş olur, ama *'ben'* hiç bozulmadan durur. Aynı şey bacakların için de geçerlidir, kulakların için de. Yaşamayı sürdürdüğün sürece bedenini parça parça eksiltmeye devam edebiliriz, ama *'ben'* bunlardan etkilenmez. Sabit kalır. Doğru mu?"

"Doğru!"

"Demek ki *'ben'* dediğinde bedenini kastetmiyorsun. Mesela çocukluktaki beden gider, ilk gençlikteki beden de gider, ama *'ben'* geriye kalır. Geriye kalan kimdir? İsmin ve soyadın değil, çünkü bunlar sana sonradan verilmiştir ve değiştirilebilirler. İstersen eleme yaparak aramaya devam edelim. Sahip olduğun şeyler değil, eğitim seviyen değil, mesleğin değil, yaşın değil, cinsiyetin değil. *'Ben'* derken bunlardan hiçbirini kastetmiyorsun."

Başımla onayladım.

"Gördüğün gibi *'ben'* dediğin şeyi hâlâ bulabilmiş değiliz. Peki, o kimdir?"

"Zihnim?" diye sordum, çekinerek.

"Yanlış hatırlamıyorsam biraz evvel *'Zihnimi durduramıyorum'* demiştin" dedi, gülümsedi. "Zihni durduramayan kim?"

Allak bullak olmuştum. Ne diyeceğimi bilemiyordum. "Ben kendimi ne olarak düşünüyorsam, oyum!" diye kestirip attım.

"Kendini nasıl düşünüyorsan öyle olduğunu söyleyemezsin" dedi. "Senin kendi hakkındaki düşüncelerin günden güne, andan ana değişir."

Biraz düşündüm, haklı olduğuna karar verdim. Yine başımı salladım.

"Yalnızca kendi hakkındaki düşüncelerin değil bedenin, duyguların ve düşüncelerin de sürekli değişir, ama sabit bir şeymiş gibi bahsettiğin bir *'ben'* var. Psikolojin, düşüncelerin, fikirlerin, hatta inançların değişir. Zihninin akışı andan ana değişir. Hastalık ve sağlık gelip geçer; gençlik ve yaşlılık gelip geçer, ama bütün bunların gelişinden ve gidişinden etkilenmeyen bir *'ben'* hep vardır. Hiçbir zaman değişmeyen, *'Benim bedenim, benim duygularım, benim düşüncelerim, benim zihnim'* diyen, bütün bunlar üzerinde hak iddia eden, hepsinin sahibi olduğunu söyleyen *'ben'* kim?"

"Şimdi sen birdenbire böyle sorunca..." diye mırıldandım.

"Depresyonda olduğunu söyleyen kim? Mutsuzluktan şikâyet eden kim, görmek istiyorum!" dedi, ısrarla.

"Bilmiyorum!" dedim, yenilgiyi kabul ederek.

"Bilmiyorum derken samimi olarak, doğrulukla mı söylüyorsun? Sana sorduğum sorunun ne olduğunu anlayarak, anlamının, öneminin ve derinliğinin kesinlikle farkında olarak, *'Bir cevabım yok'* diyebilir misin? Yoksa zihnin hâlâ ortaya bir cevap koyabilmek için okuduğu kitapları ya da bir yanıt bulduğunu söyleyen insanları mı araştırıyor? Sen çok akıllı biri olabilirsin, çok fazla okumuş olabilirsin, bana bu konuda bir şeyler yazmış olan tüm uzmanların sözlerini aktarabilirsin, belki benimle upuzun, felsefi bir tartışmaya girebilirsin, ama bu da mevcut problemimizi çözmez."

Biraz durup düşündükten sonra, "Sorduğun sorunun ne olduğunu anladım" dedim. "Anlamının ve öneminin farkındayım, ama bir cevabım yok."

"Güzel!" dedi, yüzüne sıcacık, aydınlık bir gülümseme yayıldı. "Bu, iyi bir başlangıç. Kim olduğunu bilmediğini kabul ettiğin zaman, dürüstçe, gerçekten *'Bilmiyorum'* dediğinde beraberce bir yanıt aramaya başlayabiliriz."

Başımı sallayıp, onayladım.

"Biraz evvelki araştırmamızda, *'Benim zihnim'* diyen ve zihin üzerinde hak iddia eden, zihni kontrol edebilecek güçte bir *'ben'* olduğunu saptadık. Doğru mu?"

"Evet."

"İşte, biz tam da bu *'ben'* ile yani hem bedenin hem de zihnin efendisi olan *'ben'* ile ilgileniyoruz. Onun adına öz, ruh, bilinç, ne istersen diyebilirsin. Ben ona 'patron' diyeceğim çünkü gerçekte zihnin patronu odur. Sen, kendini zihnin zannediyorsun; oysa zihin, yalnızca patronun emrindeki araçlardan biridir. Ne yazık ki patron, çoğu zaman görevini yerine getirmez ve bu yüzden zihin, biyolojik ve işlevsel açıdan yetersiz olduğu bir görevi yerine getirmek mecburiyetinde kalır: Hayatı yönetmek. Zihin bu iş için uygun değildir; onun sadık ve dürüst bir uşak olması gerekir, patron değil. Her şeyin yoldan çıkmasının temel sebebi budur: 'Patron' uykudadır ve o uyurken zihne patron olma görevi verilmiştir. Normalde yalnızca düşünce üretmekle görevli olan zihin, kendini bütün hayatı yönetmek zorunda kalmış bulunca korkuya kapılır. Zihni patron konumuna sokmak ona öyle bir yük getirir ki bunu taşıyamaz, zaten bunu taşımak için yaratılmamıştır. Bunun sonucu düşünce mekanizmasının, zihin merkezinin bozulması olur. Zihin, durumu kurtarmak için hayatının kontrolü sendeymiş yanılsaması yaratan daimi bir sis perdesi oluşturur. Sen, hayatın boyunca dünyayı çarpık bir şekilde algılarsın çünkü çevreni hep bu sis perdesinin ardından izlersin. Çoğu zaman kendini tam olarak burada değilmiş gibi hissetmenin, algılarındaki bulanıklığın sebebi budur. Zihin, etrafında gördüğü şeyleri, çevresini kuşatan kişileri izler ve hepsinden biraz bir şeyler alarak hızlıca bir kayıt yapar, onu senin eline tutuşturur ve sana şöyle der: 'Al, sen busun. Bununla idare et!' Sen bu söylenilene çaresizce inanır ve kendin zannettiğin, sürekli dönüp duran, sınırlı bir repertuvardan oluşan birtakım düşünce, duygu ve hareket kalıpları içinde ömrünü tüketirsin. Böylelikle sen bir uyurgezer, mekanik ve bilinçsiz bir robot haline gelirsin. Bu trajik kaderden kurtulabilmek, zihninin seni kapattığı hapishaneden çıkabilmek ve özgürleşebilmek için tek bir çaren vardır: Patronu uyandırmak."

Ağzım açık kalmıştı.

"Şunu anlaman çok önemli" dedi. "O yüzden defalarca tekrarlayacağım: Sen zihnin değilsin!"

Sustu. Bütün bunları hazmedebilmem için bana biraz zaman tanıyor gibiydi.

Bir süre sessiz kaldıktan sonra, "Sen, olduğunu zannettiğin şey değilsin!" dedi. "Sen zihnin değilsin, zihninin fikirleri değilsin, düşüncelerin değilsin, duyguların değilsin."

"Bunu kavramakta büyük bir güçlük çekiyorum" dedim.

"Çok doğal" dedi. "Bugüne kadarki hayatını kendini zihnin zannederek geçirdin. Oysa zihnin şu haliyle senin arkadaşın bile değil."

"Arkadaşım bile değil mi!" dedim. Bozguna uğramış gibiydim.

"Bu vahşi haliyle arkadaşın değil!" dedi. "Eğitimsiz ve disiplinsiz bir zihin tamamen yoldan çıkmış bir vaziyettedir. Her zaman izdiham içindedir; her zaman karmakarışıktır."

Dehşet içinde dinliyordum.

"Endişe etme, umut var!" dedi, gülümsedi. "Zihin eğitilirse her şey olanaklıdır. Kendini yanılsamalardan kurtarması görevini ona verirsen, zaman, sabır ve doğru eğitimle, zihnin kendi düğümünü yavaş yavaş çözmeye başlar. Zihni eğitmek, katiyen ona zorla boyun eğdirmek değildir. Öncelikle zihninin nasıl çalıştığını doğrudan ve somut olarak görmen gerekli. Zaman içinde uysallaşacak ve en sonunda o da seninle işbirliği yapacaktır. Zihni kullanmayı bilmezsen, o seni kullanır. Kullanabilirsen, sana sadakatle hizmet eder. Seni ele geçirirse yıkıcı ve tehlikeli olur. Hayatını senin yerine zihnin yönettiği sürece sen kedere ve ıstıraba sürüklenmeye mahkûmsun, çünkü zihnin yapabildiği tek şey o güne dek yaptıklarını tekrarlayıp durmaktır."

"Bu anlattıkların, hazmetmesi kolay şeyler değil" dedim, kaygılı bir sesle.

"Haklısın" dedi. "Ama artık kendini kandırmayı bırakman gerekiyor. Sen, kim olduğunu bilmediğini biraz evvel itiraf ettin. Bir insan kim olduğunu bilmiyorsa, neyi bilebilir?"

Yanıt vermedim.

"Bedenine daima özen gösteriyor, onu sağlıklı ve temiz tutmak için uğraşıyorsun, öyle değil mi?"

"Elbette!"

"Ya zihnin? Zihnine hiç yakından baktın mı? Onun şu anda ne kadar yorgun, bozuk, kirli ve yaralı olduğunu biliyor musun? Temiz, yaralanmamış, özgür, canlı, güzellik ve enerji dolu bir zihnin olmasını istemez misin?"

"İsterim tabii! Ama bunu nasıl yapacağımı bilmiyorum."

"Bu, zannettiğin kadar zor bir iş değil" dedi. "İstersen sana nasıl yapacağını öğretebilirim. Zihnine bakacaksın, onunla olan ilişkindeki yanlışları göreceksin ve zihnini doğru şekilde kullanmaya başlayacaksın. Hepsi bu."

Cebinden düzgünce katlanmış bir kâğıt çıkarıp, bana uzattı. "Yarından itibaren bu konuda ders vermeye başlıyorum."

Uzattığı kâğıdı alıp açtım. Bir el ilanıydı. Üzerinde büyük harflerle şu yazıyordu:

MUTLULUĞU AYAĞINA GETİRMEK İSTEYENLER İÇİN ÇOK HIZLANDIRILMIŞ BİR KURS.

Hemen altındaki satırda şöyle diyordu:

KURS BOYUNCA HAPİSHANEDEN KAÇMA YÖNTEMLERİ VE DİĞER SAYGIDEĞER UĞRAŞLAR ELE ALINACAKTIR. YALNIZCA YEDİ DERSTE, SİZİ ÖZGÜR OLMAKTAN ALIKOYAN TÜM ENGELLERİ AŞMAYI ÖĞRENEBİLİRSİNİZ.

En altta ise şunlar yazıyordu:

SEVİYE-BAŞLANGIÇ, KATILIM-ÜCRETSİZ.

Bir de adres ve telefon numarası belirtilmişti.

"Hapishaneden kaçma yöntemleri mi?" diye sordum.

"Evet!" dedi. "Zihninin seni kapattığı hapishaneden nasıl kaçacağını bilmek istemez misin?"

Durakladı. "Dersleri evimde vereceğim" dedi. "Gelirsen çok sevinirim."

Biraz düşündükten sonra "Ne yazık ki gelemem Mama Nono" dedim. "Bir kursa katılacak kadar vaktim yok."

"Hiç şaşırmadım!" dedi. "Kendinizle baş başa kalmamak için bahaneler bulmakta üzerinize yoktur. Çok çalışırsınız, oradan oraya koştururusunuz, tatilde bile bir an boş vaktiniz yoktur. Kendinize bakmaktan ödünüz kopuyor. İçeride görecekleriniz sizi ne kadar da korkutuyor! İnsanlar ömürlerinin her anını şu üç şeyden korkarak geçirirler: Başka insanlar, kendi zihinleri ve ölüm."

"Bahane bulmaya çalışmıyorum. Gerçekten benim için uygun bir zaman değil. Çözmem gereken birkaç sorun var..."

"Yalnızca birkaç tane sorunun mu var? Çok azmış! Daha da vardır, iyi düşün!"

Sessiz kaldım.

"Bir insanın daima en az doksan dokuz sorunu vardır derler" dedi, güldü. "Doksan dokuz sorununu çözemem, ama yüzüncü sorununu çözmen için sana yardım edebilirim."

"Neymiş o?"

"Yüzüncü sorunun şudur: Hiç sorunun olmamasını istemek!"

"Doğru!" dedim.

"Hayatından memnun olmayabilirsin, ama bu onunla savaşmanı gerektirmez" dedi. "Şimdi, içinde bulunduğun bu anı bile tam olarak yaşayamadığını biliyor musun? Bunu fark etmeye çalış. Kendini nasıl bu andan uzaklaştırdığını görmeye çalış. Bana dikkatini yalnızca birkaç saniye için tam olarak verebiliyorsun. Daha sonra zihnin geçmişe veya geleceğe kayıyor. Birdenbire sorunlarını düşünmeye başlıyorsun, sonra kendinde ve başkalarında kusurlar bulma alışkanlığın devreye giriyor. Derken, aniden hiç ilgisiz bir yere gidiveriyorsun. Belki geçen gün izlediğin bir televizyon programı? Zihnin pire gibi oradan oraya atlıyor ve sen de o sarkaç gibi sallanan zihninle beraber oradan oraya savruluyorsun çünkü oradan nasıl çıkacağını bilmiyorsun. Daha da önemlisi, zihninin içinden çıkmak gibi bir ihtimalin varlığından bile haberdar değilsin. Zihnine mahkûm olduğunu, onun seni götürdüğü her yere gitmeye mecbur olduğunu zannediyorsun. Kendini bir evin sahibi, zihnini de içinde oturduğun ev olarak düşün. Ev sahibi ve ev birbirleriyle ilişkilidirler, ama ayrı şeylerdir. Senin zihninin içinde hiçbir zaman sönmeyen bir yangın var. Eğer bir evin içinde yangın varsa, ne yapılır?"

"Evden çıkılır" dedim, mahcup bir sesle.

"Evet" dedi. "Yanan bir evden hemen çıkılır. Ama yangın yerinde oturmakta ısrar edersen, kıçım tutuştu diye söylenme hakkını da kaybedersin."

Gülüştük.

"Eğer zihninin girdabından kurtulmak için gayret göstermezsen, kapana kısılmış kalırsın" dedi. "Ve hayatının geri kalan günlerini içsel acılarınla kıvranarak, sonu gelmeyen kederlerinle boğuşarak heba edersin. Diğer tüm insanlar gibi..."

Durakladı, sonra devam etti:

"İnsan sadece kişisel olarak acı çekmez" dedi. "İnsan türünün tamamının çektiği derin bir acı vardır. İnsan dünyada çok fazla ıstırap görür; fakirler, açlıkla mücadele edenler, fiziksel hastalıklar. Başka türlü ıstıraplar da vardır, insanoğlunun bölücülüğüyle, zalimliğiyle, bencilliğiyle, açgözlülüğüyle, savaşlar çıkararak yarattığı ıstıraplar. Bütün bu kederleri görmezden gelmek için kendinizi gürültüyle, hazla ve kaçışın her türlüsüyle doldurursunuz. Bu, sizin cinnet noktasına varan budalalığınızdır. Çektiğiniz ıstıraplar, bilinçsizliğinizin yan ürünüdür.

Bilinçli olursanız, kişisel ıstıraplarınızın büyük bir bölümü yok olur. Üstelik insanoğlunun kolektif acılarına yeni acılar ekleyerek katkıda bulunmayı da sona erdirmiş olursunuz. Böylece bir kişi kendini bu devasa şuursuzluktan, bu verimsiz, karanlık ve kederli kısırdöngüden kurtarmış olur. Kendini tanımak ve özgürleştirmek için mücadele eden bireylerin sayısı çoğaldıkça, dünyada çekilen acılar da aynı oranda azalacaktır. Kolektif acıları sona erdirmenin başka yolu yoktur. Ve başka bir yol aramaya gerek de yoktur."

Anlıyordum... Başımla onayladım.

"Kendi acılarına karşı kayıtsız kalma!" dedi. "Kaynağını ara, bul ve gider onları. Kendi kişisel yangınını söndürmekle işe başla. Zamanla, dünyanın yangını da sönecektir."

Sözlerinden çok etkilenmiştim. Henüz ona itiraf etmiyordum, ama romanımla boğuşmayı bir süreliğine bırakmayı ve kursa katılmayı ciddi olarak düşünmeye başlamıştım.

"Herkes mutluluk ister, ama mutluluğu ele geçirmek çok zordur" dedi. "Birçok kişi çeşitli hazlar aracılığıyla ıstırap çekmekten kurtulabileceğini düşünür. Zevkleri tatmin etmeyi, mutluluk zannederler. Elbette bu arayışın temel sebebi, hepsinin de mutsuz olmasıdır. Böyle evrensel bir zevk arayışının nedeni başka ne olabilir? Mutlu bir insan, mutluluğu arar mı? Haz, mutluluğun yalnızca gölgesidir. Zevkler kullanıldıkça tükenirler; yandıkça eriyip, yok olan bir mum gibi... Dünyanın en güzel yemeğini yiyor olabilirsiniz, ama çok yerseniz kusarsınız. Bir şömine ateşi soğuktan gelince güzeldir, ama yeterince ısındıktan sonra fazla gelir. Mutluluğu nasıl elde edeceğinizi bilmediğiniz için yanlış yollara sapar, ona sırtınızı dönersiniz. Acıdan korkar, ama ona doğru koşarsınız. Arzularınız sonsuzdur, ama şartlar çoğu zaman aleyhinize işler ve şartları değiştirmek için yapabilecekleriniz daima sınırlıdır. Kimi zaman da her şey tam hayal ettiğiniz gibi olur; güzel arkadaşlıklarınız, renkli bir sosyal hayatınız, sevgi dolu bir aileniz, iyi bir işiniz vardır, çok iyi bir eğitim almışsınızdır, sağlığınız da yerindedir. Konforunuzu ve sosyal statünüzü artırmış, dilediğiniz kadar paraya kavuşmuşsunuzdur. İstediğiniz her şeyi elde ettiğiniz anda, tüm bunların size kalıcı bir mutluluk getirmediğini görür, umudunuzu tamamen yitirirsiniz. *'İhtiyacım olana, hatta daha fazlasına sahipken bile mutlu olamıyorsam, mutlu olmanın hiçbir yolu yok demektir'* diye düşünürsünüz. Dış koşullar size mutluluk getiremezler, çünkü içsel huzur olmadan mutluluk olamaz. Kişi, oradan oraya savrulan zihninin pençesinde kıvrandığı sürece dışarıdaki koşullar nasıl olursa olsun, huzur bulmasına imkân yoktur. İnsanlar her şeye rağmen mutluluğa para, güç ve şöhret sahibi olarak ulaşabileceklerini zanneder, bunları elde etmek için çırpınıp durur ve gerçekte hayat kalitelerini belirleyen tek unsuru, yani içsel durumlarını tamamen göz ardı ederler. İçsel sorunlarını nasıl çözeceğini, içindeki yaraları nasıl iyileştireceğini bilmeyen kişi, daima dışarıya dönecektir ve ne yaparsa yapsın mutluluğu yakalamayı başaramayacaktır. Gerçek mutluluk bir aktiviteyle gelmez. Gerçek mutluluk, zihnin nasıl işlediğini anlamış olmaktan kaynaklanan huzurlu bir halle ve bu huzur sayesinde ulaşılan duygusal bir dengeyle gelir. Zihni üzerinde hiçbir kontrolü olmayan birinin zihin huzuru olamaz ve zihin huzuru olmayan biri mutlu olamaz."

"Durumumuz dediğin kadar vahimse, hiç vakit kaybetmememiz gerekiyor!" dedim.

"Evet!" dedi. "Daha fazla vakit kaybetmenin anlamı yok. Sen zihnin değilsin ve bunu bir an evvel görerek, kavraman lazım. Bu anlayışa ulaşmaktan daha önemli hiçbir şey yoktur. Hayatında yanlış giden her şeyin sebebi, kendini düşüncelerin ve duygularınla özdeşleştirmendir. Eğer temeldeki bu yanlışı düzeltemezsen, hayaller ve hezeyanlarla dolu, çarpık, ikinci el bir hayat sürersin. Yöntem basittir, ama kolay değildir. Azimle ve sabırla, ciddiyetle çalışmanı gerektirir."

Sonra ekledi:

"Ama bana kulak verir ve benimle işbirliği yaparsan, seni hayatını zehirleyen çürümüş fikirlerinden ve gereksiz acılarından kurtarabiliriz" dedi. "Seni mutsuzluğa sürükleyen her şeyi içinden söküp alabiliriz. Bir dişçinin çürümüş dişi söküp aldığı gibi..."

"Sence bunu başarabilir miyim?" diye sordum. "Kendimden hiç emin değilim."

"Kendin emin değilsin, çünkü bugüne kadar kendinle hiç ilgilenmedin" dedi. "Yalnızca deneyimlerinle ve dış dünyayla ilgilendin. Kendini tanımıyorsun, içsel dünyan hakkında hiçbir şey bilmiyorsun. Sen, kendi kişisel evreninin merkezisin. Merkezi bilmedikçe, neyi bilebilirsin? Ölüm anı geldiğinde, ne öğrenmiş olarak öleceksin? Yaşayan kişi kimdi, ölmekte olan kimdir? Bunu bilmeyen biri, gerçekten yaşamış sayılabilir mi? Ama eğer sen yüzeysel ve sabırsızsan, bakmak ve beklemek için yeterli ciddiyetin ve samimi kararlılığın yoksa denemezsin bile. İşte, gerçek trajedi budur: Hiç denememiş olmak. Belki başaracaktın, belki de başaramayacaktın, ama sen denemedin bile!"

Gözlerinin içine baktım, derin bir iç çektim. "Peki Mama Nono..." dedim. "Beni ikna ettin. Kursa geleceğim."

"Güzel!" dedi, gülümsedi.

Biz konuşurken saat ilerlemiş, park ziyaretçilerle dolmuştu. Etrafımız banklarda oturanlar, çimlerde uzanmış kitap okuyanlar ve sevinç çığlıkları atarak koşuşan çocuklarla çevriliydi.

Mama Nono biraz ötemizde köpeğiyle oynayan bir adamı işaret etti. "Şuna bir bak!" dedi. Adam elindeki topu atıyor, köpek topun peşinden ok gibi fırlıyor, yere düşer düşmez –hatta çoğu zaman havada– topu kapıp sahibine geri getiriyordu.

"Eğer zihninden geçen her düşüncenin peşinden koşarsan, sen de o köpek gibi olursun" dedi. "Zihninin ortaya attığı her duyguyu, her düşünceyi kovalamayı bırakman gerekiyor. Bir köpek gibi değil, bir aslan gibi olman gerekiyor. Aslana birisi top attığı zaman, aslan topun değil, topu atanın peşine düşer. Bir aslana yalnızca bir defa top atabilirsin."

Durakladı, bana muzip bir bakış attı. "Artık düşüncelerinin ve duygularının çaresiz kölesi olmayı bırakmalısın!" dedi. "Bundan sonra bir aslan gibi hareket etmeli, topun peşinden koşmayı bırakmalı ve gözlerini topu atana çevirmelisin. Kaynayan düşüncelerini sessizleştirmeyi, kabaran duygularını sakinleştirmeyi öğrenmen gerekiyor."

"Elimden geleni yapacağım" dedim. "Sana söz veriyorum."

"İnsanın gerçek anlamda yaşamaya başlayabilmesi için önce kendisiyle ilgili hakikatleri görmesi gerekir" dedi. Arkasına yaslandı, yüzünü güneşe doğru döndü ve gözlerini yumdu.

"Hakikati kim istiyor?" diye mırıldandı. "İnsanlar avuntu istiyor, oyuncak istiyor..."

Ben de onu taklit ederek arkama yaslandım, gözlerimi yumdum, kendimi onun söyledikleri üzerinde düşünmeye bıraktım. Kısmen romanımın kahramanıyla karşılaşmış olmanın verdiği heyecandan, kısmen anlattığı konunun uyandırdığı meraktan kalbim çarpmaya, içim içime sığmamaya başlamıştı. Ertesi günü iple çekiyordum.

"Hakikati ben istiyorum Mama Nono!" diye düşündüm. *"Ben avuntu ve oyuncak değil, hakikati istiyorum!"*

"Kimseye etmem şikâyet, ağlarım ben halime
Titrerim mücrim gibi, baktıkça istikbalime."

Kemani Serkis Efendi

Kozmosa Öyle Küskünüm ki...

Yağmurlu bir gündü. Elimdeki şemsiyeye rağmen bayağı ıslanmıştım. Mama Nono kapıyı açtı, beni sevinçle karşıladı, sıkıca sarıldık ve içeri girdik.

"Ayakkabılarını çıkarabilirsin" dedi. "Daha rahat edersin."

Dediğini yaptım. Şemsiyemi ayakkabılarımın yanında kurumaya bıraktım.

"Gel, içeri geçelim. Sana bir çay yapacağım, ısınırsın."

Salon küçük ama sıcacık ve sevimliydi. Yere birkaç minder atılmıştı, pencere pervazlarının içlerinde mumlar yanıyordu.

"Ne kadar güzel kokuyor" diye mutfağa doğru seslendim. "Tütsü mü yaktın?"

Elinde bir fincan çay ve yüzünde tatlı bir gülümsemeyle döndü, "Evet!" dedi, fincanı uzattı. "Sandal ağacı. Beğendiğine sevindim."

Minderlere geçip, karşılıklı oturduk. Saatine baktı, "İlanda belirttiğim başlangıç vakti geldi" dedi. "Sanırım tek öğrencim sen olacaksın."

"Harika!" dedim, sırıttım.

O sırada kapı çaldı. Bir başka öğrencinin geldiğini düşünüp, bozuldum. Mama Nono ile baş başa ders yapacağım diye sevinirken, hevesim kursağımda kalmıştı. Mama Nono kalktı, kapıya gitti. "Hoş geldiniz" dediğini ve birilerini içeri buyur ettiğini işittim. Birkaç kişi miydiler? Daha da bozulmuştum! Kulak kesildim. Kapıdan gelen sesleri dinliyor, gelenlerin nasıl kişiler olduğuna dair kendimce tahminler yürütmeye çalışıyordum.

"Şuna bir sor bakayım, hapishaneden kaçma derslerini kim veriyormuş?" dedi, buyurgan bir kadın sesi. Diğeri, tam işitemediğim bir şeyler mırıldandı. Ötekinin "Bu gariban öğretmen mi olmuş!" diye söylendiğini duyunca zihnimde bir şimşek çaktı.

Madam Bobogel, *Konuşmayan Tavus Kuşu Camio* romanımdaki karakterlerden birinin ismiydi. Sözüm ona aydınlanmış bir ruhsal rehber olan bu kadın, kendini "Sonsuz Işık" olarak adlandırdığı uydurma bir yaratıcının tek elçisi ilan etmişti ve etrafında topladığı binlerce müridin mallarını mülklerini ellerinden almaya çalışmıştı. Tam bir şarlatandı!

Madam Bobogel nefes almadan konuşuyordu: "Bildiğiniz gibi hesaplarım inceleme altında... Müritlerimden aldığım bağışları bana çok görenler... Sonsuz Işık şahidim olsun ki... Bu serserilerde hiç mi kozmos korkusu yok?..."

Gelen, sahiden Madam Bobogel olabilir miydi? İçimi bir telaş sardı. Konuşulanları pür dikkat dinlemeye devam ettim.

"Sen artık gidebilirsin Tamas" dedi. "Burada bir çeşit maskaralık dönüyorsa kâinat benden çalınan vaktin hesabını soracaktır. Sonsuz Işık şahidim olsun ki ödediğim katılım ücretini faiziyle geri almasını çok iyi bilirim!"

Mama Nono son derece kibar bir şekilde "İlanda da açıkça belirttiğim gibi, katılım ücretsiz Madam Bobogel" dedi.

Bu ismi duyunca başımdan aşağı kaynar sular döküldü. Oturduğum yerden fırlayıp kapıya koştum. İşte karşımdaydı: Kısacık boylu, yusyuvarlak bir kadın... Başına kartondan bir taç takmıştı -bir çocuğun doğum günü partisinde takacağı türden bir şey- ve sağ elinde sıkı sıkıya kavradığı plastik bir asa tutuyordu. Üstü başı dökülüyordu. Kıyafetleri göze batacak kadar eskimişti ve birçok yerlerine yamalar yapılmıştı. Elimde olmadan gözüm aşağıya, ayakkabılarına doğru kaydı. Onlar da son derece yıpranmış, yırtılmaya yüz tutmuş gibi görünüyorlardı. Buna bir anlam veremedim, ama çok da üzerinde durmadım. Böyle paçavralar giyinip gezmek, bu numaracının müritlerine sözüm ona mütevazı bir hayat sürdüğünü ispatlama yöntemlerinden biri olsa gerekti.

Karşılıklı durduk. Manasız bir bakışla beni tepeden tırnağa süzdü, önemsiz biri olduğuma hükmetti. Mama Nono'ya dönüp, "Peki bu maskara kim?" diye sordu, yüzünü ekşiterek. "Yitik ve zavallı biri olduğu besbelli." Söylenmeye devam etti. "Böylelerini iyi bilirim" diye mırıldandı. "Buram buram çürümüş balık kokarlar."

"Çürümüş balık mı!" diye çıkıştım. "Ne demek istiyorsunuz siz?"

"Sizi tanıştırmama müsaade edin" diyerek araya girdi Mama Nono. "Kendisi bir yazardır."

"Yazar mıymış?" diye sordu Madam Bobogel, küstah bir ifadeyle. Bu soruyu da bana değil Mama Nono'ya yöneltmişti. Sanki ben orada değilmişim gibi davranmaya devam ediyordu. "Ne yazmış?"

"Belki romanlarımdan birini okumuşsunuzdur Madam Bobogel!" dedim, imalı bir sesle. "*Konuşmayan Tavus Kuşu Camio*'yu mesela?"

Keyifsiz bir şekilde dudak büküp, "*Konuşmayan Tavus Kuşu Camio*" diye tekrarladı. Durdu, düşündü. "Hayal meyal anımsar gibiyim. Bir sabah tüm dünyadaki insanların alınlarında birer sayıyla uyandıkları roman değil miydi o?"

"Evet!" dedim, "Ta kendisi!"

"Berbat bir hikâyeydi" dedi, burun kıvırdı. "Emeklerinize çok yazık olmuş doğrusu." Sonra Mama Nono'ya döndü, "Bir gün bir roman yazacak olsaydım, bugüne kadar yazdıklarımın en güzeli olurdu" dedi.

İyice tepem atmıştı. Mama Nono'nun kolundan tuttum, "Bir dakika özel konuşabilir miyiz lütfen?" diye sordum.

Mama Nono yüzümdeki dehşetli ifadeyi görünce, Madam Bobogel'e, "Siz içeri geçip oturun sevgili madam" dedi. "Biz de hemen geliyoruz."

Madam Bobogel, "Tamam, ama geç kalmayın, çünkü hapishaneden kaçma yöntemlerini acilen öğrenmem gerekiyor!" deyip, sayıklarcasına konuşmayı sürdürerek salona doğru yürüdü. Büyük bir iştahla, aralıksız bir şekilde kendinden bahsediyordu: "Bildiğiniz gibi bir zamanlar kozmosun kraliçesiydim... Beni hapse atacak olurlarsa karmaları kokuşur, çakraları buruşur... İlahi başımda gerçek bir taç taşıdığım vakit tüm dünya önümde diz çökmüştü... Şimdilerde kozmosa küskün olduğum için... Sonsuz Işık'ın elçisi olduğum unutuluyor mu acaba?... Doğuştan gelen kozmik kraliçelik hakkımın çalındığını da hatırlatmak isterim... Kutlu mutlu varlığım... Bana bir sandviç ve çeşitli kurabiyeler ikram edilmeyecekse... Bu kursa katılmak için bir servet ödedim ve..."

Yalnız kaldığımız anda bir hışımla Mama Nono'ya döndüm, "Sevgili madam mı!" dedim sitemkâr bir sesle. "Ciddi olamazsın!"

"Sakin ol!" dedi Mama Nono. Bıyık altından gülmeye devam ediyordu. Anlaşılan, ikimizin tartışması komiğine gitmişti.

"Güldüğüne inanamıyorum!" dedim, küskün bir tavırla. "Onu buradan göndermek zorundasın! Aynı salonda oturmamıza imkân, ihtimal yok. Buna katlanamam!"

Gözlerimin içine baktı, kıkırdadı. Müthiş derecede canım sıkılmıştı. Çok ters bir bakışla karşılık verdim.

İçeriden Madam Bobogel'in sesi yükseliyordu: "Bu rezil derecede tuhaf ve acınacak derecede küçük salon buram buram çürümüş balık kokuyor!"

"Zor bir kişilik olduğunu kabul ediyorum" dedi Mama Nono, güldüğünü belli etmemeye çalışarak. "Ama buraya hangi amaçla geldiğini unutmamalısın. Hoşlanmadığın durumlara ve hoşlanmadığın kişilere karşı tahammüllü olmayı öğrenirken pratik yapabilmen için ondan daha uygun birini düşünemiyorum. Ekmek yapmak için maya ne kadar gerekliyse, Madam Bobogel de bu kurs boyunca senin için o kadar gerekli."

Boynumu büktüm. Yardım dileyen gözlerle bakarak "Başka kim olursa razıyım" dedim. "Lütfen! Yeter ki o olmasın!"

Birden ciddileşti. "Çocuk gibi davranma!" dedi otoriter bir sesle. "Daha fazla tartışarak vakit kaybetmeyelim. Dersime katılmak isteyen bir öğrenciyi geri çevirmem söz konusu değil."

Anlaşılan, hiç umut yoktu. Başımı önüme eğdim ve yenik bir şekilde Mama Nono'nun ardından salona girip, minderime oturdum. Kurs boyunca Madam Bobogel'in oturduğu tarafa hiç bakmamaya karar vermiştim. Kendimi onun orada olmadığına inandırmam ne kadar zor olabilirdi?

"Burası berbat bir yer!" dedi Madam Bobogel. "Kursa katılmak için bir servet ödememiş olsaydım derhal çekip giderdim doğrusu!"

Kendimi tutamadım, "Kursun bedava olduğunu pekâlâ biliyorsunuz!" diye söylendim.

Plastik asasıyla başıma vurdu ve "Paramı nereye harcadığımı benden daha iyi bilecek değilsin!" dedi. "Karması kokuşuk, çakrası buruşuk yazar bozuntusu seni!"

"Hayal içinde akıp geçti ömrü derbederim
Bakıp bakıp da o maziye şimdi ah ederim."

N. Hilmi Özeren

Şekerin Tatlı Olduğunu Kanıtla!

Mama Nono, karşımıza oturdu, "Tekrar hoş geldiniz" dedi. "Eğer siz de çoğu insan gibi hayatınızın büyük bir bölümünü çeşitli manevi acılar çekerek, tuhaf bir huzursuzluk ve derin bir boşluk duygusu içinde geçirdiyseniz, şu anda doğru yerdesiniz. Istıraplarınızın kimi zaman somut nedenleri vardır; hayat karşınıza büyük bir yıkım çıkarmıştır -bir yakınınızın zamansız ölümü gibi- ve o acı muhakkak çekilmek zorundadır. Bundan kaçış yoktur. Kimi zamansa ortada hiçbir neden yokken mutsuz olur; hayatı anlamsız, kendinizi her yönden yetersiz bulur ve günlerinizi kendinize zehir edersiniz. Adeta *kederlenme hastalığına* tutulmuş gibisinizdir ve ruhunuzdaki sıkıntıyı tamamen dindirebilecek, yaşama sevincinizi size geri verebilecek ve hastalığınızı iyileştirebilecek bir *ilaç* bulma hayaliyle kıvranırsınız.

İyi haber şu: Sizi iyileştirebilecek bir ilaç var. Burada size, anlaşılması son derece kolay olsa da, uygulaması çok basit olmayan o ilacın reçetesini yazacağım. Vereceğim reçete hepinizi iyileştirebilecek bir reçetedir, çünkü her biriniz farklı semptomlar gösteriyor olsanız da, hastalığınız temelde aynı hastalıktır. Bir hastanede birçok hasta olabilir; hepsi uykuda, hepsi birbiriyle ilişkisiz, birbirinden etkilenmeyen, kendi özel, kişisel rüyalarını veya kâbuslarını görmekte olabilirler. Yalnız bir tek ortak faktör vardır: hastalık.

Kurs boyunca sizinle paylaşacağım bilgiler katiyen sır değiller; binlerce yıldır gizli kalmış ve yalnızca elit bir zümreye aktarılması gereken öğretiler değiller; içlerinde bir sihir, büyü veya karmaşık felsefeler yok. Size tarif edeceğim yoldan yürümeniz için herhangi bir inanç sistemine sahip olmanız gerekmiyor. Bana kulak vermeniz ve anlatacağım yöntemleri uygulamanız için Tanrı'ya inanmanız gerekmiyor; Tanrı'ya inanmamanız hiçbir engel teşkil etmiyor.

Ömür boyu mutsuzluğa mahkûm olduğunuzu düşünüyorsanız, yanılıyorsunuz. İçinde bulunduğunuz şartlar ne olursa olsun, mutluluğu yakalamanız mümkün. Bunun için sözlerime kulak vermeniz, açık ve tarafsız bir zihinle dinlemeniz ve samimi bir çaba göstermeniz gerekecek. Neticede, bütün gayretlerinizin karşılığını fazlasıyla alacağınıza söz veriyorum.

Size söylediğim şeylerin hiçbirine körü körüne inanmanız elbette gerekmeyecek. Bana sadece başlangıç için yeteri kadar güvenmenizi ve ilk adımı atarak benimle birlikte yola çıkmanızı istiyorum. Yol aldıkça atılan her adım sizin kendi deneyiminize dönüşerek kendini kanıtlayacak, kuşkuları dağıtacaktır. Yola çıkmadan evvel *'Bunun böyle olacağını kanıtla!'* derseniz, *'Önce şekerin tatlı olduğunu kanıtla, ondan sonra yerim!'* diyen bir çocuğun durumuna düşersiniz. Şekerin tatlılığının kanıtı şekerde değil, sizin damağınızdadır. Onun tadını kanıtlamak için tadına bakmak zorundasınız, başka yolu yoktur.

Hazırsanız, başlayalım!"

"Ben kendim bir âlemim
Şu âlemin içinde.
Ben kendime belayım
En şahane biçimde."

Orhan Gencebay

İLK GÜN

Berrak, Burada mısın?

"Bildiğiniz gibi kursumuz bir hafta sürecek. Sizler için en zor gün bu ilk gün olacak, çünkü dakikalar geçtikçe sıkılmaya başlayacaksınız. Zihniniz burada olmaya karşı direnç gösterecek. Geçmişe, geleceğe, planlara ve hayallere dalıp gidecek, buradan uzaklaşacaksınız. Bu yüzden, ara sıra isminizi söyleyeceğim ve 'Burada mısınız?' diye soracağım. Sizi uyandırmak ve içinde bulunduğumuz ana geri getirmek için.

Aynı şey senin için de geçerli sevgili okur. Evet, senden bahsediyorum. Şu anda elinde bu kitabı tutan kişi! Sen de bu kursun bir katılımcısısın ve derslerde anlatacağım bütün egzersizleri senin de bizimle beraber yapman gerekiyor. Doktorun verdiği reçeteyi başucuna koyarak iyileşemezsin. İlacı yutman gerekiyor! Senin zihnin de direnç gösterecek. Sıkılacaksın, canın başka şeyler yapmak isteyecek, hatta belki kitabı bir kenara fırlatıp atacaksın. Eğer böyle yaparsan zihnini çok sevindirmiş olursun, çünkü zihnin bu kitabı okumanı hiç istemiyor. Şimdi o, rahatının bozulacağını anladığı için bütün numaralarını sergilemeye hazırlanıyor. Kursa gelmeye üşenecek, kurstayken sıkılacak, seni bütün bunların saçma ve gereksiz olduğuna inandırmak için her şeyi yapacak. 'Burada ne işin var?' diyecek. 'Şu anda arkadaşınla sohbet ediyor olabilirdin, sinemada harika bir macera filmi izliyor olabilirdin, hâlâ uyuyor ve nefis bir rüya görüyor olabilirdin, sosyal medyada neler olup bittiğine bakıyor olabilirdin, sevgilinle buluşabilirdin...'

Umarım onun sesine kulak vermez, çalışmayı yarım bırakmaz, sabreder ve kursun sonuna dek bizimle beraber kalırsın. Dersler hoşuna gitmezse ve anlatılanlar aklına yatmazsa en kötü ihtimalle birkaç gün kaybetmiş olursun. Öte yandan, burada söylenenler senin içsel dünyanda bir karşılık bulursa ve bir değişim başlarsa, paha biçilemez bir şey kazanmış olursun. Bu, oynamaya değer bir kumar gibi görünüyor, öyle değil mi? Hem demin saydıklarımızı, yani sinemaya gitmeyi, arkadaşınla sohbet etmeyi, sosyal medyada neler olduğunu kontrol etmeyi zaten hep yapıyorsun. Biraz değişik bir şeyler yapmanın ne sakıncası olabilir?

Burada bulunduğunuz süre boyunca tüm dikkatinizi bana vermenizi istiyorum. Söylediklerimi kabul etmekte veya reddetmekte acele etmeyin. Benimle aynı fikirdeyseniz, 'Zaten bildiğim bir şey anlatılıyor' havasına girersiniz ve yeni bir bilgi edinebilmeniz mümkün olmaz. Benimle aynı fikirde değilseniz, söylediklerime katılmıyorsanız, beni dinlemek yerine zihninizden itirazlarınızı sıralamaya başlar ve ben sustuğumda vereceğiniz cevapları hazırlamakla uğraşırsınız. Her iki durumda da hiçbir şey öğrenilemez. Lütfen, kendi düşünceleri ve belleği tarafından sınırlanmamış, çok uyanık bir zihinle, açık ve tarafsız bir dikkatle dinlemeye çalışın. Sıkılıp pencereden dışarıya bakmaya başlarsanız veya benim söylediklerim yerine kendi düşüncelerinizi dinlerseniz, yeni bir şey duyamazsınız. Normalde, sohbet ederken bile yaptığınız budur: Kendi düşüncelerinizi dinlemek. Zihniniz gevezelik ediyorsa, kıyaslama yapıyorsa, yargılıyorsa ve 'Bu doğru, şu yanlış' diyorsa, o zaman bir başkasını dinlemiyorsunuzdur. İnsanlar genellikle birbirlerini dinlemezler, dinliyormuş gibi yaparlar. Siz onlara bir şey anlatırken, onların zihinlerinde binlerce değişik düşünce kaynaşmaktadır. Hiçbir zaman orada değillerdir. Onlar daima uykudadır.

Önyargılarınızı ve beraberinizde taşıdığınız teorileri bırakmaya hazırsanız, devam edelim. Başlamadan evvel şunu da ekleyeyim: Burada yapacağımız çalışma egzotik bir şey değildir. Tuhaf vizyonlar, ışıklar görmek veya doğaüstü mucizeler yaşamak gibi sıra dışı sonuçlar almak istiyorsanız yanlış yerdesiniz."

Bu sözler üzerine Madam Bobogel homurdandı. Mama Nono bir an durakladı, ama sonra aldırış etmeden konuşmaya devam etti:

"Şimdi, eğer mutluysanız sağ elinizi, mutsuzsanız sol elinizi havaya kaldırmanızı rica ediyorum."

Durdum, Madam Bobogel'e baktım. Onun da benim gibi sol eli havadaydı.

"Pekâlâ..." dedi Mama Nono. "Şimdi mutsuzluğunuzun bulunduğu yeri parmağınızla gösterin."

Elimizi kaldırmış, öylece duruyorduk. Ben, 'Bu numarayı zaten biliyorum çünkü daha evvel gördüm' havasındaydım ve daha dersin başında Madam Bobogel'e karşı üstünlük kazandığım için keyfim yerine gelmişti.

"Elbette, mutsuzluğunuzun yerini gösteremediniz" diye devam etti Mama Nono. "Çünkü mutsuzluğunuz zihninizin içindedir ve hayatınızın ipleri de zihninizin elindedir. Sizi, zihniniz yönetir. İşte bu yüzden, hayatınızın kontrolünü zihninize teslim etmiş olduğunuz için, zihninizi tanımanız gerekmektedir. Bundan daha önemli hiçbir şey yoktur.

İnsanın ıstıraplarının kaynağı zihnindedir. Eğer üzgün veya stresliyseniz, bunun kaynağı zihindedir. Eğer âşık olduysanız ve ayaklarınız yerden kesildiyse, bu da zihinden kaynaklanır. Acı ve zevk, zihnin tecrübeleridir. Zihni ne kadar iyi tanırsak, bizi tutsak eden, yaralayan ve mutlu olma kabiliyetimizi yok eden zihinsel durumlardan özgürleşme ihtimalimiz o kadar yükselir. Şimdiki işleyiş haliyle, eğitimsiz, sıradan bir zihin asla neşe ve mutluluk kaynağı olamaz, çünkü içi karmakarışık, kaotik, cehennem gibidir.

İnsan, kendisi hakkında büyük bir cehalet içindedir. Hayatınızın yolunda gitmeyişi, kendinizi tanımayışınızın doğal bir neticesidir. Kendiniz hakkında bilginiz olmadığı zaman, hayatınız kaptanı küp gibi sarhoş olan bir gemi gibi seyreder.

Şunu çok iyi bilmelisiniz: Siz, zihniniz değilsiniz."

Durdu, yüzlerimizi inceledi. "Berrak, burada mısın?" diye sordu. İçten içe daha bir keyiflenmiştim. Zihnim olmadığımı daha evvel işitmiş olmanın, bu büyük sırra Madam Bobogel'den önce ortak edilmiş olmanın verdiği ayrıcalık hissinin tadını çıkarıyordum.

"Evet..." dedim sırıtarak. "Buradayım!"

"Sevgili madam, burada mısınız?"

Madam Bobogel dudağını büzdü, "Aslında böylesine cahilce bir soruyu yanıtsız bırakmam gerekirdi" dedi. "Ama merakınızı gidermek için size bir cevap bahşedeceğim. Evet, buradayım!"

"Güzel!" dedi Mama Nono. "Umarım sen de hâlâ buradasındır sevgili okur!"

Durdu, soluklandı. Sonra devam etti:

"Zihniniz bir araçtır" dedi. "Onu nasıl kullanacağınızı öğrenmeniz gerekiyor. Bedeninizi nasıl kullanacağınızın öğretilmiş olduğu gibi, zihninizi nasıl kullanacağınızın da size öğretilmesi gerekiyor. Zihnin gerçek doğasında sınırsız bir kapasite ve sonsuz bir özgürlük vardır. Sıradan bir insan zihni ise sınırlanmış, şartlanmış ve bozulmuş bir haldedir.

Gökyüzünde asılı duran boş bir vazo düşünün. Gözlerinizi kapatın ve bu görüntüyü zihninizde canlandırın. Engin, mavi, sonsuz bir gökyüzünde küçük, kırılgan, daracık bir vazo... Gökyüzü, zihnin gerçek doğasıdır. Vazo, sıradan zihin ile zihnin gerçek doğasını birbirinden ayırır. Sizin, o vazoyu kırmanız ve sıradan zihninizdeki sınırları ortadan kaldırmanız gerekiyor. Vazonun içinde hapsolan her şeyi serbest bırakmanız gerekiyor.

Neredeyse her insan hayatı boyunca en az bir defa kısa süreli bir uyanıklık yaşar. Uyku halinden çıkış tesadüfen gelişir, vazoda tesadüf eseri bir çatlak oluşur ve bir an için zihnin gerçek doğasıyla karşılaşırsınız. Kimi zaman buna güzel bir müzik veya büyüleyici bir günbatımı sebep olur. Birdenbire müthiş bir huzur duyar, her şeyin tam olması gerektiği gibi olduğunu hisseder ve yaşadığınız o anın içine tamamen yerleşir, o anı neredeyse yudum yudum içersiniz. Ne yazık ki bu tecrübe tesadüf eseri ortaya çıktığı için kalıcı olmaz ve hemen gider, yerini her zamanki duygu ve düşünce karmaşasına bırakır.

Zihinden, biyolojik ve işlevsel açıdan yetersiz olduğu bir görevi yerine getirmesi istenmiştir: Hayatı yönet! Aslında zihnin bir hizmetkâr olması gerekir, patron değil."

İşte yine önceden duyduğum bir konu açılmıştı! Madam Bobogel'den daha bilgili olmanın zevkini çıkarıyordum.

Mama Nono, konuşmayı sürdürüyordu: "Zihinden patron olması talep edilir ve bu talep, zihnin sırtına kaldıramayacağı bir yük bindirir. Zihin, bu talebe yanıt veremeyeceğini bilir. Bu yüzden her şeyin tahmin edilebilir, kontrol edilebilir ve tekrarlarla dolu olmasını ister. Hayatlarınızı nasıl yönettiğine dikkat etmemenizi ister. Zihinsel merkezin bütün amacı kontrolü kaybetmemektir. Kontrolü kaybetmemek için düşünceyi kullanır ve durmaksızın düşünce üreterek, yaşamın her anını ve her alanını düşüncelerle doldurur. Düşünce hiç durmaz, yargılar, entrika çevirir, planlar ve her durumu maniple etmeye çalışır.

Zihin, patron olması gerektiğini, hayatın yönetiminin kendi üzerine kaldığını anlayınca çareyi etrafı izlemekte ve başkalarının hayatlarını nasıl yönettiklerini gözlemleyerek, onları taklit etmekte bulur. Zihnin körelmesinin nedenlerinden biri de taklittir. Zihin, çevresindeki kişilerin beğendiklerini beğenmeyi, onların korktuğu şeylerden korkmayı öğrenir. Kalıtımdan kaynaklanan eski hafızası ve taze doldurduğu kayıtlardan kaynaklanan yeni hafızası ile yaşar; gelenek, görenek ve alışkanlıklara göre hareket eder. Sizin, içinize başkaları tarafından yerleştirilmiş, eski, depolanmış, ödünç alınmış inanç sistemlerine göre hareket etmenizi, topluma uyum sağlamanızı ister. Uyum sayesinde zihin kendini güvende hisseder. Sıradan zihin yeni, genç ve taze bir zihin değildir. Eski, kullanılmış ve köhnemiş bir zihindir çünkü çağlar boyu nesilden nesile aktarılan düşünce kalıplarını alır ve kendini onlarla doldurur. Bu yüzden hayatın her yönüne geçmişten gelen fikirlerle yaklaşır, değişik bir biçimde yaklaşamaz.

Zihin yönetimi ele geçirdiğinde, kendine kolayca, rahatsız edilmeden, şüphe duymadan çalışabileceği, iyi işleyen bir rutin kurar. Herkesin zihni kendine has bir kayıt yapar ve kendine has bir dizi bedensel, duygusal ve düşünsel alışkanlıklar geliştirir. Kişi, tekrar edip duran bu sınırlı repertuvarın dışına çıkamaz. Zaten, kendi durumunun katiyen farkında olmadığı için yani kendi iradesinin dışında gelişen alışkanlıkların kölesi olduğunu bilmediği için, alışkanlıklarının dışına çıkması gerektiğini de anlayamaz. Alışkanlıklar tekrar ettikçe daha da çok kök salarlar. 'Alışkanlık enerjisi' diye adlandıracağımız bir kuvvet kazanırlar. Bu yüzden onların dışına çıkmak gittikçe daha da zorlaşır. Zihnin nasıl alışkanlıklar yoluyla uyuşmak istediğini ve daha sonra da rahatsız edilmek istemediğini kendiniz de kolayca gözlemleyebilirsiniz. Etrafınızdaki yetişkinleri dikkatle izlerseniz, zihinlerinin rahatsız edilmek istemediğini görürsünüz. Bir de kendinize bakın. Oyalanacak hiçbir şey olmadan tek başınıza kalmayı bir deneyin. Ne kadar kısa süre içinde kendinizden kaçıp, ne olduğunuzu unutmak istediğinize şaşıracaksınız. Hatıralara dalmak, televizyonu veya bilgisayarı açmak, çalışmaya sığınmak, koşup sinemaya gitmek, birilerine telefon etmek ve daha başka yöntemlerle dikkatinizi kendinizden başka bir tarafa çeker... Bunları yaparak 'uykuya' dalarsınız. Böylelikle asla değişemez ve zihninizin size çizdiği sınırların içinde hapsolmuş vaziyette, sınırlı ve dar bir alanda, aynı düşünce ve hareketleri tekrar ederek ömrünüzü 'uykuda' geçirirsiniz."

"Öylelerini iyi bilirim" diye söylendi Madam Bobogel. "Acınacak derecede tembel oldukları için bütün günlerini uykuda geçirirler. Odalarının içi kullanılmış, bayat havayla dolar ve buram buram çürümüş balık kokusu etrafa yayılır. Sonsuz Işık'a şükürler olsun ki ben günde en fazla dört, bilemedin beş saat uyurum."

"Lütfen sessiz olun Madam Bobogel!" diye çıkıştım. "Yersiz yorumlarınızla dersi bölüyorsunuz!"

"Gördüğüm kadarıyla sizin zihniniz pek gariban bir kayıt yapmış" dedi bana dönüp, "Sefil alışkanlıkların pençesinde perişan olmuşsunuz. Buna rağmen bir kitap yazmaya teşebbüs edecek kadar cüretkâr oluşunuz gülünç doğrusu. Çok yazık!"

Ters bir şey söylememek için dişlerimi sıktım. Mama Nono hiçbir sorun yokmuş gibi, kaldığı yerden devam etti:

"Zihin fabrika gibi aynı şeyleri üretir" dedi. "Belli bir düşünceye, belli bir duyguya eğilimliyseniz, ondan yapmaya alışır. Alışkanlıklar yerleştikten sonra kişi, onların dikte ettikleri şeyleri yapmaya mecbur kalır. Yinelenen her düşünce, her eylem daha çok güçlenir ve kişiyi tamamen ele geçirir. Kişi, alışkanlıklarından ve koşullanmalarından kaynaklanan bir hapishaneye kapatılmış olduğu halde özgür olduğunu düşünmeye ve tüm hareketlerinin kendi iradesiyle gerçekleştiğini zannetmeye devam eder."

"Nihayet hapishanelerden bahsedilmeye başlandığına memnun oldum" dedi Madam Bobogel, ekşimiş bir surat ifadesiyle. "Konu asla oraya gelmeyecek zannetmeye başlamıştım ve sıkıntıdan kutsal aklımı oynatmak üzereydim!"

Mama Nono, bu sözlere de aldırış etmedi ve anlatmaya devam etti: "Zihnin içinde neredeyse aralıksız süregelen, korku temelli bir gevezelik vardır. Zihin her şeye yorum yapmaya, her şeyi eleştirmeye, ayıplamaya ve hayatınızdaki her bir eylemi, insanı, olayı ve koşulu yargılamaya programlanmıştır. Bütün bunlar yetmezmiş gibi bir de kişinin kendi kendisini yargılamasına da programlanmıştır. Üstelik beden ölçüsünü bilir, ama zihin ölçüsüzce hareket eder. Onun istekleri, kaprisleri sayısız ve sınırsızdır. Aynı zamanda kibirli ve bencildir, yalnızca kendini düşünür, bir politikacı gibi kurnazdır, şüphecidir, başkalarına hiç güvenmez ve hilekârdır. Daima şikâyet eder ve yaygaracıdır!"

Kendimi daha fazla tutamadım ve "Bu zihnin hiç mi iyi bir tarafı yokmuş arkadaş!" diye söylendim.

"Şu haliyle yok" dedi Mama Nono. "Eğitimsiz ve disiplinsiz kaldığı sürece düşünceleriniz vahşi atlar gibi, duygularınız da ağaçlarda sallanan maymunlar gibi kontrolsüzdür. Düşüncelerinizle özdeşleşmeyi ve duygularınızın kölesi olmayı bırakmanız gerekiyor."

"Yani her düşündüğüme inanmamalıyım, öyle mi?" diye sordum.

"Evet!" dedi Mama Nono. "Aynen öyle!" Gülümsedi.

"Saçma sapan yorumlarınızla dersi kaç defa böldünüz, ben artık sayamıyorum doğrusu Berrak Hanım" dedi Madam Bobogel. "Sizin yüzünüzden bir türlü ilerleyemiyor, hapishaneden kaçma bölümüne gelemiyoruz! Zihniniz ağaçlarda sallanan maymunlar gibi kontrolsüz besbelli. Buna rağmen bir kitap yazmaya teşebbüs edecek kadar cüretkâr oluşunuz gülünç doğrusu. Çok yazık!"

Bu lafları duyunca kan beynime sıçradı. Bir hışımla Madam Bobogel'e döndüm, tam ağzıma geleni söylemeye hazırlanırken, Mama Nono yeniden konuşmaya başladı:

"Zihnin meşgul olmadığı bir an bile yoktur" dedi. "O daima yoğun ve kalabalıktır; yağmur gibi gelen düşüncelerle doludur. Zihin hiç ara vermeden düşünce üretir, siz onlara dikkat etmediğiniz zamanlarda bile! Zihninizi biraz gözlemleyin ve ne kadar hareketli olduğunu kendiniz görün. Birkaç dakika durup, zihninize şöyle bir bakarsanız, onun pire gibi durmadan aşağı yukarı, sağa sola sıçradığını fark edebilirsiniz. Düşüncelerin nedensiz gelip gittiğini ve gelip giden düşüncelerin aralarında hiçbir bağlantı olmadığını da göreceksiniz. Zihnini eğitmemiş olan herkes rasgele düşünme kurbanıdır. Zihin fabrikasına her çeşit başıboş düşünce gelip gider. Hiçbir ritim, hiçbir tutarlılık yoktur. Yalnızca büyük bir kaos ve kargaşa hüküm sürer. Eğitimsiz bir zihni, genellikle aynı anda dört beş düşünce meşgul eder. Aileye dair düşünceler, işe dair düşünceler, bedensel düşünceler, önceki gün söylenmiş bir söz, yiyecek ve içecek düşünceleri, umut ve beklenti, çocukluk devrenizden bir anı, para bulmak için bir çeşit plan, bir intikam düşüncesi, tuvalete gitmek, banyo yapmak ve başka şeyler.

Eğer zihni dikkatle izlerseniz pek çok düşüncenin süreksiz olduğunu da görürsünüz. Zihin amaçsızca, rasgele oradan oraya dolaşır. Tek bir konuyu ele alıp bir dakika için bile olsa düzenli ve sistematik bir şekilde yalnızca onunla kalıp, onu düşünemezsiniz."

Durakladı.

"Hadi, deneyin!" dedi. "Şu anda hayatınızdaki en önemli mesele nedir? İşiniz mi? Sağlığınızla ilgili bir şey mi? Parasız mısınız? Karasevdaya mı tutuldunuz?

Sizin için hayati önem taşıyan bir konuyu veya kişiyi seçin. Gözlerinizi kapatın ve bir dakika boyunca yalnızca onu düşünmeye çalışın. Araya başka bir düşüncenin girmesine müsaade etmeyin. Başka bir düşünce geldiği anda, bir dakikalık sayacı yeniden başlatmanız gerekiyor. Lütfen sen de bir dakikanı ayırıp bu denemeyi yap sevgili okur. Yalnızca tarifleri okuyarak yemek pişirmeyi öğrenemezsin. Mutfağa girmen gerekiyor."

Düşüneceğim konuyu belirlemiştim. Başka bir ülkeye taşınma fikrim vardı. Bu, çok önemli bir meseleydi ve bir dakika boyunca düşünmeye kesinlikle değerdi! Telefonumun alarmını bir dakika sonra çalacak şekilde ayarladım, düğmeye bastım ve yalnızca bu konuya odaklanabileceğime inanarak, gözlerimi kapadım. Yaklaşık on saniye boyunca seçtiğim konudan sapmamayı başardım, ama birdenbire içimde bir merak uyandı: Acaba Madam Bobogel bu egzersizi yapmayı becerebiliyor muydu?

Gözlerimi açtım. Bu kadar başarısız olmak moralimi bozmuştu. Madam Bobogel'e baktım. Gözlerini yummuş, yüzünde huzurlu bir ifadeyle lotus pozisyonunda oturuyordu. İyice keyfim kaçtı. Alarmı tekrar kurdum, derin bir nefes aldım ve yeniden başladım. Bu defa başka bir düşüncenin zihnime girmesi birkaç saniye bile sürmedi, çünkü zaten ilk andan itibaren "Madam Bobogel bile yapabiliyor, ama ben yapamıyorum" diye düşünmüş ve bu düşünceyi zihnimden atmayı kesinlikle becerememiştim.

Son bir kez denemeye karar verdim, alarmı tekrar kurdum. Gözlerimi kapattım, odaklanmaya çalıştım, nafile. Bu kez "*Umarım başka bir şey düşünmemeyi başarabilirim*" düşüncesinden başka bir şey düşünememiştim. Anlaşılan, durumum tamamen ümitsizdi!

Kederli gözlerle Mama Nono'ya baktım, anlayışlı ve şefkatli bir bakışla karşılık verdi. "Yapamaman çok doğal" diye fısıldadı. "Üzülecek bir şey yok. Başarısız olmadın. Zaten yapamayacağını görmen için denedik. Zihninin ne kadar kontrol dışı olduğunu anlaman için."

Madam Bobogel minderinde kıpırdandı, gözlerini açtı, "Acınacak derecede cılız iradeli olduğunuz için bir dakika boyunca tek bir konuda düşünemiyorsunuz besbelli Berrak Hanım" dedi. "Ne yazık ki bu sizi bir kitap yazmaya kalkışmaktan alıkoymuyor. Yazık doğrusu..." Yüzünü ekşitip, dudaklarını büktü.

Öfkeden kuduruyordum, ama hiçbir şey söyleyemedim. Demek o sersem, şişko zihnini benden daha iyi kullanıyordu ha! İşte buna katlanamazdım. Kurs bitmeden evvel muhakkak onu alt etmem gerekiyordu. Üstelik hâlâ lotus pozisyonunda oturuyordu! Çıldıracak gibiydim.

"Tek bir düşünceyle kalmak, eğitimsiz bir zihin için çok zordur" dedi Mama Nono. "Aynı şekilde, eğitimsiz bir zihin şimdiki anda birkaç saniyeden fazla kalmakta da olağanüstü güçlük çeker. Araya çeşitli düşünceler girer ve sizi geleceğe veya geçmişe, hayallere veya planlara sürükler. Aslında şimdiki an, sizin bulunmak istediğiniz en son yerdir. Hayal dünyasına girmek, düşüncelere dalmak size daha cazip gelir. Zaten bunu yapmaya çok alışıksınızdır ve "alışkanlık enerjiniz" sizi şimdiki andan çıkmaya zorlar. Böylelikle siz bulunduğunuz zaman ve mekânda yalnızca görüntü olarak var olursunuz. Esasen bambaşka zamanlarda, bambaşka yerlerde gezip duruyorsunuzdur. Olduğunuz yere geri döndüğünüz, uyanık kaldığınız anlar tesadüfidir, yok denecek kadar azdırlar. Bu yüzden yaşadığınız anda nadiren berrak ve net bir nitelik bulunur. Genellikle şimdiki an sizin için biraz bulanık, sisli, hatta bir parça rüya gibidir. Bunun sebebi, daima uykuda olmanızdır. Ne yazık ki siz, bir uyurgezersiniz."

"Hapishaneden kaçma yöntemlerinin anlatılacağı vaat edilmişti!" diye söylendi Madam Bobogel. "Oysa devamlı uykudan bahsediliyor! Kutsal asabım bozuluyor, paramı geri isteyip burayı terk etmem an meselesidir!"

Mama Nono, bu sitemlere hiç kulak asmadı. İstifini bozmadan devam etti:

"İnsanlar son derece trajik bir varoluşun içinde yaşıyorlar. Derinlerde bir yerde geçmişte her ne yapmışlarsa, gelecekte de aynısını yapacakları şüphesini taşıyorlar. Tüm geçmişlerinin boşa gitmiş olduğundan korkuyorlar ve bugünün de ellerinden kaçmakta olduğunu sezinliyorlar. Sorunu tam olarak teşhis edemeseler de, şimdiki zamanda asla var olamamanın kederi içlerinde birikiyor. İnsan daima geçmişte yaşar ve olayların ancak onlar bir anı haline geldiğinde farkına varabilir. İnsan, hep kendisinin bir adım gerisinden gelir. Hatta öfkesini ve üzüntüsünü bile duygu fırtınası geçip gittikten sonra tam anlamıyla idrak eder. Ne yazık ki bu sonradan gelen idrak da yarım yamalak, kusurlu ve eksiktir.

O halde ne yapmak gerekir?

Her şeyden evvel mevcut durumunuzla yüzleşmeniz, onu kesin ve net olarak anlamanız ve kabul etmeniz gerekiyor. İnsan, uykudadır. Özgür bir iradesi olduğuna ve kendisi üzerinde kontrol sahibi olduğuna inanır, ama bu bir masaldır. Yalnızca 'uyanık' kişilerin özgür iradesi olabilir. Uyurgezer vaziyette bulunanlar mekanik hareket etmeye, geçmişten gelen alışkanlıklarını bir robot gibi tekrarlamaya mecburdurlar. Onların her hareketleri ve tepkileri öngörülebilir hareketler ve tepkilerdir. Bir düğmeye basarsınız, şunu yapar. Bir başkasına basarsınız, bunu yapar. Hepsi belli, hepsi otomatik, hepsi kayıtlıdır. Kibar davranırsanız kibarlaşır, bağırırsanız hemen o da size bağırır. Olaylar ve durumlar karşısında ezberindeki yanıtlardan başkasını vermeyi bilmez. Başka yanıtlar verme ihtimali olduğunu dahi bilmez. Hayata karşı yeni, kendine özgü ve tümüyle orijinal bir tepki üretme şansı sıfırın altındadır. Bunu yapabilmesi için önce uyanması gerekmektedir."

Bir süre sessiz kaldık. Son söyledikleri epeyce moralimi bozmuştu. Ciddileşmiş, suratımı asmıştım.

Mama Nono yüzümdeki ifadeye bakıp, neşeli bir kahkaha attı. "Bu ne karamsarlık böyle!" dedi. "Ortada üzülecek bir şey yok. Bugünkü vaziyetin dünden çok daha iyi, çünkü içinde bulunduğun durum aynen anlatıldı. Bir mahkûm olduğunu, hapishanede olduğunu artık biliyorsun. Hayattaki en önemli gerçeklerden birin, 'ben' dediğin şeyin bedenin ve zihnin, duyguların ve düşüncelerin olmadığını öğrendin. Bu kadarı bile acıdan ve ıstıraptan bir parça özgürleşmeni sağlayacaktır."

"Sürekli aynı şeyler konuşuluyor!" diye homurdandı Madam Bobogel. "Gel gelelim hapishaneden nasıl kaçılacağı konusu bir türlü açılmıyor. Kutsal sabrım taşmak üzere!"

Mama Nono hiç oralı olmadan devam etti. "Peki, çoktan alışkanlıkların esiri olmuş bir zihin, alışkanlıklarından kurtulabilir mi?"

Göz göze geldik. "Elbette!" dedi, gülümsedi. Bu yanıt içimi biraz olsun rahatlatmıştı.

"Hayal deryasına ben bazı bazı
Dalmasam bir türlü, dalsam bir türlü."

Necdet Atılgan

Düşüncelerin Hakkında Düşünme

"Zihninizi doğru ve zarif bir şekilde kullanmalısınız" dedi Mama Nono. "Neticede, yalnızca bir tane zihniniz var ve eğer onu daracık bir alana sıkıştırıp, küçücük işlere koşturursanız, onun sonsuz potansiyelini ve sınırsız gücünü heba etmiş olursunuz.

Sıradan düşünce zincirlerinin trajedisi, onların gerçekten önemli olan şeylere yönlendirilmemiş olmalarıdır. Herkes kendi düşünmek istediğini düşünebilmek, düşüncelerini yönlendirebilmek ister ama hanginiz bunu başarabiliyorsunuz?

Zihniniz, kumandası sizde olmayan dev bir televizyon ekranı gibi aralıksız yayın yapıyor ve canı hangi kanalı isterse onu gösteriyor. Birisi size bir şey anlatırken televizyon aniden, kendiliğinden açılıveriyor ve 'Hey!' diyor. 'Bana bak! Beni izle! Şimdi bu programı yayınlamak istiyorum ve sen de oturup izleyeceksin!' Bu sırada arkadaşınız konuşmaya devam ediyor. Sizden onu dinlemenizi, bir yorum yapmanızı, bir fikir vermenizi istiyor. Belki de kendisi için hayati önem taşıyan bir meseleden bahsediyor. Onu dinlemeyi, tüm dikkatinizi ona yöneltebilmeyi gerçekten istiyorsunuz, ama yapabileceğiniz bir şey yok. Artık televizyon açıldı ve size 'Beni izle!' emrini verdi. O dev ekran karşısında çaresizsiniz; orada ne gösteriliyorsa izlemeye mahkûmsunuz. Üzücü bir anı, yarın katılacağınız toplantıda konuşulacak konular, dün komşunuzla yaşadığınız tartışma, çıkmayı tasarladığınız bir tatil, özlediğiniz bir eski sevgili, çocuğunuzun okuldaki başarısı veya başarısızlığı, sağlığınızla ilgili bir endişe...

Ekranda hangi görüntü olursa olsun, sizi derhal avucunun içine alıyor ve tüm dikkatinizi ele geçiriyor. İzlemeye başlıyorsunuz, çünkü başka bir seçeneğiniz yok. Arkadaşınız konuşmayı sürdürüyor, siz arada 'Ya, hımmm...' gibi bir şeyler mırıldanıyor, dinliyormuş gibi görünmeye çalışıyorsunuz.

Anlattığım hikâye, size tanıdık geldi mi? Peki, hâlâ burada mısınız? Berrak, burada mısın? Ya siz Madam Bobogel? Yoksa televizyonunuz kendiliğinden açıldı ve rasgele, canının istediği bir programı veya programları oynatmaya mı başladı? Ya sen sevgili okur? Sen de burada mısın?

Herkes buradaysa, devam edelim!

Zihninizin içindeki dev ekranın, yani keyfine göre yayın yapan televizyonun kumandasını bir an evvel elinize geçirmeniz ve istediğiniz zaman, istediğiniz kanalı izleyebilecek hale gelmeniz gerekiyor. Normalde hiç sevmediğiniz veya sizi üzen, keyfinizi kaçıran bir filmi yüz defa izlemezsiniz, öyle değil mi? Oysa zihninizde tekrar tekrar kendini gösteren ve her ortaya çıktığında baştan sona yeniden izlemek zorunda kaldığınız birçok keder verici hatıra veya sizi rahatsız eden düşünce var. Hoşunuza gitmeyen bir program yayınlandığında hemen kanalı değiştirebilmeniz, televizyonunuzun sesini kısabilmeniz ve dilerseniz ekranı tamamen kapatabilmeniz gerekiyor.

Ekrana yansıyan görüntü dikkatinizi hemen çekebiliyorsa, dikkatiniz en küçük şeyde dağılıp gidiyorsa, eşinize, sevgilinize, çocuğunuza tam olarak sevgi gösteremezsiniz. Zihin son derece sıkılgandır. Sevgiliniz bir süre sonra ilk zamanlardaki kadar ilginizi çekmemeye başlar, arkadaşlarınızdan sıkılırsınız, ailenizden sıkılırsınız. İnsanlardan sıkılmanızın nedeni, onların zamanla daha az ilginç hale gelmeleri değildir. İnsanlardan sıkılırsınız, çünkü zihin sıkılgandır. Bir arkadaştan diğerine, bir sevgiliden başka sevgiliye, bir işten başka işe geçmek istemenizin nedeni, zihnin sıkılganlığıdır.

Disiplinsiz bir zihin, dikkatini aynı kişiye veya duruma uzun bir süre odaklayamaz. Eğitimsiz zihin hep hareket etmek, yer değiştirmek ister. İlişkilerinizin başında farklı olan şey, dikkatinizin orada olmasıdır. Bir süre sonra dikkatiniz dağılır, kişileri ve durumları sıkıcı olarak algılamaya başlarsınız. Zihin artık başka bir eğlencenin peşindedir.

İlişki henüz yeniyken hissettiğiniz canlılığı ve tazeliği, bütün ilişkilerinize geri getirebilirsiniz. Zihninizin ekranına yansıyan görüntüye dalıp gitmeden, arkadaşlarınıza, eşinize ve çocuğunuza bütün dikkatinizi vermeyi öğrenebilirsiniz. Zihninizi eğiterek ona sakinleşmeyi, durmayı ve lazer gibi odaklanmayı öğretebilirsiniz.

'Zihni eğitmek' hiçbir biçimde ona zorla boyun eğdirmek ya da beyin yıkamak demek değildir. 'Zihni eğitmek', onun nasıl çalıştığını anlamak demektir. Zihnin nasıl çalıştığını anlamak için yine zihni kullanacağız çünkü zihnin dönüp kendine bakma gücü vardır.

Zihnin gerçek doğasının sonsuz ve sınırsız olduğunu, gökyüzü gibi olduğunu biraz evvel konuşmuştuk. Düşünceler, gökyüzünde beliren bulut kümeleri gibidir. Bulutlar gelip geçerler, ama gökyüzü onların geçişlerinden hiç etkilenmez, bozulmaz, lekelenmez, eksilmez veya çoğalmaz. Daima aynı kalır. İri bulutlar, ufak bulutlar, beyaz bulutlar, gri bulutlar ve kara bulutlar... Kimi zaman pırıl pırıl bir güneş görünür, kimi zaman ise bulutlar güneşi örter. Bazen korkunç bir fırtına patlak verir, şimşekler ve gök gürültüleri yüzünden gökyüzü ürkütücü bir hale bürünür. Fakat ne gelmiş olursa olsun ve ne kadar sürerse sürsün, eninde sonunda bitecektir. Bulutlar geçip giderler, fırtına diner ve tüm bu olup bitenler gökyüzünde hiçbir iz bırakamaz. Zihnin gerçek doğası saf, bozulmamış ve sonsuz halini daima korur.

Zihni, gökyüzü gibi düşünmeye devam edelim. Zihni sıradan ve eğitimsiz bir şekilde çalışan kişi, içinden bulut kümeleri gibi geçen düşüncelerinin peşine takılıp, onlarla beraber hareket etmeye programlıdır. Bulutlardan herhangi biri onun dikkatini kolayca ele geçirir ve kişi hemen bir bulut kümesinin ardından çaresizce sürüklenmeye başlar.

Oysa kendinizi düşünce bulutlarıyla özdeşleştirmeyi bırakıp, gerçek doğanızın gökyüzü olduğunu anımsamayı başarabilirseniz, zihninizin içinden geçen bulut kümeleri size etki edebilme gücünü derhal yitirirler. Esasen onların kendilerine ait bir güçleri de yoktur. Onlar güçlerini sizin dikkatinizden alırlar. Dikkatinizi, içinizden aralıksız olarak geçen çeşitli düşünce bulutlarından çekmeniz gerekiyor. Kötü düşüncelerle yüklü bir bulut kümesi, anılarla yüklü bir başka bulut kümesi, gelecek planlarıyla ilgili bir bulut kümesi, ardından kendini kınama düşünceleriyle yüklü bir bulut kümesi, belki tatlı hayallerle yüklü bir bulut kümesi...

Zihni, okyanusa da benzetebiliriz. Siz, zaman zaman kendinizi okyanusta kabaran bir dalgayla özdeşleştirir, dikkatinizi o dalgaya verir ve 'Bu benim düşüncem' der, dalgaya sahip çıkarsınız. Bunu yaptığınız andan itibaren bir okyanus gibi derin ve engin olma niteliğini kaybeder, kendinizi dalgaya hapsedersiniz. O dalga ile birlikte savrulur, kıyıya çarparsınız.

Dalgalar kabarıp coşarken bir dalga değil, okyanus olduğunuzu hatırlamanız gerekiyor. Bulutlar gökyüzünden geçip giderken, bir bulut değil, gökyüzü olduğunuzu hatırlamanız gerekiyor. Hiçbir bulutla veya dalgayla özdeşleşmeden, sakin bir şekilde durup, onların geçip gitmelerini ve zihninizin orijinal haline dönmesini beklemeniz gerekiyor. Dikkatinizi düşüncelerinizden çekip, onların üzerinde akıp gittiği sonsuz zemine odaklamanız gerekiyor.

Peki, bunu nasıl başaracaksınız?

Öncelikle eksik olan en önemli unsuru, yani 'patronu' bulup, ortaya çıkarmanız lazım. Patron uykuda olduğu zaman sıradan zihin hüküm sürer ve siz bulutlarla, dalgalarla özdeşleşirsiniz. Patron uyanıkken bu tuzağa düşmez, kendinizi hatırlarsınız. Bulutlar veya dalgalar değil, gökyüzü ve okyanus olduğunuzu hatırlarsınız. Bu, uykudan kalkmak ve 'kendini hatırlamak' demektir. 'Kendini hatırlamak' deyimini bundan sonra sık sık kullanacağım.

İzlemek, zihnin niteliği değildir. İzlemek, patronun niteliğidir. İzlemek zihinsel bir işlem değildir. İzlediğinde sıradan zihin durur; çalışmayı tamamen durdurur.

Sıradan zihin izleyemez, o yalnızca düşünce üretebilir. Düşünmek, aslında hafızanın tepkisinden başka bir şey değildir. Bulut kümelerinin ve dalgaların tamamı geçmişten gelmektedir, hepsi de eskinin tekrarıdır. Belki biraz kılık değiştirmişlerdir, o kadar. İçlerinde yeni ve taze hiçbir şey yoktur.

İçinizden geçip giden bulutları, kendinizi onlarla özdeşleştirmeden ve onların peşlerine takılmadan, onlardan etkilenmeden ve onlar hakkında düşünmeden izleyebiliyorsanız, patron görev başında demektir. Bu, sizin uyanıklık halinizdir."

"Galiba düşüncelerimiz hakkında düşünmememiz gerektiğini söylüyorsun. Öyle mi?" diye sordum.

"Yine gülünç bile olmayan, sefil bir soru sordunuz!" dedi Madam Bobogel. "Size bir bulut veya dalga olmadığınız anlatılıyorken düşüncelerden bahsedildiğini zannetmeniz çok acıklı doğrusu. Ezeli ve ebedi garibanlığa mahkûm olduğunuz halde bir kitap yazmaya kalkışmış bulunmanız ise..."

Mama Nono araya girdi. "Evet!" dedi. "Düşüncelerin hakkında düşünmemen gerekiyor."

Madam Bobogel hayal kırıklığına uğramış gibiydi. Yüzünü buruşturdu, gözlerini aşağıya devirdi ve homurdandı.

"Düşünceleriniz hakkında düşünmemek ne demektir ve bu neden gereklidir?" diye sordu.

Yanıt veremedik.

"Biraz evvel belirttiğim gibi, izlemek zihnin niteliği değildir. Siz, bulutları onlar hakkında hiçbir yorum yapmadan, tarafsızca izlemeyi başarabilirseniz sıradan zihin devre dışı kalır. Normalde düşünce bulutlarına bakar ve onlar hakkında düşünürsünüz: İşte çirkin bir düşünce, bu korkunç bir fikir, ne kadar ahlaksız bir düşünce, böyle şeyler düşünmemeliyim, ne kadar güzel bir düşünce, bu çok harika bir fikir...

Düşüncelere dikkatinizi verip, onlar hakkında fikirler yürütmeyi bırakırsanız ve sakin, tarafsız bir şekilde düşünce bulutlarının geçip gitmesini beklerseniz uyku halinden çıkıp, kendinizi hatırlamaya başlamış olursunuz. Şu çok önemlidir: yargılamamak, onaylamamak, kınamamak ve tarafsız kalmak. Olup bitenleri ilgisizce ve yorum yapmadan, yalnızca izlemeniz gerekiyor. Asil bir düşünce geçtiğinde kendinizi tebrik ederseniz veya kötü bir düşünce geçtiği zaman kendinizi kınamaya başlarsanız, yine düşüncenin alanına girmiş olursunuz. Yargılamak, onaylamak veya kınamak düşüncenin faaliyetidir. Düşüncelerinize dair yorum yapmaya, onları beğenmeye veya beğenmemeye başlarsanız düşüncenin alanından çıkmamışsınız demektir. Yani hâlâ düşünceleriniz hakkında düşünüyorsunuzdur. Sıradan zihin görev başındadır.

Sıradan zihni devre dışı bırakabilmek için düşüncelerinize karşı kayıtsız kalın. Yalnızca ortaya çıktıklarını görün, orada olduklarını not edin ve ilgisizce kaybolmalarını bekleyin. Orada bir düşünce olduğunu görün yeter. Daha fazlasına gerek yoktur. Onlara dikkatinizi vermezseniz, kısa zaman içinde eriyip gidecek, kaybolacaklardır. Düşünceler geçip gittikten sonra geriye kalan, zihnin gerçek doğasıdır. Zamanla, siz uyanık kalabildiğiniz süreyi artırdıkça düşünceler seyrekleşecek, zihnin gerçek doğasıyla baş başa kalabildiğiniz anlar da aynı oranda çoğalacaktır. Zihnin gerçek doğasıyla kalmak size bir tazelenme hissi verecek, yaşama sevincinizi artıracaktır. Buna bir de kötü ve kaygı verici düşünceler ortaya çıktığında onlara karşı kayıtsız kalabilmenin huzuru eklenir."

Durakladı.

"Bir okurumuz soru sormak istiyormuş" dedi. "Buyurun lütfen..."

"Merhaba!" dedi okur. "Dersi böldüğüm için kusura bakmayın, ama zihnimin işi düşünmek değil mi? Düşünmeyi bırakıp izlemeye başlarsam doğal bir sürece müdahale etmiş olmuyor muyum? Doğal akışı değiştirmeye çalışmak bana sakıncalı bir şeymiş gibi geliyor."

"Harika bir soru!" dedi Mama Nono. "Öncelikle şunu belirteyim ki, hiçbir şeyi değiştirmeye çalışmıyorsunuz. Yalnızca izliyorsunuz. Zihninizin içinde olup bitenleri izliyor, orada neler döndüğünden haberdar olmaya çalışıyorsunuz.

Doğal bir sürece müdahale etmeye gelince, şunu unutmayın ki hastalık da doğal bir süreçtir, ama bu onu kendi haline bırakmanızı ve iyileştirmeye çalışmamanızı gerektirmez. Mevcut haliyle, zihninizle olan ilişkiniz hastalıklı bir durumdadır. Zihninizin içinde bir kargaşa hüküm sürer ve sizin olup bitenlerden hiç haberiniz olmaz. Bir düşünceden diğerine savrulup durursunuz. Bir düşünce dikkatinizi yakalar, sonra bir diğeri, sonra bir başkası... Oradan oraya amaçsızca sürüklenirsiniz. Şimdi bu kargaşadan çıkıp, bir adım geriye çekiliyorsunuz. Düşüncelere kapılıp, onlarla birlikte sürüklenmek yerine kenarda durup, izleyici olmaya başlıyorsunuz. Dikkatinizi tek bir düşünceye kaptırmak yerine, zihninizin içinde meydana gelen olayların bütününe odaklamaya başlıyorsunuz. Dikkatiniz son derece kıymetlidir. İçinde bulunduğunuz herhangi bir anda, dikkatinizi yalnızca tek bir şeye verebilirsiniz ve bu seçim, o anın bütün niteliğini belirler. Dikkatinizi neye yönelteceğinizi kendiniz seçebilmeli, bu kararı bilinçli olarak verebilecek hale gelmelisiniz.

Her şeyin bir besin kaynağı vardır. Duygular ve düşünceler, sizin dikkatinizle beslenirler. Dikkatinizi çektiğiniz zaman, duygular ve düşünceler havasız kalmış bir balon gibi sönüp giderler. Düşünceler ve duygular tek başlarına iyi veya kötü değillerdir. Yalnızca vardırlar, oradadırlar. O kadar. Onları iyi veya kötü kılan, sizin onlarla kurduğunuz ilişkidir. Bir düşünce her gelişinde size büyük bir keder getiriyorsa, o düşünceyle kurduğunuz ilişkiyi değiştirebilmeniz gereklidir. En azından bunu nasıl yapabileceğinizi bilmeniz, o düşünceyi düşünmek zorunda olmadığınızı, başka bir seçeneğiniz bulunduğunu anlamanız gereklidir. Patron uyanık olduğu zaman, hiçbir düşünce veya duygu sizi korkutamaz. 'Eyvah, yine o düşünce geliyor!' demezsiniz. 'İşte bir düşünce!' dersiniz.

Kısacası, değiştirmeye çalıştığımız şey düşünceleriniz değil, onlarla olan ilişkinizdir. Şu anda düşüncelerinizle olan ilişkiniz son derece sağlıksız, bilinçsiz ve verimsiz bir halde. Düşünce mekanizmasının nasıl çalıştığını izledikçe, zihninizi daha iyi tanımaya başlayacaksınız. Zihninizin işleyişi hakkında ne denli bilgi sahibi olursanız, düşüncelerinizin sizin üzerinizdeki hâkimiyeti o denli azalır. Düşüncelerinizin doğduktan bir süre sonra yok olup gittiğini kendiniz gözlemleyip, süreci kavradığınızda kendi zihninizden korkmamayı öğrenirsiniz. En karanlık, en rahatsızlık verici, en ürkütücü düşüncelerin bile siz onlarla özel olarak ilgilenmediğiniz, onlara karşı kayıtsız kaldığınız zaman eriyip gideceğini bilirsiniz. Bu bilgi size büyük bir özgürlük kazandırır. Zihninizi büyük bir dikkatle, sabırla gözlemlemeniz gerekiyor, çünkü hem tutsaklığınızın hem de özgürlüğünüzün anahtarı ondadır.

Sıradan zihin olaylarla ilgilenir, uyanık ve eğitimli bir zihin ise kendisiyle ilgilenir. Çocuk oyuncağın peşindedir, ama anne çocuk ile meşguldür, oyuncakla değil..."

"Ah, yüce madam!" dedi Madam Bobogel, acıklı bir sesle. "Senin gibi yüksek mertebelerde bir ruhun, sürekli çocuklardan ve oyuncaklardan bahseden bu acuzelerin arasında ne işi var? Kozmosa küskün olduğun için mi buralara düştün?"

Anlatılanlardan sıkılmış, kendi kendine konuşmaya başlamıştı.

"Sonsuz Işık şahidim olsun ki, kursa katılmak için bir servet ödemiş olmasaydım, burada bir saniye daha durmazdım!"

Mama Nono bu sözleri duymazlıktan geldi. "Soru sormak isteyen bir okurumuz daha var" dedi. "Buyurun, sizi dinliyoruz."

"Yanlış anlamadıysam..." dedi okur. "Tarafsızca ve sakince, hiçbir şey yapmadan ve hiçbir şeyi değiştirmeye çalışmadan, yalnızca zihnimizin içinde olup bitenleri izlememiz gerektiğini söylüyorsunuz. Değil mi?"

"Evet!"

"Peki, sadece izleyerek nasıl değişeceğiz?"

Madam Bobogel, "Buyurunmuş!" diyerek, dudak büktü. "Alın işte! Rezillik derecesinde pespaye bir soru daha geldi. Böyle garabet sorular soran çakrası buruşukları iyi bilirim! Buram buram çürümüş balık kokarlar. Bu kitabı ben yazmış olsaydım, bugüne kadar yazdıklarımın en güzeli olurdu. Okurlarım gülünç bile olmayan ahmakça sorular sormazdı ve..."

Mama Nono, "Mükemmel bir soru!" diye atılarak, Madam Bobogel'in sözünü kesti. "İnanması güç, ama şu bir gerçektir: Kendini hatırlamak, yani uyanmak ve zihni izlemek, bir insanın davranışlarında ihtiyaç duyduğu tek değişimdir. İzlemek dışında bir şey yapmak, kendini değiştirmeye ve düzeltmeye çalışmak gerekmez. Zihnin faaliyetlerini kınamaksızın, haklı çıkarmaya çalışmaksızın, yalnızca izlemek yeterlidir.

Düşünmek zihnin çalışmasıdır, izlemek ise zihnin çalışmayı durdurmuş halidir. Zihin ya düşünür ya da izler. İkisini birden yapması mümkün değildir. Bu, bir insanın aynı anda hem koşup hem de oturması kadar imkânsızdır. Sıradan zihnin devre dışı olması demek, sizin uyanık olmanız demektir. Diğer her şey, davranışta, duyguda ve düşüncedeki tüm temel değişimler bu pratiğin, yani sizin kendinizi hatırlıyor olmanızın, uyanık olmanızın bir yan ürünü olarak ortaya çıkar. Bir insan kendini hatırladığı ve uyanık olduğu süreleri artırmayı başarırsa, o insan için her şey değişmeye başlar. Hayatla olan ilişkisi, başkalarıyla olan ilişkisi ve kendisiyle olan ilişkisi yavaşça, yumuşak ve zarif bir şekilde değişir, bambaşka bir hale gelir. Bu, aktarılabilecek bir tecrübe değildir. Kendinizin yaşayıp görmeniz gereken bir şeydir. Otururken, yürürken, yemek yerken, araba kullanırken, bulaşık yıkarken uyanık olmaya çalışın. Hayatınızın her anında kendinizi hatırlayın, zihninizi izleyin. Gerisi kendi kendini halledecektir."

"Yanıt için teşekkürler" dedi, soruyu yönelten okur.

"Rica ederim" dedi Mama Nono. "Okurlarımızın sorularını yanıtlamayı sürdürelim. İşte yeni bir soru daha geldi. Dinliyoruz..."

"Merhaba! Zihnimi izlerken hoş olmayan düşüncelerle karşılaşıyorum. Onlarla mücadele mi etmeliyim?"

"Hayır" dedi Mama Nono. "Mücadele etmek katiyen yok. Zihninizin içindeki düşüncelerle mücadele etmeye başlarsanız, kendi içinizde çatışma çıkarmış olursunuz. Oysa bizim amacımız çatışma çıkarmak değil, var olan çatışmalarınızı gidermek ve sizi içsel olarak bütünlüğe kavuşturmak. Çatışan bir zihin, bölünmüş bir zihin, öfkeli bir zihin istemiyoruz. Bazı düşüncelerini beğenip onları dost gören, bazı düşüncelerini beğenmeyip onları düşman gören bir zihin istemiyoruz. Kendini 'iyi tarafı' ve 'kötü tarafı' olarak ikiye bölmüş bir zihin istemiyoruz.

Zihninizi izlerken gördüğünüz duygu ve düşüncelerin önünde tavrınız, oyun oynayan bir çocuğu izleyen yaşlı bir bilge gibi olmalı. Bir çocuğu anlama uğraşında kınamaya hiçbir zaman yer yoktur. Çocuğu oyun oynarken, ağlarken, yemek yerken izlemeniz, girdiği tüm hallerini gözlemlemeniz gerekir. Bir çocuğu yargılamanın anlamı yoktur. Yaşlı ve bilge bir kişi, bir çocuğu izlerken onun aptal, çirkin veya beceriksiz olduğunu düşünüp, onunla mücadele etmeye kalkışır mı?

Zihninize bakarken ortaya çıkan şey ne olursa olsun onunla mücadele etmeyin, ona direnmeyin ve onu bir sorun haline getirmeyin. Zihninizde beliren düşünceye hemen bir tepki vermeye kalkışmaz ve bir parça sabırlı olursanız, gelen her şeyin geçip gittiğini, bir rüzgâr esintisi gibi eninde sonunda dindiğini göreceksiniz. Duygularınıza ve düşüncelerinize karşı şefkatli olun. Onlar sizin bir parçanızdır, aileniz gibidirler. Düşünceleriniz, zihinsel ailenizin fertleridir. Zihninizin içinde hoşunuza gitmeyen şeylerle karşılaştığınızda onları kovmaya çalışmamanız gerektiği gibi, çok beğendiğiniz düşüncelerle karşılaştığınızda da kendinizi beğenip, tebrik edip, hemen havaya girmemeniz gereklidir. Gökyüzü örneğine bir kez daha dönelim. Gökyüzü, üzerinde nefis bir gökkuşağı oluştuğunda kibirlenmez, içinden kara bulutlar geçtiğinde de hayal kırıklığına uğramaz. Bunların her ikisinin de kendisinde iz bırakmadan geçip gideceğini bilir. Bulutlar gökyüzü değildir, gökkuşağı gökyüzü değildir. Siz düşünceleriniz değilsiniz, siz duygularınız değilsiniz."

"Kutsal aklımı oynatmama ramak kaldı!" diye söylendi Madam Bobogel. "Bininci defa aynı laflar konuşuluyor! Hapishane konusundan eser yok!"

Mama Nono, bu sözleri de duymazlıktan geldi ve devam etti: "İnsan, zihnini kınamadan ve yargılamadan izlerse, zihin zamanla kendi içindeki bütün engelleri aşabilir. Düşüncelerinize ve duygularınıza müdahale etmeye çalışmayın. Onları şu veya bu şekilde değiştirmek yolunda bir çaba içine girmeyin ve onlarla mücadele etmeyin. Kenara çekilip seyredin ve okyanustaki dalgalar gibi yükselip, yatışmalarına izin verin. Onlara zorluk çıkartmazsanız, onlar da size zorluk çıkartmazlar. Bir süre sonra zihninizin yenilendiğini, tazelendiğini ve çok büyük bir öğrenme kapasitesine eriştiğini göreceksiniz. O noktada 'patron' artık uyanıktır."

"Teşekkürler" dedi soruyu soran okur. Mama Nono gülümsedi, saatine baktı, "Son bir soru daha alabilecek kadar vaktimiz var" dedi.

"Ben, zihnimi izlemeye çalışırken hatalı bir şey yapmaktan korkuyorum" dedi bir okur. "Yanlış bir şeyler yapıp, kendimi şu anda olduğumdan daha beter bir hale sokmaktan korkuyorum. Böyle bir risk var mı?"

Mama Nono kendinden son derece emin bir sesle, "Hayır!" dedi. "Kişi, zihnini izlemeye ve kendini hatırlamaya çalışırken yanlış bir şey yapsa bile, mevcut halinden daha kötü bir hale gelemez. Zihnini tanıma yolunda belki yan yan ilerlenebilir, ama geri geri gidilemez. Zihniniz eğitimsiz ve disiplinsizse, çalışmaya başladıktan sonra her yaptığınız şey hatalı olsa dahi, şimdikinden daha kötü bir duruma gelmenize imkân yoktur. Uyku halinden çıkmak ve daha bilinçli olmak yönünde harcanan hiçbir çaba, ne kadar küçük olursa olsun asla ziyan olmaz. Siz samimi ve kararlı olduğunuz sürece hiçbir gayret boşa gitmez.

Sayısız yanlışlar yapılsa bile, bir zarar verilmez. Uyanmak için çabalarken hata yapmak, hiç denememiş olmaktan milyonlarca defa daha iyidir."

"İçim rahatladı!" dedi okur. "Çok teşekkür ederim."

Mama Nono, soruyu soran okurla vedalaştıktan sonra bize döndü ve aniden "Durun!" dedi. "Hiç kıpırdamayın!"

Madam Bobogel ve ben, donakalmıştık. Öylece durduk ve Mama Nono'nun talimatlarını bekledik.

"Şimdi, şunları kendinizde gözlemlemeye çalışın" dedi Mama Nono. "Başınız nasıl duruyor? Yana doğru eğik mi? Çeneniz gergin mi? Şu anda bedeninizin herhangi bir yerinde gereksiz bir gerilim var mı? Zihninizde gereksiz düşünceler var mı? Kendini hatırlamak demek yalnızca zihnini değil, bedeninizi de izlemek ve bedenin hareketlerinden de her an haberdar olmak demektir. Zihni ve bedeni gözlemlerken, bütün duyularınızı kullanmanız gerekiyor. Lütfen, sen de aynısını yap sevgili okur. Duruşunu, oturduğun pozisyonu gözlemle. Dik mi yoksa kambur mu duruyorsun? Kitabı nasıl tutuyorsun? Kasların gergin mi?"

"Altıncı bir duyu geliştirmeye mi çalışıyoruz acaba?..." diye mırıldandım ve o anda acıyla irkildim.

"Beş duyu neyine yetmiyor!" diye beni azarladı Madam Bobogel. Bir yandan da plastik asasıyla başıma vuruyordu. Birdenbire kudurdum, kan beynime sıçradı. Ayağa fırladım.

"Kendinize gelin madam!" dedim. Öfkeden sesim titriyordu. "Yoksa..."

Mama Nono, Madam Bobogel'in bir şey söylemesine fırsat vermeden kolumu kavrayıp, beni hafifçe geriye itti ve yerime oturttu.

"Yapma!" dedi, yumuşacık ama yine de otoriter bir sesle. "Bu kadar kızgınlığa gerek yok."

Minderime çöktüm. Bir anda kendimi kaybediverdiğim için Mama Nono'ya karşı müthiş derecede mahcup olmuştum. Başımı önüme eğip homurdandım. Bütün bunlar o şarlatanın yüzünden oluyordu. Derin nefesler alarak sakinleşmeye çalışıyor, Madam Bobogel'in oturduğu tarafa doğru bakmamaya özen gösteriyordum. Bu sırada o, hiç aralıksız söyleniyordu:

"Zihni, ağaçta sallanan maymunlar gibi, besbelli... Sonsuz Işık'ın tek elçisi olduğum unutuluyor tabii ve... Bir de utanmadan kitap yazmış olması... Karması kokuşuk, çakrası buruşuk yazar bozuntusu... Çürümüş balık kokusu her yanı sarınca..."

Mama Nono bana doğru döndü. Gözlerini gözlerime dikti, "Şimdi sana çok önemli bir soru soracağım!" dedi, ciddi bir tonla.

Duraklayıp, yüzüme baktı. "Herhalde görkemli bir fırça yemek üzereyim" diye düşündüm. "Bana nasıl olup da böyle basit bir meseleden ötürü kendimi kaybedebildiğimi soracak..."

Azar işitmeye hazırlanıp, soruyu sormasını bekledim.

"Sabahleyin bu evin kapısından içeri girdiğinde şemsiyeni ayakkabılarının yanında bıraktın" dedi.

Afalladım. Böyle bir soru beklemiyordum. Başımı sallayıp, onayladım.

"Söyle bakalım, şemsiyen ayakkabılarının sağ tarafında mı duruyor yoksa sol tarafında mı?"

Biraz düşündüm, hatırlamaya çalıştım. Doğrusu, en ufak bir fikrim yoktu.

"Sağ tarafında duruyor..." diye uydurdum.

"Emin misin?"

"Değilim."

"İstersen gidip bir bak."

Dediğini yaptım. Talihsiz günümdeydim. Şemsiye, ayakkabılarımın solunda duruyordu.

Yenik bir biçimde salona girdim. Ellerimi iki yana açtım, "Yanılmışım" dedim. "Benim üzücü tarafım, bu dikkatsizliğim."

"Benim üzücü bir tarafım yok!" dedi Madam Bobogel. "Sonsuz Işık'a şükürler olsun!"

Bana dönüp, "Aldırma" dedi Mama Nono. "Herkes hata yapar."

"Ben yapmam" diye itiraz etti Madam Bobogel. "Bugüne dek hiç hata yapmadım. Bu yüzden hep başkalarının hatalarından ders aldım." Duraksadı. "Belki de üzücü tarafım bu" diye mırıldandı. "Hiç hata yapmamak!"

Ters bir şey söylememek için kendimi çok zor tutuyordum. İçimin hınçla kabardığını, gözümün yaşla dolduğunu hissettim.

"Nasıl geçti habersiz, o güzelim yıllarım
Bazen gözyaşı oldu, bazen içli bir şarkı."

Nihat Aşar

Hayat Kendini Yaşar

Mama Nono, yeniden anlatmaya koyuldu:

"Size 'Uyanık mısınız?' diye sorarsam uyanırsınız, ama esas mühim olan uyanık kaldığınız süreyi uzatabilmektir. Gün içinde çoğu hareketiniz otomatik olarak gerçekleşir. Onları yapan gerçekte siz değilsinizdir, onlar kendi kendilerine olup biterler. Bunların bazılarının son derece önemsiz eylemler olduklarını öne sürebilirsiniz, şemsiyeyi kenara bırakmak, ayakkabınızı çıkarmak gibi. Bazıları biraz daha önemlidir, araba kullanmak, yemek yapmak gibi, bazılarının ise son derece önemli olduğu söylenilebilir, eşinizle sohbet etmek, çocuğunuzu parka götürmek gibi.

Esasen, önemli olan eylemin niteliği değildir. Önemli olan şudur: Eğer bir eylem, siz uyku halindeyken mekanik olarak gerçekleşiyorsa, siz o sırada tam olarak yaşıyor sayılmazsınız. Şemsiyenizi kenara koyarken veya sevgilinizle sohbet ederken orada değilsinizdir. Dışarıdan bakıldığında fiziksel olarak oradaymışsınız gibi, yaşıyormuşsunuz gibi görünürsünüz, ama gerçekte uyku halindesinizdir ve vaktiniz boşa geçmekte, harcanmaktadır. Bu çok acıklı, çok üzüntü verici, müthiş derecede trajik bir gerçektir.

Sabah arabanıza biner ve işinize gitmek üzere yola çıkarsınız. Araba kullandığınız anlar önemsiz anlar mıdır? Onlar da sınırlı bir zamana sahip olduğunuz bu kısacık hayatınızın bir parçasıdır. Oysa çoğu zaman arabayı çalıştırdığınız anla, varış noktasına ulaştığınız anın arasındaki zaman dilimi sizin için tamamen kayıptır. Dakikalar siz onları yaşayamadan akıp gider. Siz uykuya geçmişsinizdir, araba kendi kendini kullanmıştır. Hayat yine sizin tarafınızdan yaşanmamıştır. Hayat kendi kendini yaşamıştır.

Siz hareket ederken, konuşurken, yemek yerken ve alışveriş yaparken uyumaya devam edersiniz. Hayat kendi kendine hareket eder, konuşur, yemek yer ve alışveriş yapar. Hayat kendi kendine işe gider, birileriyle flört eder, evlenir, boşanır, çocuk yapar ve çocukları büyütür. Siz, bütün bunlar olurken –kazara veya tesadüfen uyandığınız kısa süreler dışında– hep uyumayı sürdürürsünüz.

Hayat sabırlıdır. Sizin uyanmanızı ve ona katılmanızı bekler. Oysa siz daimi bir uykudasınız. Buna rağmen hayatın boş, sıkıcı, acıklı, acımasız, üzücü olduğunu tekrarlar ve daha başka birçok kötü taraflarını sayar durursunuz. Bunun böyle olduğunu nereden bildiğinizi merak ediyorum. Doğrusu siz hayat üzücüyken bile orada değil, uykudasınız. Eğer üzüntüyü uyanıkken çekmiş olsaydınız, onda farklı bir nitelik olduğunu keşfederdiniz ve üzüntüden bu kadar çok korkuyor olmazdınız. Ama bu başka bir günün konusu...

Bugünün konusuna dönelim. Zihninizde özel bir rüya âlemi var ve gerçek anlamda yaşamaya başlayabilmek için o rüya âlemini terk etmeniz gerekiyor. Peki, bunu nasıl başaracaksınız? Nasıl uyanacaksınız ve nasıl uyanık kalacaksınız? Kendini gözlemlemek çok zordur. Denediğiniz zaman, bunu net bir şekilde görürsünüz. Dikkatiniz sürekli kayar, zihniniz oradan oraya koşar. Alışkanlıklarınızın gücü o kadar fazladır ki sizi tekrar uykuya sürükler. Kendinizi hatırlamanız için desteğe ihtiyacınız vardır; size yardım edebilecek bir şey gereklidir. Daima elinizin altında olan, her an kolayca ulaşabileceğinizden emin olduğunuz bir şey. Geçmişe veya geleceğe gittiğinizde, hayallere veya fantezilere daldığınızda ona tutunup, içinde bulunduğunuz ana geri dönebileceğiniz sağlam ve güvenilir bir şey. Sizce, bu ne olabilir?"

Madam Bobogel, "Gülünç bile olmayan budalaca sorunuza bir yanıt bahşedeceğim" dedi ve doğru yanıtı bildiğinden emin olmanın verdiği coşkuyla haykırdı: "Asa!" Elindeki plastik asayı havaya kaldırmış, sallıyordu.

Mama Nono gülümsedi, "İyi bir denemeydi Madam Bobogel" dedi. "Ama doğru yanıt: nefes!"

"Nefes!" diye düşündüm içimden. Nasıl tahmin edememiştim! Yanıt son derece barizdi. Bu, katilin uşak çıkması gibi bir şeydi! Madam Bobogel'e alaycı bir bakış attım. Gözlerini kıstı ve meydan okuyan bir bakışla karşılık verdi.

Mama Nono, aramızdaki gerginliğe hiç aldırış etmiyordu. Anlatmaya başladı:

"Kendini hatırlama çalışmasında nefes, sizin daima en büyük yardımcınız olacak. Nefes her zaman orada, elinizin altındadır. Sürekli ve düzenli bir şekilde akar, üstelik bedavadır! Uyanmak için çabalarken, sizin için nefesten daha sadık ve güvenilir bir dost düşünemiyorum. Zihniniz geçmişe veya geleceğe gittiği zaman, içinde bulunduğunuz ana geri dönmek için nefesinize tutunabilirsiniz. Nefes, bir geminin çapası gibi görev yapar ve sizi olduğunuz yere sabitleyerek, düşüncelerinizin dalgalarına kapılıp gitmenize engel olur. Dikkatiniz bir kas gibidir ve siz onu çalıştırdıkça kuvvetlenir. Hani spor salonlarında belli kaslarınızı geliştirmek üzere özel olarak tasarlanmış aletler vardır ya, nefesi de dikkat kasınızı geliştirmek üzere özel olarak tasarlanmış ve içinize yerleştirilmiş bir alet olarak düşünebilirsiniz.

Nefes alıp verdiğinin farkında olmak çok önemli bir beceridir. Dikkatinizi nefese yönelttiğinizde uyku hali sona erer, uyanır ve şimdiki ana dönersiniz. Kişi, nefese odaklandığı zaman bu anda olmak zorundadır. Hem nefesin farkında olup hem de dünde veya yarında olmak mümkün değildir. Siz nefesi hatırlarsınız, nefes de size kendinizi hatırlatır. Nefesi kontrol etmeye çalışmaya gerek yoktur. Yalnızca nefesin farkında olmak yeterlidir. Onu belli bir şekle sokmaya çalışmadan, doğal akışına bırakmalısınız. Tıpkı zihni izlerken müdahale etmediğiniz gibi, nefesinizi de müdahale etmeden, yalnızca izlemeniz gerekiyor. Dikkatinizi nefese odakladığınız anda nefes nasılsa, onu öyle bırakın ve seyredin. Uzun, kısa veya derin oluşuna aldırmayın. Uyanmak ve kendinizi hatırlamak için yaptığınız bütün çalışmalarda amacınız kendinizi ve çevrenizdeki şeyleri değiştirmeye ve kontrol etmeye çalışmadan, her şeyi olduğu gibi algılamaktır.

İnsanın nefes alış biçimiyle içsel durumu birbiriyle yakından ilişkilidir. Eğer kesik ve sık nefesler alıyorsanız, bu genellikle sizin kaygılı, öfkeli veya stresli olduğunuz anlamına gelir. Normalde, nefesi doğal akışına bırakmalısınız, ama bir istisna olarak kendinizi çok gergin hissettiğiniz durumlarda nefesi yatıştırmak faydalı olur. Gerekli bulduğunuz zamanlarda birkaç dakika durup, derin ve uzun nefesler almaya çalışın. Böylece sakinleşip, gerginlikten kurtulabilirsiniz.

Nefesi izlerken onu hissetmeli, direkt olarak tecrübe etmelisiniz. Bir deneme yapalım: Gözlerinizi kapatın, elinizi karnınızın üzerine yerleştirin ve tüm dikkatinizi elinizin durduğu noktada toplayın. Karnınızın iniş çıkışını izleyin. Nefes karnınızı doldururkenki gerginliği tamamen hissedin. Nefes boşalırkenki rahatlamayı tamamen hissedin.

Şimdi, odak noktanızı değiştirin ve nefesi burun deliğinizde hissetmeye çalışın. Nefesi içinize çekerken, havanın burun deliklerinizle nasıl temas ettiğini hissedin. Nefesin dokunuşuyla burun deliklerinizin nasıl genişlediğini fark edin. Belki hava içeri girerken bir serinlik, çıkarken bir ılıklık hissi oluşuyordur, belki dudaklarınızın üstünde küçük bir gıdıklanma hissi vardır. Bunların hepsini gözlemleyin.

Nefesi hissederken hangi noktada odaklanmak sizin için daha kolay olduysa, oraya odaklanın. Burun delikleri veya karnınız, hatta belki göğüskafesiniz. Fark etmez. Mühim olan sizin için en uygun noktayı seçmenizdir. Bir yer belirleyin ve nefesi izlerken dikkatinizi oraya verin.

Şimdi, üç dakika boyunca nefesinize odaklanmanızı ve havanın giriş çıkışını takip ederek kendinizi şimdiki anda tutmanızı istiyorum. Bunu yaparken aynı zamanda zihninizi izlemenizi, duygularınızı ve düşüncelerinizi gözlemlemenizi istiyorum. Kuşkusuz, birçok defa kendinizi düşünceleriniz hakkında düşünürken bulacaksınız. Tetikte olun, uyanık olun. Savrulup gittiğinizde silkinin ve kendinizi geri çağırın. Kendinizi geri getirmek için nefesi kullanın. Dikkatinizi ona verin ve ona odaklanın. Saatinizi üç dakikaya ayarlayın ve bu çalışmayı yapmayı deneyin. Elbette, senin de yapman gerekiyor sevgili okur. Başlayalım!"

Gözlerimi kapattım, derin bir nefes aldım ve denemeye koyuldum. Zihnimde birçok düşünce belirdi, onların peşinden takılıp gittim, ama Mama Nono'nun dediğini yaptım ve her defasında nefesime odaklanarak şimdiki ana geri döndüm. Üç dakika sonra alarm çaldı, gözlerimi yavaşça araladım.

"İlk denemelerinizde zihninizin azgınlaşıp vahşileştiğini ve düşüncelerin her zamankinden daha fazla kaynadığını zannedeceksiniz" dedi Mama Nono. "Bu, çok doğal bir durumdur ve asla moralinizi bozmamalıdır. Aslında, zihninizin içi her zaman bu kadar kalabalık ve gürültülüydü, ama siz ilk kez gerçekten dikkatinizi vererek içeri bakıyorsunuz. Düşünceler her zamankinden daha fazla üşüşmüş değil, kargaşa her zamankinden daha büyük değil. Yalnızca siz içinizdeki fırtınaya ilk kez yakından bakıyorsunuz.

Başlangıçta pek çok defa kendinizi unutmanız ve düşüncelerinizin ardından gitmeniz de çok doğaldır. Kaybolup gittiğinizi anladığınızda kendinize kızmayın, kendinizi suçlu hissetmeyin. Sabırlı olun ve kendinize zaman tanıyın. Kendinize karşı daima nazik ve şefkatli olun. Düşüncelerinize kapıldığınız zaman sadece nefesinize odaklanın ve kendinizi izlemeye geri dönün.

Dünyanın dört bir yanı, sadece diğerlerini izleyen insanlarla doludur. Onlar, asla kendilerini izlemeyi umursamazlar. Başkalarını izlemeye odaklı yaşam biçiminiz, bugüne kadar size mutluluk getirmedi ve bundan sonra da getirmeyecek. Siz, bugün o kederli çarkın dışına çıkıyorsunuz ve ilk defa hayatınızın iplerini kendi elinize almak için bir girişimde bulunuyorsunuz. 'Artık yeter!' diyorsunuz. 'Artık eski saçmalıklara katılmıyorum. Zihnimin eski numaralarını yutmayı reddediyorum! Başkalarını değil, kendimi izlemek istiyorum. Kendimi tanımak, zihnimin nasıl işlediğini bilmek istiyorum!'

Harika bir başlangıç yaptınız, sizi tebrik ediyorum. Çalışmalarınız arttıkça zihninizi daha iyi tanıyacaksınız ve zihniniz sizi aldatmakta gittikçe daha âciz hale gelecek. Kendini hatırlama çalışması dikkat kasınızı güçlendirir, zihninizin mevcut sınırlarını genişletir ve zihninizin esnekliğini artırır.

İlk dersimizi bitirmeden önce size bir ödev vermek istiyorum. Ödeviniz, bundan sonra her gece yapmanızı isteyeceğim bir egzersiz. Uyumak üzere yatağınıza yattığınızda, uykuya geçmeden evvel gözlerinizi kapatın ve rahatlayın. Vücudunuzu baştan aşağıya tarayın ve herhangi bir yerde gerginlik varsa tespit edip, giderin. Özellikle çenenizin kasılı olup olmadığına dikkat edin ve yüz kaslarınızı gevşetin. Bir iki dakika için sadece nefesinize odaklanın. Sonra sabah kalktığınız andan, yatağa yatıp bu egzersizi yapmaya başladığınız ana kadar bütün gün boyunca neler yaptığınızı gözünüzde canlandırın. Yataktan kalktığınız anla başlayın. Hangi taraftan kalktınız? Aklınızdan neler geçiyordu? Rüya görmüş müydünüz? Yüzünüzü yıkarken keyfiniz yerinde miydi? Kahvaltıda neler oldu? Dışarı çıkarken önce hangi ayakkabınızı giydiniz? Ofiste neler oldu? Öğlen yemeğinde neler yediniz? Telefonunuz kaç kere çaldı? Kimlerle konuştunuz? Neler söylediniz?

Geçip giden bütün gününüzü, sabah kalkıştan başlayıp sırayla ilerleyerek ve yalnızca aktivitelerinizi değil, gün boyunca zihninizden geçen duygu ve düşünceleri de anımsamaya çalışarak gözden geçirin. Gün boyu neler yaptığınızı, perdede akıp giden bir filmi izler gibi izleyin. Filmle özdeşleşmeden, gördüklerinizi yargılamadan ve kendinizi kınamadan, tarafsızca izleyin. 'Bu yaptığım çok iyi' demeyin. 'Bu yaptığım çok ayıp' demeyin. Yorum katmadan, yalnızca izleyin. İlk başlarda gününüzü çok detaylı anımsayamamanız normaldir, ama bu egzersiz dikkatinizi artıracaktır. Bunu bir alışkanlık haline getirdiğinizde gün içinde uyanık kaldığınız, kendinizi hatırladığınız sürenin uzadığını fark edeceksiniz. Egzersizi yaparken uyuyakalırsanız, kendinize kızmayın. Tecrübe kazandıkça daha uzun süreler boyunca odaklanabileceksiniz ve zamanla uykuya dalmadan evvel bütün gününüzü gözden geçirebilmeye başlayacaksınız. Saydığım faydaların yanı sıra, uykuya dalma sorunu yaşayanlar, 'günü gözden geçirme' çalışması sayesinde bu sorunlarının ortadan kaybolduğunu görecekler.

Size verdiğim egzersizleri yapmaktan kaçınmayın ve kaytarmayın. Üşengeç olmayın, tembel olmayın. Ertelemeyin. 'Yarın başlarım' demeyin. Ertelemek, zihnin tipik tuzaklarından biridir. Tuzağa düşmeyin. Zihniniz size, 'Bugünü boş ver, yarın yaparsın' dediğinde gülümseyin ve ona 'Seni duydum, ama sözlerine kulak asmayacağım ve çalışmaya bugün başlayacağım!' deyin. Kendinizi hatırlamak için, uyanık kalmak için var gücünüzle çabalayın. Bir insanın kendini tanımaktan daha önemli hiçbir işi yoktur, olamaz. Çalışma hakkında söylediklerimi dinlemeniz yeterli değildir, muhakkak uygulama yapmanız gerekiyor. Dikkat kası, egzersizleri yapmadan gelişemez, cılız kalır.

Sen de egzersizleri yapmalısın sevgili okur. Başkalarının çalışmalarını izleyerek, kendi kaslarını geliştiremezsin."

Minderimde huzursuzca kıpırdandım. Saatlerdir hiç ara vermeden ders yapıyorduk. Yorulmuştum, acıkmıştım ve kafam karışmaya, dikkatim dağılmaya başlamıştı. Üstelik bacaklarım uyuşmuş, fena halde karıncalanmaya başlamıştı. Madam Bobogel'e kaçamak bir bakış attım. Yüzünde bir yorgunluk ifadesi yoktu ve hâlâ gayet rahat bir şekilde lotus pozisyonunda oturuyordu. İyice canım sıkıldı.

Mama Nono, aklımdan geçenleri okumuş gibi birdenbire durdu, "Bugünlük bu kadar yeterli" dedi. "Burada keselim."

Dersin bittiğini duyunca rahatladım, derin bir nefes aldım. Madam Bobogel ile beraber ayağa kalktık, Mama Nono'nun ardı sıra kapıya doğru ilerledik. Ben mahsus ağırdan alıyordum çünkü Mama Nono ile baş başa kalmak ve Madam Bobogel hakkında konuşmak, şikâyetlerimi sıralamak istiyordum.

Madam Bobogel'i uğurlarken "Beni dikkatle dinlediğiniz için teşekkür ederim sevgili madam" dedi Mama Nono. "Yarın sabah yine aynı saatte bekliyorum."

Madam Bobogel yüzünü ekşitti, "Bu gariban yarın da burada olacak mı?" diye sordu. Bana doğru hiç bakmamıştı, ama benden bahsettiği gün gibi ortadaydı. "Dersin ilerlemesine mâni oluyor."

Sinirden mosmor oluverdim.

Döndü, küçümser bir edayla gözlerime baktı ve "Tozlanmasın diye örtülü duran bir mobilyada bile şundan daha çok zekâ pırıltısı vardır!" diye söylendi.

Bu sırada siyah bir limuzin yolun kenarına yanaştı. Arabanın içinden Madam Bobogel'in bir müridi olduğunu tahmin ettiğim ufak tefek bir kadın fırlayıp, telaşla bize doğru koştu. Madam Bobogel müridinin geldiğini görünce derhal bize sırtını dönüp, kendisine uzatılan şemsiyenin altına girdi. İki kadın kol kola, koşar adımlarla limuzine doğru ilerlediler ve sonra simsiyah filmle kaplı camların arkasında kaybolup gittiler.

O şarlatanın Mama Nono'ya veda etmemiş olması iyice tepemi attırmıştı. Bir süre daha kapının eşiğinde durdum, uzaklaşan limuzinin ardından baktım. Sonra Mama Nono'ya döndüm, bıkkın bir sesle, "Madam Bobogel'in geleceğini bilseydim, kursa katılmazdım!" dedim. "Beni müthiş derecede kızdırıyor!"

Mama Nono sessiz kaldı.

"Tam gitmeden evvel ne dediğini duydun mu?" diye sordum, sitemkâr bir tavırla. "Mobilyalardan bile daha aptal olduğumu söyledi!"

Mama Nono yine yanıt vermedi. Yüzüme bakıp, umursamazca gülümsedi.

"Çıkarken söylediklerini duydun mu Mama Nono!" dedim ısrarla. Sesimin gittikçe yükselmesine mâni olamıyordum. "Bir mobilyadan bile daha aptal..."

"Evet, duydum!" dedi Mama Nono ciddi bir sesle. "O sana yalnızca bir kez aptal dedi. Tekrar edip duran sensin!"

Sustum.

"Başkaları seni bu kadar kolayca kızdırabiliyorsa, kendini daha zor kızdırılabilir hale getirmelisin!" dedi. "Bir kursa seninle beraber kimlerin katılacağını kontrol edemezsin. Madam Bobogel'in neler söyleyeceğini kontrol edemezsin. Dünyada kontrol edebileceğin tek bir şey var: Kendin! Yalnızca kendini ve başkalarına nasıl yanıt vereceğini kontrol edebilirsin."

Başımı öne eğmiş, mahcup bir şekilde dinliyordum. Devam etti:

"Başkalarıyla meşgul olduğun her an kendini unutmuş olduğun bir andır" dedi. Duraklayıp, gözlerimin içine baktı. "Hem, kendini niçin onunla kıyaslıyorsun?" diye sordu.

İrkildim. Mama Nono'dan hiçbir şey kaçmıyordu. Demek, Madam Bobogel'in lotus pozisyonunda oturabilmesini kıskandığımı da anlamıştı!

"Zihin çok kurnazdır" dedi. "Direnç göstermek için incelikli numaralar bulur. Zihnin seni kıyas yaparak meşgul tutuyor. Onu eğiteceğini anladı ve direniyor. Artık Madam Bobogel'i düşünmeyi bırak ve kendinle ilgilenmeye başla. Madam Bobogel, Madam Bobogel'in sorunu. Sen buraya kendini tanımak için geldin, onu değil."

"Pekâlâ Mama Nono" dedim, uysal bir tavırla. "Söylediklerini yapmaya çalışacağım. Sana söz veriyorum!" Sonra onu kucaklayıp öptüm ve ders için teşekkür edip, oradan ayrıldım.

Kapıdan çıkmadan evvel kendimi hatırlamayı başarmış ve belki de ömrümde ilk kez ayakkabılarımdan hangisini önce giydiğime dikkat etmiştim.

"Yıllar yorgun, ben yorgun, boşa geçti seneler
Bende hicran yarası, bende bitmez çileler."

Turhan Taşan

Tüm Dünyada Üç Buçuk Satan Romanınız...

"Bir gün bir roman yazacak olsam bugüne kadar yazdıklarımın en iyisi olurdu" diye homurdandı Madam Bobogel. Minderine yerleştiği andan beri sözüm ona kendi kendine konuşuyordu, ama bu cümleyi özellikle benim işitebileceğim yükseklikte bir sesle söylemişti. Anlaşılan, bana karşı takındığı düşmanca tavırda bugün de en ufak bir azalma olmayacaktı. Dönüp, yüzüne dik dik baktım. Aldırış etmedi. Üzerine yine dünkü aynı perişan kıyafetleri giymişti. Mırıldanmaya devam etti: "Konuşan tavus kuşu olurmuş gibi... Bir görünüp bir kaybolan kediler ve daha başka acayiplikler... Sayıları başından geçen adamlar ve sayısız rezillikler... Sayıları kıçında çıkan adamlar ve utanç verici garabetler... Gülünç bile olmayan gariban kurgusu..."

Henüz ders başlamamıştı. Mama Nono, bize çay getirmek üzere mutfağa gitmişti. Onun yokluğunu fırsat bilerek Madam Bobogel'e okkalı bir cevap yapıştırmaya karar verdim.

"Bir gün bir roman yazacak..." diye söyleniyordu. Aniden araya girdim.

"Yazdınız Madam Bobogel" dedim, sert bir tonla. Şaşırıp, sustu. "Bir gün bir kitap yazdınız! Korkarım, bugüne kadar yazdıklarınızın en iyisi de olamadı."

Yüzünde boş bir bakışla öylece kalakaldı. Kısa bir duraklamadan sonra toparlandı ve "Neden bahsettiğinizi anlayamadım doğrusu" deyip, omuz silkti. "Sonsuz Işık'ın tek elçisi olan yüce bir madama böyle iftiralar atabildiğinize göre sizde hiç kozmos korkusu yok. Kâinat bana yapılan kötülüklerin hesabını..."

Tekrar sözünü kestim. "*Amuda Kalkarak Asla!*" dedim. Gözleri fal taşı gibi açıldı. Bu defa büsbütün neye uğradığını şaşırmıştı. "Tüm dünyada üç buçuk satan romanınızın ismi..."

Suratını ekşitip, dudağını büzdü. "Kozmik bir yalan!" diyerek, başını öte yana çevirdi.

"Üçünü kendiniz almıştınız, birini de kitaba bir göz atmak için karıştırırken buruşturduğu için satın almak zorunda kalan bir kişi. Ancak, o pazarlık ederek kitabın satış fiyatının yarısını ödemişti."

Kızarıp bozarmaya başlamıştı. Bu sırada yüzünde aydınlık bir gülümseme ile Mama Nono salona girdi. "Herkese tekrar günaydın!" dedi, cıvıldayan bir sesle. Tam zamanında gelmiş, bana verecek bir cevap bulamayan Madam Bobogel'in imdadına yetişmişti. Kurabiyeler, kekler ve sandviçlerle dolu bir tepsiyi ortamızda duran sehpaya bıraktı. "Belki kahvaltı etmemişsinizdir diye düşündüm!" dedi.

Madam Bobogel hırsla tepsiye saldırıp, bir avuç dolusu kurabiyeyi ağzına tıkıştırdı. Henüz ona yaşattığım şoku atlatamamıştı ve öfkesini yemek yiyerek bastırmaya karar vermiş gibi görünüyordu. Kurabiyeleri birkaç saniye içinde yuttuktan sonra büyük bir iştahla sandviçlere yöneldi. Onun bu halini izlerken içimden kıs kıs gülüyordum.

Mama Nono bana kuşku dolu bir bakış attıysa da hiç açık vermedim. Önce havalara baktım, sonra gayet sakin bir tavırla ayağa kalkıp, tepsideki çaydanlıktan kendime bir fincan çay doldurdum. Madam Bobogel şimdilik suspus olmuştu. Anlaşılan kursun ikinci günü, benim için ilkinden daha zevkli geçecekti.

"Ben hep böyle yaşamaktan
Derde çare aramaktan
Hiç gülmeyip ağlamaktan
Mutsuzluktan davacıyım."

Günay Cantürk

İKİNCİ GÜN

Zihniniz İflah Olmaz Bir Hırsızdır, Sizden Şimdiki Anı Çalar

"Bu sabah nasıl uyandınız?" diye sordu Mama Nono. "Keyifli mi, endişeli mi, bıkkın mı, karamsar mı? Belki de yüreğinize hiç yoktan bir yalnızlık acısı çökmüştü?"

Durdu, bize baktı. İkimiz de yanıt vermedik. Devam etti:

"İnsan için kendi duygularının ve düşüncelerinin geliş-gidişleri daima bir muammadır. Duygular ve düşünceler andan ana değişirler ve bir sonraki düşüncenizin veya duygunuzun ne olacağını asla kestiremezsiniz. Sabah uyandığınızda kendinizi nasıl hissedeceğinizi rastlantılar belirler. Duygusal çarkınızın ibresi döner, bir yerde durur ve o güne damgasını vuracak olan hissiyatınız ortaya çıkar. Bu, tıpkı kumar oynamak gibidir. Acaba bugün rahatsız bir zihne mi denk geldiniz, mutlu bir zihne mi, öfkeli bir zihne mi yoksa sevgi dolu bir zihne mi? Zihin kimi zaman karmakarışık ve kapkaranlık, kimi zaman da berrak ve aydınlık olabilir. Siz güne başlarken zihninizi hangi halde bulursanız, ona razı olmanız gerekmektedir. Seçim sizin elinizde değildir, işiniz tesadüflere kalmıştır.

Günleriniz, zamansızca ve kontrolünüz dışında ortaya çıkan düşünceler ve onların getirdiği ıstıraplarla, endişelerle dolu olarak geçer. Bu mekanizmanın farkına varan ve durumunun vahametini anlayan kişinin zihninin üzerinde egemenliğini kurması, kontrolü ele alması gerekir. Aksi takdirde kişi daima zihninin onun adına belirlediği düşüncelerin ve ruh hallerinin insafına kalır.

'İnsan, bedenini yakından tanımalı ve egzersizler yaparak kaslarını çalıştırmalıdır' diyecek olursam, hepiniz bana hak verirsiniz. Bu, bariz bir gerçektir. 'İnsan, zihnini yakından tanımalı ve egzersizler yaparak zihnini çalıştırmalıdır' diyecek olursam, şaşırırsınız. Zihninizin işleyişini anlamak ve onu eğitmek fikri sizlere neden bu kadar yabancıdır? Oysa zihin, sizin mutluluğunuzun ve mutsuzluğunuzun anahtarını elinde tutar. Mutlu ve huzurlu olmak isteyen bir kişi zihnini tanımak ve onun huylarını öğrenmek mecburiyetindedir.

Siz, bedeniniz değilsiniz. Siz, zihniniz değilsiniz. Bedeniniz ve zihniniz, sizin elinizdeki araçlardır. Her ikisini de akıllıca kullanmanız gerekmektedir. Şu anki disiplinsiz haliyle zihniniz sizin dostunuz değildir. Bir konuya odaklanmak istersiniz, zihin bambaşka şeyler düşünür ve sizinle işbirliği yapmaz. Stresten kaçınmak istersiniz, ama kaygı verici düşünceler başınıza üşüşür ve geceleri sizi uyutmaz. Zihin huzursuz, çalkantılı, güçlü ve dik başlıdır. Ivır zıvıra tutunur, kendini çöplerle doldurur. Hoşuna giden şeylere sıkıca yapışır, hoşuna gitmeyen her şeyle vahşice dövüşür, onları itip uzaklaştırmaya çalışır. Zihniniz sizinle bir oyuncak gibi oynar ve sizi kandırmayı hiç aralıksız sürdürür.

Zihninizin yalnızca bir mekanizma, biyolojik bir bilgisayar olduğunu asla unutmamalısınız. Onun kendine ait bir zekâsı yoktur. Onun sayısız becerileri vardır, fakat zekâsı yoktur. O, bir makinedir, bir robottur. Zihninizi kullanın, ama onun tarafından kullanılmayın. Hayatınızın kontrolünü bir makineye teslim etmeyin. Eğer dizginleri bu düzensiz ve disiplinsiz zihninizin eline bırakacak olursanız, sizi kesin ve kaçınılmaz olarak mutsuzluklara sürükler. Zihniniz iflah olmaz bir hırsızdır, sizden şimdiki anı çalar. İşte bu yüzden -zihniniz sizden şimdiki anı çaldığı için- ne yaptığınızın, ne düşündüğünüzün, ne hissettiğinizin farkında olmadan, uyurgezer ve sefil bir halde, ikinci el bir yaşam sürdürürsünüz."

"Kazıklandım ve paramı geri istiyorum!" diye bağırdı Madam Bobogel. "Bu şarlatanlık, buram buram çürümüş balık kokan maskaralık canıma yetti! Hapishaneden kaçmayı öğreneceğim vaat edilmişti!"

"Lütfen biraz sabırlı olun sevgili madam" dedi Mama Nono. "Size gerekli olan her şeyi öğreneceksiniz."

"Evet ama ne zaman?" diye sordu Madam Bobogel. "İşte, bir günümüz daha bomboş laflarla heba olup gidiyor. Hesap defterlerim incelemeye alındı ve her an başıma pek tatsız işler açılabilir. Beni tutuklamaya kalkarlarsa karmalarının çürüyeceği gerçeğini... Yine de hapishaneden kaçmayı çok acil olarak öğrenmem... Sonsuz Işık'ın tek elçisi olduğum unutulduğu için... Kutlu mutlu aklımı oynatmak üzereyken..."

Mama Nono, Madam Bobogel'in bitmek bilmeyen sızlanmalarına kulağını tıkadı ve anlatmayı sürdürdü:

"Kendini hatırlamak, kendi zihnini ve düşünce biçiminizi anlama sürecidir. Eğer kendi düşünme biçiminizi anlamazsanız, her ne düşünürseniz düşünün pek bir anlam taşımaz. Uyku halinden çıkabilmek ve uyanık kalabilmek için bedeninizde, zihninizde ve çevrenizde neler olup bittiğine bütün dikkatinizi vermeniz gerekiyor. Otururken, konuşurken sahip olduğunuz her bir düşüncenin, bedeninizin aldığı şekillerin ve verdiğiniz her bir tepkinin farkında mısınız?

Gelin, bir deneme yapalım. Bu defa gözlerinizi kapatmayın. Nefesinize odaklanın ve beş dakika boyunca bedeninizin içindeki varlığınıza, teninizdeki hislere, etrafınızdaki seslere, bulunduğunuz yerdeki ışığa, ısıya, neme ve çevrenin genel durumuna bütün dikkatinizi vermeye çalışın. Bunu yaparken aynı zamanda zihninizden geçen düşünceleri de izleyin. Zihninizin ince ayrıntılarını, ani dönüşlerini, sıçrayışlarını, sürekli oynamaya devam ettiği oyunları, kurduğu hayalleri ve yarattığı tasarımları izleyin. Orada öylece karışmadan, mesafeli, içine girmeden, yalnızca bir kurgu, içsel bir film izler gibi izleyin. Zihninize çirkin düşünceler gelirse, kendinizi eleştirmeyin. Eleştiri başlarsa, izleme bitmiş ve düşünme başlamış olur. Lütfen, sen de bizimle beraber bu çalışmayı yap, sevgili okur. Hadi başlayalım!"

Mama Nono'nun dediklerini yapmayı denedim, ama bu defa da pek başarılı olduğum söylenemezdi. Özellikle düşüncelerimi izlemekte çok zorlanıyordum. Pes etmedim. Kendimi bir düşüncenin peşine takılıp gitmiş bulduğumda hemen yeniden odaklanmaya çalıştım. Süre doldu.

"Düşünceler müthiş bir hızla üst üste yığılırlar" dedi Mama Nono. "Bu yüzden onların her an farkında olmak çok zordur. Zihninizi izleme çalışmalarınızı artırdıkça, düşüncelerinizi izlemek sizin için daha kolay bir hale gelecektir."

Durakladı.

"Bir okurumuz soru sormak istiyormuş" dedi. "Sizi dinliyoruz."

"Zihnimin içinden hiç hoşlanmadığım düşünceler gelip geçiyor. Bunlardan bazıları çok ısrarcılar ve bir gün içinde defalarca belirebiliyorlar. Bu düşüncelerin gerçekten bana hiçbir zararı dokunmuyor mu?"

"Siz onlarla özdeşleşmediğiniz sürece düşüncelerinizin size hiçbir zararı dokunamaz" dedi Mama Nono. "Bir düşünce zihninizde belirdi diye onu düşünmek mecburiyetinde değilsiniz. Size sıkıntı veren, hoşlanmadığınız düşüncelerle ilgilenmeyin; onlara dikkatinizi vermeyi reddedin. Kaç defa gelirlerse gelsinler, fark etmez. Siz dikkatinizi vermezseniz, eninde sonunda yok olup gideceklerdir. Kendinize şunları sık sık hatırlatın: 'Ben, düşüncelerim değilim...' 'Ben, bu düşünceleri üreten zihin değilim...' 'Ben bu zihni izleyenim...' "

Soruyu soran okur tekrar söze girdi: "Geçen gün okuduğum bir kitapta, bir Japon düşünür şöyle diyordu: 'Evinizin ön kapısını ve arka kapısını açık bırakın. Düşüncelerin gelip gitmelerine izin verin. Yalnızca, onlara çay ikram etmeyin.' "

"Çok doğru!" dedi Mama Nono. "Bu güzel alıntı için teşekkür ederiz."

Madam Bobogel homurdandı, "Tipik bir yanlış alıntı!" diyerek, suratını ekşitti. "Bu sözler bir Japon düşünüre değil, bana ait. *Amuda Kalkarak Asla!* kitabımdan alınmış."

Sustu, meydan okuyan gözlerle beni tepeden tırnağa süzdü.

Demek, taktik değiştirmişti! Düşünmüş taşınmış ve başarısız bir kitap yazdığı gerçeğini kabul etmeye karar vermişti. Bu, restimi gördüğü anlamına geliyordu. Ne yazık ki elimde ona karşı kullanabileceğim başka bir koz yoktu. O halde, yeniden bana hakaretler yağdırmaya başlaması an meselesiydi! Tüylerimin ürperdiğini hissettim.

Mama Nono hâlâ aynı okurla konuşuyordu. "Kendini hatırlama çalışmasını ne kadar sık yaparsanız, kendinizi düşünce ve duyguyla özdeşleştirme eğiliminiz o kadar azalır. Hiç yılmadan, azimli ve kararlı bir şekilde çalışmayı sürdürün. Zamanla, zihninizin oyunlarının azaldığını, düşüncelerinizin seyrekleştiğini ve yavaşladığını göreceksiniz."

Madam Bobogel bana dik dik bakmayı sürdürüyordu. Gözlerimi kaçırdım.

"Sırada bir başka okurumuz var" dedi Mama Nono. "Sorusunu alalım."

"Merhaba. Benim biraz aklım karıştı. Sürekli düşüncelerimi izlemem gerektiğinden bahsediyorsunuz. Peki, izleyeyim ama bu hiçbir zaman düşünmemem gerektiği anlamına mı geliyor?"

Madam Bobogel nihayet bakışlarını üzerimden çekti ve bir hışımla okura dönüp, sanki soru kendisine yöneltilmiş gibi, "Acınacak derecede ahmakça sorunuza bir cevap bahşedeyim" dedi. "Sizin katiyen, hiçbir zaman ve hiçbir koşulda düşünmemeniz gerekiyor çünkü düşünemeyecek kadar gariban ve ağaçlarda sallanan maymunlar kadar perişan bir zihin yapınız olduğu besbelli. Ayrıca karmanızın çürümüş balık koktuğuna dair izlenimlerim..."

Mama Nono, Madam Bobogel'in sözünü kesti ve okura dönüp, "Üzerinde düşünülmesi gereken bir şey olduğunda düşünün" dedi. "Ama işiniz bittikten sonra düşünceyi hemen kenara koyun. Kullanıp, kaldırın. Eğitimsiz bir zihnin düşüncelerinin temeli sağlam değildir. Temeliniz güçlü olmadığı için düşünceleriniz de net, güçlü ve belirgin değillerdir. Zihninizin kaynamasına izin vermeyin; düşüncelerinizi netleştirmeye çalışın. Tek bir düşünce dalgasının yükselip durmasını sağlamaya çalışın. O anda ele aldığınız ana konuyla hiçbir ilgisi olmayan bütün yabancı düşüncelere karşı kayıtsız kalın. Siz tek bir konuyu düşünmeye çalışırken önemsiz ve ilgisiz düşünceler araya girecektir. Onları kovmaya çalışmayın çünkü ne kadar kovmaya çalışırsanız, o kadar çok geri dönerler. Onlarla çatışmak, onlara yalnızca daha fazla kuvvet kazandırır. Enerjinizi ve iradenizi boşa harcamış olursunuz. Kayıtsız kalıp, sakince yok olmalarını beklerseniz geçip gideceklerdir. İtmeye ve zorla uzaklaştırmaya çalışırsanız, kalır ve direnirler. Zihninize hiçbir zaman ve hiçbir koşulda eziyet etmeyin. Onu saldırgan olmadan, şefkatle izleyin. Bir çocuğu izleyen yaşlı ve bilge adam benzetmesini hep anımsayın.

Düşünceyle işiniz bittiğinde, düşünce âleminde daha fazla kalmayın ve orada gereksiz vakit harcamayın. Düşünceleriniz hakkında düşünmeyin, geçmiş ve gelecek hakkında düşünmeyin. Duştayken yalnızca duş alın, bulaşık yıkarken yalnızca bulaşık yıkayın ve yemek yerken yalnızca yemek yiyin. Bütün bunları yaparken, düşüncelere dalıp gitmeyin. Dalıp gittiğinizi fark ederseniz, nefesi kullanarak kendinizi geri getirin."

Okur teşekkür edip ayrıldı. Mama Nono bize döndü:

"Duygularınızın ve düşüncelerinizin yanı sıra şunları da her an izlemeyi bir alışkanlık haline getirmeye çalışmalısınız: duruşunuz, hareketleriniz, mimik ve jestleriniz, ses tonunuz. Dikkatinizi, bedeninizin hareketlerine de odaklamanız gerekiyor."

Bu defa soru soran ben oldum. "Sadece dikkat etmek nasıl bir fark meydana getiriyor?" dedim. "Bunu anlamakta zorluk çekiyorum."

"Dikkatin değerini küçümseme" dedi Mama Nono. "İnsanların dikkat çekebilmek için neler yapabildiğini bir düşün. Bir kişiye dikkatini verirsen kendini önemli hisseder, dikkatini esirgersen morali bozulur, özgüveni sarsılır. Herkes devamlı ve çeşitli şekillerde başkalarının dikkatini ele geçirmek için uğraşır. Dikkat, sizin sahip olduğunuz en kıymetli şeydir, ama onu hep yanlış yerlere yönelterek boşa harcarsınız. Kendi zihniniz dışında her şeye dikkat edersiniz. Zihin, dikkatinizi ona yöneltmemeniz için özel bir çaba harcar çünkü o sizin üzerinizdeki hâkimiyetini çok basit bir araçla kazanmıştır: Gözlemlenmemekle. Zihniniz, gözünüzü ona çevirmenizi istemediği için ilginizi sürekli dışarıdaki kişilere, olaylara ve nesnelere yöneltir.

Böylece dikkatinizi bomboş konularla çarçur edip, tüketmenizi sağlar. Doğru yere yönlendirilmiş ve düzgün bir şekilde odaklanmış dikkatin, dönüştürücü bir gücü vardır. Kontrolü kaybetmekten korkan zihin, kendini hatırlama çalışması yapmanızdan ve düşüncelerinizi izlemenizden hiç hoşlanmaz. Bu tür çalışmalara var gücüyle direnir. Bu kurstan alacağınız bilgilere sahip olmanızı da istemiyor, çünkü burada onun sırlarını açığa çıkarıyoruz."

"Demek öyle ha!" dedim. "Zihniniz sizin arkadaşınız değil demekte çok haklıymışsın!"

"Yine aynı yanıtı vereyim" dedi Mama Nono. "Şu haliyle, yani eğitimsiz ve disiplinsizken zihniniz sizin arkadaşınız değildir. İnsan, düşlerle çevrilidir. İnsanın bir an evvel uykudan kalkması ve hayatının kontrolünü kendi ellerine alması gerekmektedir. Bunu başarabilmek için en çok ihtiyaç duyduğu şey dikkattir. Zihin her zaman eski kanallarında akmak, kendi çalışma şeklini ve kendi alışkanlıklarını sürdürmek ister. Alışkanlıklar çok köklü, çok güçlüdür. Zihnin krallığını sarsmak ve onu tahttan indirmek için alışkanlıklarınızı büyük bir dikkatle gözlemlemeniz ve kendi iradenizi ortaya koyarak onları değiştirmeye çalışmanız gerekiyor. Aslında sizin her hareketiniz, her düşünceniz ve her tepkiniz alışkanlıklardan doğar. Siz, tümüyle alışkanlıklarınızın pençesindesiniz. Alışkanlıkların sizin üzerinizde kurdukları hâkimiyetin ne boyutta olduğunu, kendinizi izlemeye başladığınız zaman daha iyi kavrayacaksınız.

Alışkanlıkları kırmak müthiş derecede zor olduğu için çalışmaya önce küçük alışkanlıklarla başlamalısınız. Mesela, birisi size 'Nasılsın?' diye sorduğu zaman daima 'İyiyim. Sen nasılsın?' diye karşılık veriyorsanız, bir dahaki sefere otomatik cevabınızı vermeden evvel birkaç saniye durun. Nefes alın, kendinizi hatırlayın ve bambaşka bir şey söyleyin. Ne söyleyeceğinizi şimdiden zihninizde hazırlamayın. Eğer şimdiden kararlaştırırsanız ezbere verilen bir yanıtı ezbere verilen bir başka yanıtla takas etmiş olursunuz. Oysa kendinizi hatırlayıp duraklarsanız o anın içinden doğan yepyeni ve taptaze bir yanıt verebilirsiniz.

Alışkanlıklarınızı izlerken içinizde dönüştürücü bir ateş yanmaya başlayacak. Uyanık kaldığınız süreleri uzatarak bu ateşi hep yanık tutmalı, beslemeli ve büyütmelisiniz. O ateşin yardımıyla siz yavaş yavaş eski ve ezbere alınmış davranış kalıplarınızın dışına çıkacak ve yeni bir şeyler yapmaya başlayacaksınız. O zaman zihniniz size pençesini daha az geçirebilecektir."

Durdu. "Burada mısınız?" diye sordu. Başımızı sallayıp, onayladık. "Umarım sen de hâlâ buradasındır sevgili okur" dedi. Sonra elini cebine attı ve küçük bir taş çıkardı. "Buna benzer bir şey bulun. Avucunuzun içine rahatça sığabilecek bir şey. O, sizin dikkatinizi temsil edecek. Onu bütün bir gün boyunca elinizin içinde tutmanızı istiyorum. Bir dakika duralım ve herkes kendi objesini bulup, eline alsın. Ertelemek yok. Buldunuz mu? Güzel. Şu andan itibaren, akşam yatağa gidene kadar avucunuzun içinde dursun. Onun orada oluşu size sürekli kendinizi hatırlatacak ve uyanık kalmanızı sağlayacak."

Ben, kalemlerimden birinin silgisini koparıp, elime almıştım. Madam Bobogel hâlâ bir şey bulamamıştı. Bakınıp duruyordu. Mama Nono, kendi taşını ona uzattı. "Buyurun, bunu kullanın sevgili madam" dedi. Madam Bobogel, teşekkür etmeye tenezzül etmeden taşı kaptı.

Derin bir iç çektim. Mama Nono'nun bu korkunç kadına böylesine şefkatli, kibar ve özenli davranmasını bir türlü içime sindiremiyordum.

"Taşa geçer kendime geçmez sözüm
Ben yalnızım, ben yalnızım, yalnızım."

H. Münir Ebcioğlu

İnsanın Kör Noktası Kendisidir

"Sabah uyandığınız andan itibaren, alışkanlıklarınızı izlemeye başlamanızı istiyorum" dedi Mama Nono. "Ve onları biraz olsun değiştirmeye çalışmanız gerekiyor. Ezbere yaptığınız, otomatik hareketlerinizde meydana gelecek küçücük değişiklikler bile uyanmanızı, kendinizi hatırlamanızı sağlayacaktır. Deneyin ve gününüzün her zamankinden ne kadar farklı başlayacağını kendiniz görün. İşte size birkaç öneri:

Uyanır uyanmaz yataktan kalkan biriyseniz, biraz yatakta kalın. Yataktan çıkmakta zorlanan biriyseniz, hemen ayağa kalkın. Yatağınızdan kalkarken hangi taraftan kalktığınızı tespit edin ve normalde kalkmadığınız taraftan kalkın. Önce hangi ayağınızı yere bastığınızı bulun ve diğerini basın.

Güne başlarken ezbere yaptığınız hareketlere uyanıklık, canlılık ve duyarlılık getirin. Tıraş olurken sabunun kokusunu, dişinizi fırçalarken diş macununun tadını, yüzünüzü yıkarken suyun serin dokunuşunu bütün dikkatinizi vererek hissedin. Alelacele, gün boyu yapacaklarınızı düşünerek, bıkkın ve sıkkın bir şekilde aldığınız bir duşun uyanık kaldığınızda, dikkatinizi verdiğinizde ve düşüncelere kapılmadığınızda ne kadar zevkli hale geldiğine şaşıracaksınız. Aynı zevki, kendinizi hatırladığınız her anın içinde bulacaksınız. Size daha evvel sıkıcı gelen işlerin bile uyanıkken yapıldığında keyifli olduğunu göreceksiniz.

• Dişinizi fırçalarken, fırçayı normalde kullanmadığınız elinizle tutun.

• Gün boyunca pek çok aktivitede normalde kullanmadığınız elinizi kullanmaya çalışın. Bunu hatırlayabilmek için elinize bir yara bandı yapıştırabilir veya kalemle bir işaret koyabilirsiniz.

• Telefonunuz çaldığında, trafikte bir korna sesi işittiğinizde veya tuvaletin sifonuna basıldığında, yani dikkatinizi çeken bir ses işittiğinizde bunu kendinizi hatırlamak için bir işaret olarak kullanın. Kendinize 'Burada mıyım?' diye sorun ve uyanın.

• Genellikle konuşmanızdaki boşlukları doldurmak için kullandığınız 'Ee, şey, hımmm...' gibi sesleri çıkarmamaya çalışın. En çok kullandığınız sözcük kalıplarını tespit edip, kullanmamaya çalışın. 'Ondan sonra, aynen öyle, hani yani' gibi kalıplardan bahsediyorum. Sizinki bambaşka bir şey olabilir. Bulmaya çalışın veya yakınlarınıza sorun. Onların sizden daha iyi biliyor olma ihtimalleri çok yüksektir. Aynı şekilde, siz de onlarınkini bilirsiniz. İnsanın kör noktası kendisidir. Ama bu da başka bir günün konusu... Bugünkü konumuza dönelim.

• Kahvaltıda her zaman yediğinizden farklı şeyler yemeye çalışın. Her zaman yumurta yiyorsanız, yulaf yiyin. Yulaf yiyorsanız, yumurta yiyin. Mümkünse çok sevmediğiniz bir şey yiyin. Sevmediği şeyleri yapmak zihni altüst eder ve alışkanlıkları güzelce sarsar.

• Kahvaltıda gazete okuma alışkanlığınız varsa, okumayın. Müzik çalmayın, telefonunuza bakmayın ve kimseyle konuşmayın. (Aile bireylerinize bir çalışma yapacağınızı önceden söylemeniz faydalı olur.) Dikkatinizi yalnızca yemeğinize ve yemek yeme eyleminin kendisine verin. Çatalı normalde tutmadığınız elinizle tutun. Yemeğin kokusunu, rengini ve dokusunu dikkatle inceleyin. Yemeği küçük lokmalara bölün, ağzınıza yavaşça götürün ve uzun uzun çiğneyin. Yemek ağzınızdayken sanki hayatınızda ilk defa yiyormuş gibi büyük bir dikkat ve merakla onun tadına odaklanın. Yediğiniz şey hakkında düşünün.

• Örneğin, domates yiyorsanız onun sizin sofranıza gelene kadar ne aşamalardan geçtiğini düşünün. Tarlaya ekildiği zamanı düşünün. Toprak, güneş ve yağmurla nasıl büyüdüğünü düşünün. Ona bakan ve yeterince olgunlaştığı zaman onu toplayan insanları düşünün. Domatesinizin bir kamyona yüklenişini ve onu size kadar getiren yolculuğunu düşünün. Size yemeğinizi ulaştırmak için harcanan emeğin ne kadar fazla olduğunu anlayın ve yeniden yemeğinize odaklanın. Yemek yerken düşüncelere boğulmayın. Özellikle üzücü, kaygı verici veya korkutucu düşüncelere dalmayın. O zaman yemek değil, bütün o kasvetli duyguları yemiş olursunuz! Hiç kimse sabah kahvaltısında üzüntü yiyerek güne başlamak istemez. Öyle değil mi?

• Durun! Evet, şimdi durun. Hiç kıpırdamayın ve kaldığınız pozisyonun içinde kendinize bakın, bedeninizi dikkatle inceleyin. Vücudunuzun neresini kasmış haldesiniz? Çeneniz rahat mı? Ya boynunuz? Kambur mu duruyorsunuz yoksa dik mi? Elleriniz, tam siz durmadan evvel ne yapıyordu? Saçınızla mı oynuyordunuz? Bacağınız sallanıyor muydu?

• Gün içinde bacağınızı sallar, ellerinizle bilinçsiz hareketler yapar, kaşınır, parmaklarınızı şaklatır veya yüzünüzle farkında bile olmadığınız mimikler, jestler yaparsınız. Bütün bunlar sizden habersiz gerçekleşen, otomatikleşmiş hareketlerdir ve çok kıymetli enerjinizi boşa harcamaktan başka bir işe yaramazlar. Bu mekanik hareketler yalnızca uyurgezer haldeyken yapılırlar. Amaçsızca yapılan gereksiz hareketlerle boşa harcayıp durduğunuz enerji, sizin sınırlı enerjinizin bir parçasıdır ve sizin hakkınızdır. Enerjinize sahip çıkın; onu çöpe atmayın. Kendinizi bu tip otomatik ve gereksiz kas hareketleri yaparken yakaladığınız an, uykudan çıktığınız andır. Uykudan çıktığınız anda hareket kendiliğinden kaybolur ve siz uyanık kaldığınız süre boyunca onları tekrarlama ihtiyacı duymazsınız. Dalıp gittiğiniz anda hemen yeniden başlarlar. Bu bilgi, sizin için çok basit ve pratik bir uyanıklık testi olarak görev yapabilir. Hem kendinizi hem de çevrenizdeki kişileri dikkatle gözlemleyin. İstem dışı hareketlerinizi, jestlerinizi, varsa gereksiz yere çıkardığınız sesleri ve sürekli tekrar ettiğiniz sözcükleri fark etmeye çalışın. İstem dışı hareketlerle meşgul olan veya aynı sözcükleri tekrarlayıp duran bir kişi o anda ne yapıyor görünürse görünsün, aslında uykudadır. Hayati önem taşıyan bir mesele hakkında konuşuyor olabilir veya çok aktif olarak bir işle meşgul gibi görünebilir. Fark etmez. Patron kesinlikle uykudadır ve sıradan zihin mekanik olarak çalışmaktadır. Bundan hiç şüpheniz olmasın.

• Her zamanki uyarımı bir kez daha tekrarlayayım: Alışkanlık haline gelmiş olan hareketlerinizle dövüşmüyor, çatışmıyor, onları bastırmaya çalışmıyorsunuz. Amacınız onlara karşı bir enerji yaratmak değil onlara verdiğiniz enerjiyi geri almak, kendinize saklamak ve faydalı işler için kullanmak. Alışkanlıklarınızla boğuşmanıza gerek yok, kendinizi hatırlamanız yeterli. Uyanıklık sürenizi artırın, otomatik hareketler kendiliğinden azalacak ve zamanla yok olup gideceklerdir. Uyanık olduğunuz zamanlarda kendinizi izlerken duruşunuzun, konuşma şeklinizin, oturuşunuzun ve yürüyüşünüzün ne kadar farklı olduğunu görünce, şaşıracaksınız. Aradaki farkı yaratan unsur, patronun varlığıdır.

• Gün boyunca içinizden kendi kendinizle konuşur durursunuz. Bu genellikle amaçsız, anlamsız, mekanik ve son derece kısır bir içsel diyalogdur. Zihninizin enerjisini boşa harcamaktan başka hiçbir işe yaramaz. Bunu yaptığınızı fark edin ve kendinizi hatırlayın. Nefesinizin yardımıyla uyanın, içsel diyalogla özdeşleşmeyi kesin ve dikkatinizi ondan tamamen çekin. Diyalog, siz onunla ilgilenmediğiniz için kendiliğinden sona erecektir.

• Hayallere dalıp gittiğinizde durun, nefesinize odaklanın ve kendinizi geri getirin. Bir tatil hayali kuruyorsanız sanki oraya gitmiş gibi gezer, dolaşır, yemekler yer ve bu şekilde uzunca vakitler geçirirsiniz. Kurduğunuz hayal ne kadar güzel olursa olsun, gerçekte zamanınızı ve enerjinizi boşa harcamaktan başka bir amaca hizmet etmez. Ona ayırdığınız vakti faydalı zihinsel aktivitelere ayırın: Tek bir konuya odaklanıp, onu düşünmek gibi. Ya da düşüncenin alanından tamamen çıkıp, uyanık bir şekilde bu anın içinde neler oluyorsa yalnızca onunla meşgul olun ve hayata katılın. Şimdiki anı hayallere kurban etmekten vazgeçin.

Anlattığım çalışmaları yaparken kendinizi hatırlamakta size yardımcı olması için çevrenize işaretler koyabilir, bir kurdele veya aksesuvar kullanabilirsiniz. Saatinizi veya yüzüğünüzü her zaman taktığınız elinize değil diğerine takabilirsiniz. Başından yaralanmış olduğu için biri kendisine dokunacak diye dikkat kesilen biri gibi tetikte olmanız gerekiyor. Gerekirse etrafa notlar yazın, gerekirse..."

Madam Bobogel, "Ben, etrafa not olarak kozmostan neler istediğimi yazıyorum" diyerek Mama Nono'nun sözünü kesti. "Sonsuz Işık'tan neler ısmarladığımı listeler halinde sağa sola bırakıyorum. Büyük bir malikâne, açık ve kapalı yüzme havuzu, çok sayıda mürit, kozmik hakkım olan kraliçelik unvanımın iade edilmesi, şanıma yakışan şatafatlı bir taç giyme töreni, mücevherlerle bezeli bir asa..."

Bu kez ben onun sözünü kestim. "Gördüğüm kadarıyla Sonsuz Işık, size hesaplarınıza el konulmasından başka bir şey getirmemiş!" dedim, alaycı bir tonla.

"Acınacak derecede gariban yorumlarınıza her an bir yenisini ekliyorsunuz Berrak Hanım" dedi, yüzünü buruşturdu. "Sizde hiç kâinat korkusu olmadığı besbelli. Sonsuz Işık, verdiğim siparişleri yanlış anladı ve yakında hatasını telafi edecek. Ben, yüce bir madam olarak hak ettiğim yüksek mertebelere yeniden kavuşacağım. Siz o sırada ağaçlarda sallanan maymunlar gibi edepsiz zihninizin pençesinde maskaralık ediyor olacaksınız. Kozmik çekim yasası hiç şaşmaz. Bana her zaman, her istediğimi getirir."

"Kozmik çekim yasası eksik olmasın, bana da getire getire sizi getirdi yüce madam!" diye homurdandım.

"Yeri gelmişken çekim yasasıyla ilgili bir düzeltme yapayım" dedi Mama Nono, şefkatle gülümseyerek. Yüzünde bir kızgınlık ifadesinden eser yoktu. Oysa sözünü kesmiş, konuyu dağıtmış ve yine birbirimizle hırlaşmıştık. "Çekim yasası size ne isterseniz onu değil, siz neyseniz onu getirir."

Boş gözlerle baktım. Anlamadığımı görünce, ekledi:

"Varlığınızdan etrafa ne tür bir enerji yayılıyorsa, benzer enerjiler size doğru gelir, etrafınıza toplanır" dedi. "Tıpkı aynı türden hayvanların bir arada gezdiği, aynı türden kuşların bir arada uçtuğu gibi."

Yine anlamamıştım. Durdu, biraz düşündükten sonra bu konuya daha detaylı olarak girmekten vazgeçti.

"Kaldığımız yerden devam edelim!" dedi, saatine baktı. "Hem, dersimizin bitmesine de çok az kaldı."

Bunu duyunca içimde bir gün önce olduğu gibi bir rahatlama hissettim. Mama Nono'nun yanında olmak bana mutluluk veriyordu, dersleri ilgiyle dinliyordum, ama minderde saatlerce bağdaş kurup oturmak beni çok yoruyordu. Zaten Madam Bobogel'in varlığı benim için başlı başına bir mücadele, büyük bir imtihandı.

"Zihniniz sizin için zararlı olacak şeyler sayıkladığı zaman onunla işbirliğini kesin" dedi Mama Nono. "Mesela zihin 'Canım şeker yemek istiyor' dediğinde ona 'Bugün senin istediğin şeyleri yemeyeceğim. Sadece sebze yiyeceğim' deyin. 'Sinemaya gitmek istiyorum' derse, 'Sinemaya başka bir gün gideriz. Bugün spor yapmak ve kitap okumak istiyorum' deyin. 'Bir arkadaşıma telefon edip, uzun uzun dedikodu yapmak istiyorum' derse, 'Bunu hep yapıyoruz, gel bugün başka bir şey yapalım!' deyin. Zihninizin her dediğini yapmamayı başarırsanız, onun iktidarını sarsmaya ve güç kazanmaya başladınız demektir.

Yapmanız gereken şey aslında çok basit: Uykuya daldığınız zaman uyanın ve kendinizi hatırlayın. Kendini hatırlamak, âşık olmak gibidir. Nereye giderseniz gidin, ne yaparsanız yapın sevgiliniz hep aklınızın bir köşesinde durur. Onu her an hatırlarsınız; nerede olduğundan ve neler yaptığından daima haberiniz vardır. Âşık olduğunuz kişiyi nasıl aklınızda tutuyorsanız, kendinizi de öyle aklınızda tutmalısınız.

Kendinizi hatırladığınız zaman yemeğinizin tadı daha lezzetli olur. Dinlediğiniz müzik size her zamankinden daha güzel gelir. Çevrenizdeki kişilere daha dikkatli ve özenli davranırsınız. Zihniniz yapmanız gereken işlere daha iyi odaklanır. Uyanık olduğunuz zaman oyun oynamak bile çok daha zevkli hale gelir. Yaptığınız her şey güzelleşir, bambaşka bir nitelik kazanır. Bana inanmanız gerekmiyor. Deneyin, böyle olduğunu göreceksiniz.

Anlattıklarımı dinlemeniz, anlamanız ve ikna olmanız yetmez. Muhakkak uygulamanız gerekiyor. Bitkilerle ilgili kitaplar okuyarak bahçenizi güzelleştiremezsiniz. Bahçeye çıkıp, toprağa basmanız ve ellerinizi kirletmeniz gerekiyor. Bahçıvanlar bitkilerin yalnızca köklerine su vererek onları değiştirebilir, çiçek açmalarını sağlayabilirler. Siz de yalnızca zihninizle olan ilişkinizi değiştirerek hayatınızın her alanını değiştirecek, iyileştirecek ve güzelleştireceksiniz.

Yarın sabah sizi aynı saatte bekliyorum. Bu gece uykuya dalmadan önce 'günü gözden geçirme çalışması' yapmayı lütfen ihmal etmeyin."

***

Dersten çıktığımda yorgundum ve kafam karışıktı, ama keyfim biraz olsun yerine gelmişti. En azından günün büyük bölümünü kitabımı düşünmeden geçirmeyi başarmıştım. Ders sırasında zihnim sık sık çalışma masama ve orada beni bekleyen boş sayfaya kaymıştı, ama her seferinde uyanmayı ve kendimi hatırlamayı başarmıştım.

Zihnim üzerinde kazandığım bu küçük zaferi düşünüp, elimde olmadan gülümsedim. Bu sırada zihnim bana "Ev çok uzak ve yürürsen yorulursun. Taksiye bin!" deyip duruyordu.

Önümden yavaşça boş bir taksi geçerken zihnim, "Hadi, ne duruyorsun? Binsene!" dedi.

Elimi kaldırıp taksiyi durdurmak üzereyken bir anda vazgeçtim. Durakladım, derin bir nefes aldım ve zihnime dedim ki: "Seni duydum, ama bugün taksiye binmeyeceğim. Bugün eve kadar yürüyerek gideceğim."

İşte küçük bir zafer daha! Artık iyice keyfim yerine gelmişti.

Eve kadar attığım her adımda uyanık kalmaya karar verdim. Elbette, kendimi unutmam ve mekanik hareket etmeye başlamam yalnızca birkaç dakika sürdü. Madam Bobogel'le ilgili düşüncelere dalmış olduğumu fark edince, silkindim. Yüz kaslarım gerilmiş, suratım asılmıştı.

Nefesime odaklandım ve gevşedim. Mama Nono bana, "Başkaları seni bu kadar kolayca kızdırabiliyorsa, kendini daha zor kızdırılabilir hale getirmelisin!" derken ne kadar da haklıydı!

Uzun zamandır ilk kez neşe içinde bir yürüyüş yapıyordum ve Madam Bobogel'i düşünüp öfkelenerek yürüyüşümü kendime zehir etmek üzereydim.

Madam Bobogel'e bu kadar kızacak ne vardı? Kadıncağızın akli dengesinin yerinde olmadığı aşikârdı. Bir deli beni bu kadar öfkelendirebiliyorsa, sorun benim zihnimden kaynaklanıyor olmalıydı. Belki de ben Madam Bobogel'den daha deliydim.

Madam Bobogel'i bir süre daha düşündükten sonra bir daha asla ona kızmamaya karar verdim. Bana ne tür bir hakaret ederse etsin gülüp geçecek, aldırmayacaktım.

Yolun geri kalan bölümünde, aldığım kararın ne kadar isabetli olduğunu düşünüp, gururlandım. Bir an evvel ertesi gün olsun ve Madam Bobogel'e karşı yeni tavrımı sergileyeyim diye sabırsızlanmaya başlamıştım. Zihnim beni ayartmaya, kışkırtmaya kalkışsa da kulak asmayacak ve ne olursa olsun muhakkak uyanık kalacak, kendimi hatırlayacaktım!

O gece uykuya dalmadan önce "günü gözden geçirme çalışması" yapmayı tamamen unuttum.

"Yanıyor mu yeşil köşkün lambası yâr
Hiç bitmiyor şu gönlümün kavgası yâr."

Anonim

ÜÇÜNCÜ GÜN

Uykudan Kalkın, Lambaları Yakın

O sabah, kursa Madam Bobogel'den daha erken gelmiştim. Mama Nono yine mutfaktaydı. Kapının zili çaldı. "Ben açarım!" diye seslendim.

Göz deliğinden baktım. Madam Bobogel her zamanki ekşimiş surat ifadesiyle karşımda duruyordu. Üzerinde yine aynı pejmürde kılık vardı. Üç gün üst üste aynı şeyleri giymesi gerçekten çok tuhaftı. Öte yandan, bu kadınla ilgili tuhaf olmayan hiçbir şey yoktu.

Sabırsızlandı, zili tekrar çaldı. Kapıyı açmadım. Kısa bir süre sessiz kalıp bekledim, sonra, "Evde değiliz!" dedim.

Şaşırdı. Kaşlarını çattı, biraz düşündü. "Pekâlâ da evdesiniz!" dedi, plastik asasıyla kapıya sertçe vurdu. "Gariban sesiniz duyuldu!"

"Yanlış duymuşsunuz!" dedim. Kıkırdadım. "Burada değiliz!"

"Oradasınız, besbelli!" diye bağırdı, kapının ziline yapıştı. Mama Nono birdenbire yanımda belirdi. Bana sert, kınayan bir bakış attı. Hemen kenara çekildim.

"Hoş geldiniz sevgili madam" dedi, Madam Bobogel'i içeri buyur etti.

Arkamı dönüp kaçar adımlarla salona yürüdüm. Minderime bağdaş kurup oturdum ve dersin başlamasını beklemeye koyuldum.

***

Mama Nono söze girdi:

"Kapkaranlık bir ev düşünün" dedi. "Ev sahibi içeride, ama uykuya çekilmiş. Evin bütün lambalarını söndürüp yatmış. Günler geceler geçiyor... Evin ışıkları hiç yanmıyor. Ev sahibi öylesine derin bir uykuda ki asla kalkmıyor. Hırsızların bu durumu fark etmesi ve evin etrafını kuşatması çok zaman almaz. Hırsızlar teker teker içeri girmeye ve evi talan etmeye başlarlar. Onların biri girip diğeri çıkarken ev sahibi olup bitenlerden habersiz bir şekilde uyumayı sürdürür.

Karanlıklar içindeki o ev sizin zihniniz ve günlerini gecelerini uykuda geçiren ev sahibi de sizden başkası değil. Evinize çöken karanlık, bütün haydutlara davetiye çıkarıyor. Evinizin içinde cirit atan hırsızların kim olduğunu sorarsanız, olağan şüpheliler derim: Korkular, ümitler, hayaller, fanteziler, geleceğe dair kaygılar, geçmişe ait pişmanlıklar ve daha binlerce başka şey. Bu duruma bir son vermeniz gerekiyor. Uykudan kalkmanız ve lambaları yakmanız gerekiyor. Bir evin ışıkları yanıyorsa, hırsızlar oraya gelmekten çekinirler.

Hayatınızın büyük bir bölümünü uyurgezer vaziyette yaşadığınız için size kendinizle dünya arasında aşılamaz bir duvar, görünmeyen bir engel varmış gibi gelir. Tuhaf bir tatminsizlik duygusu içinizden hiçbir zaman eksik olmaz. Kendinizle çevrenizdeki kişiler arasında, kendinizle çevrenizdeki nesneler arasında, kendinizle çevrenizde meydana gelen olaylar arasında hep bir uzaklık hissedersiniz. Dışarıdaki dünya daima biraz bulanık, hatta bir parça rüya âlemi gibidir.

Aynı bedeninizin organlarının ürettiği çeşitli salgılar ve hormonlar gibi, düşünceleriniz de zihninizin salgılarıdır. Zihniniz hiç durmadan düşünceler üretir, siz de bütün enerjinizi bu düşünceler hakkında düşünmeye harcarsınız. Düşüncelerinizin çoğu geleceğe veya geçmişe aittirler çünkü zihin şimdiki anda kalamaz. Beden anı yaşar, ama zihin her zaman başka yerdedir. Sizi huzursuz ve mutsuz kılan şey zihninizin sürekli gezinti halinde olmasıdır.

Sıradan zihin geleceğe ve geçmişe gitmeyi sever. Şimdiki an bilinmeyenlerle doludur. Sıradan zihin için en dehşet verici şey bilinmeyendir çünkü eğer gerçekten bilinmiyorsa zihin onun hakkında düşünemez. O, yalnızca bildiği şeyi düşünebilir ve bildiği şey olmuş olandır, yani geçmiştir. Zihin, düşünce üretirken kendi arşivinde sakladığı belgeleri tarar. Onları karıştırır, kesip biçer, değişik bir şekilde yeniden düzenler ve sanki yeni bir şeymiş gibi önünüze çıkarır. Bu işleyiş mekanizması bütün sıradan zihin yapıları için aynıdır. En basit düşünce de, en karmaşık düşünce de bu şekilde meydana gelir.

Zihin yerinde hiç durmaz, ama hareket alanı kısıtlıdır. Ya geriye döner ve çoktan yaşanmış olan bir şeyi tekrar canlandırır, ya da ileriye sıçrar ve geçmişte bildiği bir şeyi geleceğe yansıtarak onun bir kez daha gerçekleştiğini hayal eder. Eskiden yaşanmış bir olayın anısı veya ileride yaşanma ihtimali olan bir olayın hayali, elbette şu anda yaşanmakta olanın yerini tutamaz. Şu anda yaşanan olayda yenilik, tazelik ve canlılık vardır. Eğer kendinizi hatırlamayı ve uyanık kalmayı başarırsanız, şimdiki ana sahip çıkabilirsiniz. Siz uyanırsanız ve şimdiki anın içine yerleşip, onu yaşarsanız, zihniniz gelecek planı yaparak veya geçmişe özlem duyarak dikkatinizi çalamaz.

Ne yazık ki zamanınızın çok büyük bir bölümü zihninizle beraber bir ileri bir geri hareket ederek harcanıp gidiyor. Bu son derece üzücü bir durum çünkü zihninizin peşinden takılıp gittiğiniz bütün o zamanlar yaşanmamış, kayıp zamanlardır.

Artık zihninizi yanlış kullanmayı bırakın. Yanlışı düzeltmek için geçmişle ve gelecekle uğraşmaktan vazgeçip şimdide yaşamaya başlamanız yeterlidir. Buna ek olarak başka bir şey yapmanız gerekmez. Siz şimdiki ana sahip çıktığınız zaman zihniniz kendi kendini düzeltecektir."

"Her gün yeniden kanar bağrımdaki yaralar
Bir kırık hayal gibi içimde hatıra var
Gönlüm geçmiş günleri bin özleyişle anar
Bir kırık hayal gibi içimde hatıra var."

Zeki Müren

Hayaletleri Beslemek Tehlikeli ve Yasaktır

"Sizi endişeli, vesveseli, kaygılı ve mutsuz kılan şey zihninizdir" dedi Mama Nono. "Geleceğe dair beklentilerinizin gerçekleşmeme ihtimali sizi kaygılandırır. Üstelik ileride başınıza kötü bir şeyler gelmesi olasılığı vardır ve mümkün olan bütün felaket senaryolarını sürekli zihninizde canlandırırsınız. Geleceğin getireceklerine dair endişelerinizin yanı sıra geçmişte yaşadığınız acıların, yaptığınız tartışmaların, kayıplarınızın ve hayal kırıklıklarınızın hatıraları da size rahat vermezler. Üzücü anılar tekrar tekrar ortaya çıkar, sizi ilk yaşandıkları zaman ettikleri gibi mutsuz ederler.

Normalde aynı filmi para verip yüz defa izlemezsiniz, ama aynı kötü hatırayı zihninizde yüz defa..."

Madam Bobogel söylenmeye başladı: "Normalde para verip aynı lafları yüz defa dinlemeyiz, gel gelelim bugün de hep daha evvel duyduğumuz... Hapishane konusundan eser yok ve... Kutsal aklımı oynatırsam kâinata kim hesap verecekmiş... Üstelik bu sabah kek de ikram edilmemiş olması... Kurs ücretini geri istemem an meselesiyken... Buram buram çürümüş balık kokan bir ortamda sürünen çok yüce bir madam..."

Mama Nono bu sözlere kulak asmadı, konuşmasına kaldığı yerden devam etti:

"Zihniniz kötü hatıralarınızı tekrar tekrar ortaya çıkarır ve size her defasında aynı sıkıntıyı, aynı üzüntüyü yeniden yaşatır. Rahatsızlık verici bir anı belirdiği anda hemen dikkatinizi ona verir ve üzerinde düşünmeye, yorumlar yapmaya başlarsınız. Mesela, bir arkadaşınızla veya sevgilinizle ettiğiniz kavga birdenbire tekrar ortaya çıkar ve siz ettiğiniz kavganın anısına hemen dört elle sarılır, her şeyi bir kez daha, en baştan yaşamaya başlarsınız. Üstelik bu defa orijinal kavganıza yepyeni pişmanlıklar da eklemişsinizdir: 'Keşke o bana şöyle dediğinde ben de böyle deseydim...' 'Ben öyle deseydim o da böyle derdi. O zaman ben de derdim ki...'

Böylece, hayal gücünüzle süsleyerek güzelce baharatladığınız aynı yemeği bir defa daha yersiniz. Fakat yemek bayat ve zehirlidir. İlk defasında olduğu gibi yine midenize oturacak ve sizi hasta edecektir.

Kimi zaman da geçmişte yaptığınız bir hata, birine söylediğiniz kötü bir söz, onarılmaz zararlar veren kaba bir davranışınız zihninizde canlanır ve sizi ele geçirip, ıstırap çektirmeye başlar. Suçluluk duygusuyla, utançla, pişmanlıkla yanarsınız. Şunu unutmayın ki: Siz düşünceleriniz değilsiniz, davranışlarınız değilsiniz ve bir zamanlar söylemiş olduğunuz sözler de değilsiniz. Bir hata yaptınız, ama o geçmişte kaldı ve onun yol açtığı acıyı her gün yeniden çekmek zorunda değilsiniz. Siz belli bir anıyı ne kadar çok hatırlarsanız, zihniniz de o aynı anıyı tekrar tekrar arşivden çıkarıp önünüze koymaya o denli programlanır. Bu şekilde bir 'kendine eziyet etme' alışkanlığınız oluşur. Böylece yavaş yavaş o anıya ve onun beraberinde getirdiği üzüntülü duygulara bağımlı hale gelirsiniz. Dikkat ederseniz çevrenizdeki bazı kişilerin bazı kederlerden zevk alırmış gibi bir halleri olduğunu fark edebilirsiniz. Bunun nedeni bağımlılıklarıdır. Zihinsel bir bağımlılık bir kere oluştuktan sonra müthiş derecede güçlenir. Onu her tekrar edişinizde gücünü daha da artırır, pekiştirir. Bir süre sonra zihinsel bağımlılık sizi tamamen ele geçirir ve üzerinizde neredeyse fiziksel madde bağımlılığı kadar büyük bir hâkimiyet kurar.

Kendinize geçmişte yaptığınız hatalar yüzünden eziyet etmeye bir son vermelisiniz. Acı verici hatıraları düşünmek hiçbir şekilde işinize yaramayan, yalnızca yaşama sevincinizi gölgeleyen, enerjinizi boşa harcayan, anlamsız ve gereksiz bir zihinsel faaliyettir. Bir çocuğun yaptığı bir yanlışı ona defalarca hatırlatmaz, yanlışını sürekli yüzüne vurmazsınız. Kendinize de bir çocuğa yaklaşır gibi yaklaşmalı ve ona göstereceğiniz anlayışı ve şefkati kendinizden asla esirgememelisiniz.

Sizi mutsuz eden travmatik olayların hatıralarını zihninizde defalarca canlandırmayı da bırakmanız gerekiyor. Sevgiliniz sizi kaç defa terk etti? İşinizden kaç defa kovuldunuz? O dayağı kaç defa yediniz? O hakareti kaç defa işittiniz? En yakın arkadaşınız size kaç defa ihanet etti? O kazayı veya hastalığı kaç defa geçirdiniz?

Bir okur sorusu geldi, buyurun sizi dinliyoruz."

"Merhaba. Bizi üzen anılardan dikkatimizi çekmemiz gerektiğini söylediniz. Yakın zamanda çok sevdiğim bir dostum geçirdiği bir kaza sonucu vefat etti. Onu düşünmek elbette beni çok üzüyor, ama üzüldüğüm için dostumu hatırlamaktan vazgeçecek halim yok. Öyle değil mi?"

"Öncelikle size başsağlığı ve sabır diliyorum" dedi Mama Nono. "Çok önemli bir soru sordunuz. Sevdiklerinin ölümü, insanların çektiği en büyük acılardan biridir ve kaçınılması mümkün olmayan, herkesin muhakkak yaşadığı bir acıdır. Kaybettiğiniz sevdiklerinizi sevgiyle anarsınız ve onlar aklınıza geldiğinde kalbiniz büyük bir şefkatle, derin bir hasretle dolar. Akıp giden yıllar sevginizden hiçbir şey eksiltmez ve onları daima kalbinizin en özel köşesinde yaşatmaya devam edersiniz. Bu, acınızı yaşamanın en doğal ve en sağlıklı yoludur.

Kaybettiğiniz yakınlarınızı anarken beraber geçirdiğiniz güzel günlere ve paylaştığınız mutlu, neşeli zamanlara odaklanın. Eğer onları bir hastalık yüzünden kaybettiyseniz ve acı çektiklerine şahit olduysanız, onların çektikleri acıları tekrar tekrar düşünerek kendinize eziyet etmeyin. Eğer onları bir kaza sonucu yitirdiyseniz, zihninizin 'Böyle değil, şöyle olsaydı kaza geçirmezdi' senaryoları kurmasına müsaade etmeyin. Dikkatinizi onların çektikleri ıstıraplara değil, onlarla ilgili sahip olduğunuz en güzel anılara yöneltin. Eğer içinizde onlara karşı bir suçluluk duygusu taşıyorsanız, bu duygudan derhal kurtulmanız gereklidir. Belki hiçbir suç işlememişsinizdir, belki de işlediğiniz bir suç sahiden vardır. Bir şey değiştirmez. Hata geçmişte yapılmıştır ve bugün o eski hata yüzünden kendinizi cezalandırmaya devam etmenizin hiçbir anlamı yoktur. Üstelik artık karşınızda özür dileyebileceğiniz biri de bulunmadığı için hepten çaresiz kaldığınızı düşünürsünüz.

İçinizde sizi cayır cayır yakan bir vicdan azabı varsa onu taşımayı derhal bırakmanız gerekiyor. Acı çekmek başka bir şey, o acıya ekstra ıstıraplar eklemek başka bir şeydir. Çekmek mecburiyetinde olduğunuz gerçek bir acıya hayali katkılarda bulunmayın. Onu zihninizin ürünü hikâyelerle süsleyip püsleyip, abartılı hallere sokmayın. Size zarar veren duygulardan kurtulmak için neler yapabileceğinizi iki gün sonra detaylı bir şekilde konuşacağız. Son olarak, kaybettiğiniz yakınlarınıza adayabileceğiniz bir çalışma önermek istiyorum. Gün içinde yapacağınız bütün güzel, faydalı ve sevgi dolu eylemleri onlara hediye edebilirsiniz.

Sözgelimi, annenizi kaybettiniz ve o hayvanları çok seven biriydi... Sokakta gördüğünüz sahipsiz bir hayvanı besleyebilir, bu eylemi annenize hediye edebilirsiniz. 'Hayvanları besleyen ben değilim. Onlara yemek veren el, annemin elidir' diyebilirsiniz. Şefkat dolu her hareketinizi –bir yaşlının poşetlerini taşımasına yardım etmek, otobüste birine yerinizi vermek kadar basit bile olsa– kaybettiğiniz yakınlarınıza armağan olarak yollayabilirsiniz. Verilen armağanların sevdiklerinize ulaşıp ulaşmadığı konusuna hiç aldırmayın. Mühim olan, sizin o armağanları sevgi dolu bir kalple, hevesle, can atarak veriyor olmanızdır. Böyle bir armağan verilirken, armağanı veren kişi muhakkak kendini hatırlar, muhakkak uyanıktır. Bu sayede kendinize de bir armağan vermiş olursunuz: Bir an daha uyanık kalmış olma armağanı."

Okur, yanıt için teşekkür edip ayrıldı ve Mama Nono kaldığı yerden devam etti:

"Eskiden yaşanan olaylar yüzünden bugün hâlâ kendine acımak da son derece zehirli bir zihinsel alışkanlıktır. Belki geçmişte başınıza kötü bir şey geldi, belki berbat bir çocukluk geçirdiniz, hatta belki duygusal veya fiziksel şiddet gördünüz. Bütün bunlar artık yoklar. Geçmişte kaldılar, öldüler, bir avuç kül oldular. Aslında çoktan ölmüş olan o acı olayları hâlâ canlı tutan tek şey sizin onları zihninizde yeniden canlandırıp durmanızdır. Onları besleyen, onlara güç veren tek şey sizsiniz. Geçmiş acıların hayaletlerini evinize doldurmaktan, her gün ayrı bir 'kendine acıma partisi' vermekten vazgeçin. Bunun size en ufak bir yararı dokunmaz, aksine kendinizi daima bir kurban olarak görmeye alışır ve o zihin yapısından çıkamaz hale gelir, sakatlanırsınız. Düşünceler tekrar edilerek kuvvet kazanırlar. Eğer kötü bir anıyı beslerseniz, onun tekrar ortaya çıkma eğilimi artar. Kendine acımaya programlanmış zihin yapınızı hayatınızın her alanına yansıtır, aile yaşantınızda, arkadaşlarınızla ilişkilerinizde ve iş hayatınızda kendinizi haksızlığa uğramış ve incitilmiş hissedebilmek için adeta fırsat kollar hale gelirsiniz. Kendinizi çevrenizin, içinde bulunduğunuz koşulların veya kaderinizin bir kurbanı olarak görmekten doğan duyguların bağımlısı olursunuz. Eğer uyanıp, kendinizi hatırlamaya ve kendinize acıma alışkanlığınızı kırmaya başlamazsanız zamanla büsbütün işlevsiz bir hale gelir, zihinsel gücünüzü ve özgüveninizi tamamen kaybedersiniz.

Geçmişin kederleriyle, kendine acıma veya kendini suçlama duygularıyla yüklü bir hatıranın zihninizde yeniden doğduğunu gördüğünüzde hemen nefesinize odaklanın, dikkatinizi ve ilginizi başka bir yere yöneltmeye çalışın. Eğer ortaya çıkan anının sizin üzerinizdeki gücü çok fazlaysa ve dikkatinizi ondan çekmekte zorlanıyorsanız, zihninizi başka bir yere, yaratıcı bir aktiviteye doğru yönlendirmeye çalışın. Zihninize, ağlayan bir çocuğa davranacağınız gibi davranın. Çocuğu nasıl kucağınıza alıp bahçeye çıkarır, kedileri, havadaki kuşları gösterir, çikolata yedirir ve dikkatini dağıtırsanız, kendi dikkatinizi de benzer bir şekilde dağıtın. Sevdiğiniz bir müziği dinleyin, elinize ilginç bir kitap alın, yüzmeye veya spora gidin, bir kafede arkadaşınızla buluşun. Burada yapmaya çalıştığınız şey, anıları bastırmak değil. Zihninizle kuracağınız ilişkinin içinde bastırmak, çatışmak ve direnmek hiçbir zaman yok. Üzücü anının ortaya çıktığını görüyor, ama onunla ilgilenmemeye çalışıyorsunuz. Kendinize aynı acıyı bir kez daha yaşatmak istemiyorsunuz. Zihninizin o anıyı arşivden çekip çıkarma alışkanlığını daha fazla beslemek istemiyorsunuz. Yalnızca zihninizi başka yere odaklamak ve gereksiz bir ıstırabı çekmekten kurtulmak istiyorsunuz ve bu sizin en doğal hakkınızdır. Bunu asla unutmayın: Gereksiz olan bir acıyı çekmeyi reddetmek, sizin en doğal hakkınızdır.

Bir başka yöntem de sizi üzen hatıra her ne ise, ona bütün dikkatinizi vermektir. Neticede üzüntü de zihinsel bir acıdır ve aynı fiziksel acı gibi dikkat ister. Zihninizde size acı veren anının canlandığını görün, nefesinize odaklanın ve kayıtsız bir izleyici haline gelin. Zihin perdenize yansıyan anıyı izleyin, ama kendinizi onunla özdeşleştirmeyin. Gördüğünüz şey ne olursa olsun yargılamayın, hiçbir yorum yapmayın ve eğer zihninizin içinde süregelen bir konuşma, anılar hakkında değerlendirme yapan bir içsel ses varsa ona da aldırmayın. Sesler ne söylerlerse söylesinler, önemsemeyin. Siz, o ses değilsiniz. Onun yaptığı yorumlarla özdeşleşmeyin. Tüm olumsuz düşüncelere karşı kayıtsız olun.

Acı veren hatırayı her ortaya çıkışında bu şekilde dikkatle incelerseniz zamanla yavaşlar ve kendini gösterme sıklığı gitgide azalır. Bir süre sonra hiç görünmemeye başlar, artık kendisiyle ilgilenilmediği için tamamen yok olup gider.

Zihninizi eğitirseniz, anılar sizi üzemez hale gelirler. Bu, bir çeşit hafıza kaybı değildir. Anılarınız kaybolmaz, yine orada, zihninizin içinde dururlar. Kaybolan şey, onların her defasında yanlarında getirdikleri duygusal yüktür. Hiçbir anı -eğer ona ilginizi yitirirseniz- kalmakta direnemez; bağımlılığı sürdüren şey, anıyla aranızdaki duygusal bağlantıdır. Düşünmeyi kesmek zorunda değilsiniz, sadece ilgilenmeyi kesin. Anılarla ilgilenmeyi bıraktığınızda onların duygusal şarjı boşalır ve duygusal enerjisini kaybeden anı zamanla yitip gider. İlgisizliğiniz sizi özgürlüğe kavuşturacaktır.

Ayakkabınızın içinde canınızı yakan bir taş varsa, ayakkabınızı çıkarır ve taşı dışarı silkelersiniz. Kendinizi hatırlar ve uyanık kalırsanız, canınızı yakan bir düşünceyi de zihninizden dışarıya aynı şekilde atarsınız. Ayakkabınızın içinden bir taşı silkeler gibi kolayca..."

"Ayakkabımın içinde canımı yakan bir taş varsa, taşı çıkarır ve bu garibanın ayakkabısının içine koyarım" dedi Madam Bogel. Gözlerini kıstı, küçümseyen bakışlarını üzerimde gezdirdi ve söylenmeye devam etti: "Çakrası buruşuk olduğu için...

Çürümüş balık kokusu ortalığı sarınca... Kutsal keyfimi kaçıran bir maskara... Sonsuz Işık'ın tek elçisi olduğumu unuttuğu besbelliyken..."

Başımı öte yana çevirip, homurdandım. İçimden söylenmeye devam ederken birdenbire Madam Bobogel'e sinirlenmeyeceğime dair kendime söz verdiğimi anımsadım. Derin nefesler alıp sakinleştim ve zihnimi derse odakladım. Mama Nono ise her zamanki gibi olup bitenlere aldırış etmemiş, konuşmasını sürdürmüştü:

"İnsan bedenini eğitebildiği, zarafet ve güç kazandırabildiği gibi zihnini de eğitebilir. Zihninizi alışık olduğu boş ve anlamsız uğraşlardan koparıp, size faydalı olacak bir şekilde çalışmasını sağlayabilirsiniz. Zihninizin, hayatınızın istediğiniz yönüne ışık tutmasını ve yalnızca sizin seçtiğiniz konulara odaklanmasını sağlayabilirsiniz. Bunu başarabilmek için dikkatinizi zihninizin düşünce üretme fonksiyonundan çekmeniz ve enerjinizi uyanık kalmak için harcamanız gerekiyor.

Uyanık kalmanın en büyük avantajlarından biri, hoşunuza gitmeyen durumlarla başa çıkabilmenizi sağlamasıdır. Sıradan zihin, içinde bulunduğu ortamları ve çevresindeki insanları hoşuna gidecek şekillere sokmaya, her şeyi kendi beğenilerine uygun hale getirmeye çalışır ve bu uğurda çok miktarda enerji sarf eder. Odanın sıcaklığı tam onun istediği gibi olmalı, yemekler tam onun istediği gibi pişmeli, yataklar ve koltuklar onun istediği yumuşaklıkta olmalı, eşi, çocukları, arkadaşları, hatta evcil hayvanları bile onun istediği şekilde davranmalıdır.

Elbette, hayat daima zihninizin isteklerine uyumlu bir şekilde akamaz. Eninde sonunda yolunda gitmeyen bir şeylerle karşılaşırsınız: Yemek ocakta unutulur ve yanar, kalorifer bozulur, köpeğiniz halının ortasına kakasını yapar, çocuğunuz bir öfke nöbeti geçirir ve eşinizle tartışırsınız.

Her insan kendini iyi hissetmek ister. Bu, gayet doğal bir istektir. Ne yazık ki kendinizi iyi hissetmek için öne sürdüğünüz ve hayata dayatmaya çalıştığınız şartlar ve koşullar vardır. Sevdiğiniz yerlerde keyfiniz yerine gelir, sevmediğiniz ortamlarda hemen suratınız asılır. Hoşlandığınız kişilerle beraberken her şey yolundadır, ama hoşlanmadığınız bir kişiyle karşılaştığınız anda canınız sıkılır. Size zevkli gelen işlerle meşgulken iyisinizdir, ama zevksiz işlerin de –çöpü dökmek gibi– yapılması gerekmektedir.

Keyfinizin ne kadar çabuk kaçtığına, moralinizin ne kadar kolayca bozulduğuna hiç dikkat ettiniz mi? Markete gidersiniz, kasada beklerken biri önünüze geçer ve dünya başınıza yıkılır. Bu haksızlıktır, insanlar böyle davranmamalıdır ve tabii ki 'böyle şeyler hep sizi buluyordur'! Arabanızın anahtarlarını bulamazsınız ve dünya başınıza yıkılır. Telefonunuz bozulur ve dünya başınıza yıkılır. Çorbanız normalden biraz fazla tuzludur ve dünya başınıza yıkılır. Zihninizde bir şablon vardır: Çorba çok tuzlu olmamalıdır. Tuzlu çorba sizin kesinlikle hoşlanmadığınız bir şeydir!

Var olan sorunları nasıl dallandırıp budaklandırdığınıza hiç dikkat ettiniz mi? Çiçekleri yerleştirirken vazoyu kırarsınız ve bütün gününüz mahvolur. Gerçek sorun, vazonun kırılmış olmasıdır. Zihninizdeki sorun ise şöyle bir şeydir: 'Ne kadar talihsizim! Amma da beceriksizim! Zaten kırılmasaydı şaşardım! Keşke çiçekleri hiç almasaydım! Yere su dökmeselerdi, vazoyu kırmazdım. Bu, onların suçu! Vaktime ne kadar yazık oluyor!'

Hoşunuza gitmeyen bir durumla karşılaştığınızda, kendinizi zihninizin içinden akıp geçen diyalogla özdeşleştirmeyin. Sorun küçük de olsa, örneğin yere süt dökülmesi gibi ya da büyük de olsa, mesela evinizin yanıp yıkılması ve içindeki bütün eşyalarınızın da kül olması gibi sizin daima aynı zihinsel tavrı takınmanız gereklidir. Kaplan fareye de, ineğe de aynı güçle saldırır. Her şeyden evvel: Uyanın ve kendinizi hatırlayın. Uyanık olmanız, zihninizin mevcut problemi abartmasına, çarpıtmasına ve kendi yorumlarını katarak büyütmesine engel olur. Zihniniz neler sayıklarsa sayıklasın, siz kayıtsız kalırsınız. Süt döküldüyse, süt dökülmüştür. O kadar. Silersiniz ve sorun çözülür.

Gerçekte 'sorun' diye bir şey yoktur. Beğenmediği durumları bir 'sorun' olarak etiketleyen ve onları da 'büyük sorunlar' ve 'küçük sorunlar' diye gruplara ayırıp sınıflandıran sizin zihninizdir. Siz bir durumu 'sorun' olarak görmezseniz, ortada hiçbir sorun yoktur. Yerdeki bir çamur birikintisi sizin için bir sorun teşkil edebilir çünkü üzerinize sıçrarsa leke yapacağını düşünürsünüz. Oysa aynı çamur birikintisi, oradan geçen bir çocuk için ideal bir oyun alanına dönüşür. Çocuğa göre ortada bir sorun yoktur. Aksine, o çamurların içinde yuvarlanır ve gayet güzel eğlenir.

Şöyle bir hikâye vardır: Devasa bir tapınağın inşaatında çalışan işçilerden bir tanesine ne yaptığı sorulmuş. İşçi yorgun, bıkkın ve kederli bir surat ifadesiyle 'Taş kırıyorum' diye yanıt vermiş. Bir diğerine aynı soru yöneltilince o da üzgün ve sıkkın bir biçimde 'Para kazanmaya çalışıyorum' demiş. Üçüncü bir işçiye aynı soru sorulmuş. Adam gülümsemiş, son derece neşeli ve mutlu bir sesle, 'Tanrılara armağan etmek için bir tapınak yapıyorum' demiş.

Zihin, dışarıdan gelen uyarıcıları çarpık ve taraflı bir şekilde algılamanıza neden olur. Onun hoşuna gitmeyen, ilgi alanına girmeyen şeyleri görmez ve duymazsınız. Yalnızca zihninizin görmenizi istediği şeyleri görür ve duymanıza izin verdiği sesleri işitirsiniz. Algıladığınız görüntüler ve sesler, size saf ve bozulmamış bir şekilde ulaşamazlar çünkü zihin araya girer ve kendi yorumunu katar. Diyelim ki sessiz bir gecede, evinizin balkonunda oturuyorsunuz. Yakın civarda bir köpeğin havladığını işittiniz. Bu, kendi başına iyi veya kötü bir şey değildir. Zihin hemen o anda alışkanlıklarından doğan otomatik tepkileri vermeye ve ezberden yorumlar yapmaya başlar. Belki zihin köpeklerden hoşlanıyor, ama komşudan hoşlanmıyordur. O zaman şöyle bir yorum yapar: 'İşte yine komşunun zavallı köpeği havlıyor. Belli ki adam köpeğine kötü davranıyor. Zaten o herifi hiçbir zaman gözüm tutmamıştı!' Ya da zihnin komşuya karşı belli bir tavrı yoktur, ama köpeklerden hoşlanmıyordur. O zaman şöyle der: 'İşte yine o lanet köpek havlıyor!' Tabii, sıradan zihni tanıdığımız kadarıyla komşudan da, köpeğinden de zerre kadar hoşlanmıyor olma ihtimali oldukça yüksektir. Bu durumda şu yorumu yapar: 'İşte yine o lanet herifin lanet köpeği havlıyor!'

Aslında olan tek şey, gecenin içinde bir köpek sesinin işitilmesiydi. Zihniniz, algıladığınız sesi kendine göre yorumlayarak kirletti. Bu senaryo, hayatınız boyunca değişik şekillerde tekrarlanır. Zihninizin görüşleri, beğenileri ve tercihleri yaşamınızın her anına ve her alanına damgasını vurur. 'Bugün neler yapsam, kimlerle görüşsem, hangi konularla ilgilensem, nerelere gitsem, ne yesem, ne içsem?...' diye düşündüğünüzde zihniniz çıkarıp size bir mönü verir. Mönüde kendi sevdiği şeylerin listesi vardır. Liste kolay kolay değişmez, son derece dar ve kısıtlıdır. Bugüne kadarki bütün tercihlerinizi o aynı kısıtlı mönüden yaptınız.

Hayata bakış açınızı değiştirmeye çalışmanız, saf bir iyimserlik çabası olarak algılanmamalıdır. Zihninizin mutlu olmak için yerine getirilmesini talep ettiği öncelikli koşulların listesi sonsuza dek uzayıp gider. Zihnin istek ve beğenilerine aykırı olan en küçük şey keyfinizin kaçmasına, huzursuz ve mutsuz olmanıza yol açar. Mutlu olabilmek için zihninizin beğenilerinin dışına çıkabilmeniz gerekiyor. Sevdiğiniz ve sevmediğiniz şeyler konusunda esnek olabilmeniz gerekiyor. Eğer zihninizin beğenilerine körü körüne itaat edecek olursanız, mutlu olmanız neredeyse imkânsız hale gelir. Kimi zaman zihninizin bütün kaprislerine rağmen keyifli ve neşeli olmayı başarabildiğiniz kısacık anlar yakalarsınız. O nadir anlarda bile içsel durumunuzun ne kadar hassas ve kırılgan olduğuna dikkat edin. Kumlara uzanmış, dalgaların sesini dinleyerek güneşin zevkini çıkardığınız güzel bir tatil gününü hayal edin. Bir rüzgâr eser, hava hafif bulutlanıyor gibi olur ve içsel durumunuz altüst olur. Şezlongunuzun yanından koşan bir çocuk üzerinize su sıçratır, öfkeden kudurursunuz. Uzaktan çok da sevmediğiniz bir tanıdığınızın size doğru geldiğini görürsünüz. İşte şimdi tatiliniz kesinlikle zehir olmuştur!

Bakış açınızı değiştirmeniz gerekli derken bahsettiğim şey pembe gözlükler takmak, her şeyi iyi ve güzel olarak görmeye çalışmak değildir. Zihninizin kaprislerine boyun eğmemeyi öğrenmeniz gerekiyor. Zihninizin kesin, net ve son derece kısıtlı beğeniler listesinin dışına adım attığınız anda dünyanızın sınırları da müthiş derecede genişleyecektir. Zihninizin size empoze ettiği çerçevenin dışına adım atmak size olağanüstü bir canlılık ve ferahlık getirir. Yıllardır kapalı ve havasız kalmış bir evin camlarının açılması ve içeriye temiz hava dolması gibi...

Uyanır ve kendinizi hatırlarsanız içinde yaşadığınız dünya birdenbire mükemmel bir yer haline gelmez, ama siz normalde içindeyken kendinizi rahat hissetmediğiniz sınırlarda kolaylıkla ve cesurca dolaşabilir hale gelirsiniz. Böylelikle değişen koşullardan korkmamayı, hoşunuza gitmeyen durumlar, kişiler ve olaylarla karşılaşmaktan çekinmemeyi öğrenirsiniz. Bu, size büyük bir hareket alanı ve müthiş bir özgürlük kazandırır.

Zihnin doğasını ve işleyiş mekanizmasını bir kez anladığınızda, artık onun hayal ürünü sorunlar yaratmasına izin vermezsiniz. Geçmişten, eski izlenim ve eğilimlerden, hafızadan, alışkanlıktan ve düşünceden gelen tepkiler vermeyi bırakırsınız ve yanlış yönelterek ziyan etmekte olduğunuz zihinsel enerjinin hepsi size kalır."

Durakladı. Sonra, "Herkes burada mı?" diye sordu. "Ya sen sevgili okur? Sen de hâlâ burada mısın? Güzel! Uyanık olun, burada olun. Sanki başınızdan yaralı olduğunuz için birinin size dokunmasından korkuyormuş gibi tetikte olun."

"Koru bomboş dere durgun,
bu yamaçlar kime dargın
Çile çekmiş gibi yorgun,
yüce dağlar yüreğimde."

M. Turan Yarar

Bir Bekçinin Hazineyi Koruduğu Gibi...

"Zihninizi sadece izlemeniz mucizevi neticeler doğurur" dedi Mama Nono. "Ama bunun yanı sıra size zarar veren düşünceleri azaltıp, fayda sağlayan düşünceleri çoğaltmaya çalışmanız da gerekiyor. Bu tür bir çalışmayla zihninizin yapısını değiştirebilirsiniz. Zihninizde tekrar eden düşünceler ve duygular her gelişlerinde bir iz bırakır, zihninizin kıvrımlarına küçük bir çentik atarlar. Atılan küçük çentikler zamanla genişler ve böylece gelip giden o aynı düşünceler ve duygular, kendilerine temelli olarak kalabilecekleri bir yuva oluşturup, zihninize yerleşirler.

Kısacası, duygusal ve düşünsel tecrübeleriniz yalnızca onları yaşadığınız anda değil bütün hayatınız boyunca sizi etkileri altına almayı sürdürürler. Dikkatiniz bir elektrik süpürgesi gibi çalışır ve onu odakladığınız yerlerdeki her şeyi zihninizin içine çeker. Yakın geçmişinize bir göz atın ve dikkatinizin nerelerde gezdiğini düşünün. İşinize dair problemler veya sağlığınızla ilgili sorunlar elbette sizi kaygılandırır, ama dikkatinizi muhakkak vermeniz gereken ciddi meselelerin haricinde zihninizin içine dolduracağınız şeyler büyük ölçüde sizin seçiminizdir, size bağlıdır. En sık odaklandığınız düşünce ve duygularınız korku, endişe, kaygı ve öfke temelliyse başınıza uzun vadeli bir iş açıyorsunuz demektir. Öte yandan zihninizin rahat ve esnek olduğu, kendini canlı ve taze hissettiği anlar çoğunluktaysa, bu onu doğru yönde şekillendirdiğiniz anlamına gelir.

Uyanık olur ve kendinizi hatırlarsanız, zihin alanınıza giren düşünceleri ve duyguları denetleyebilir, sizin için zararlı olanlara geçit vermezken, faydalı olanları artırmaya çalışabilirsiniz. Çok büyük olayların peşine düşmeye hiç gerek yoktur. Kalbinizde bir çocuğun gülümsemesinden doğan sıcaklık, bir işi bitirmenin keyfi, bir çiçeğin yaydığı kokunun güzelliği, kucağınızda uyuyan kedinizi okşamak, yorucu bir günün sonunda içilen bir fincan kahve, bir dostunuzla sohbet etmek, deniz kenarında bir yürüyüş...

Size huzur ve mutluluk veren düşüncelerinizi, bir bekçinin hazineyi koruduğu gibi koruyun. Eğer huzurlu düşünceler besliyorsanız tüm dünya size iyi ve güzel görünür, ama eğer sizi huzursuz kılan düşünceler krallıklarını ilan etmişlerse dünya cehenneme dönüşür. Dünya aynı dünyadır, değişen sadece sizin zihin yapınız, onu yorumlama biçiminizdir. Hiçbir koşul sizi kötü düşünceler beslemeye mecbur edemez. Korkularla, kaygılarla, endişelerle, vesveselerle, pişmanlıklarla, acı hatıralarla, kendinize acıyarak, hayal kırıklıklarıyla, huzursuzluklarla, çatışmalarla ve kendi başına gerçekliği olmayan hayali sorunlarla kendinize eziyet etmeyin. Uyanın, düşüncelerinizi denetleyin ve onlarla özdeşleşmeyi kesin. Kendinizi hatırladığınız süre çoğaldıkça, düşünceleriniz azalacaktır.

Şunu hiç unutmayın: Düşünceleriniz ne kadar azalırsa, huzurunuz ve mutluluğunuz o kadar çoğalır. Düşüncelerin az olması, zihin gücünün çok olması anlamına gelir. Bu ikisi ters orantılıdır. Bir saat içinde zihninizde beliren düşüncelerin sayısının ortalama yüz olduğunu varsayalım. Eğer çalışma yaparak bu sayıyı doksana indirmeyi başarırsanız, zihin gücünüz yüzde on oranında artar. Azaltılan her düşünce zihne esneklik ve canlılık kazandırır. Yararsız her düşünce enerji israfıdır. Tek bir düşüncenin bile eksilmesi çok büyük bir kazanımdır, çünkü bir tane düşünce azalınca ikinciyi azaltmak daha kolay olacaktır.

Günün herhangi bir zamanında ve dilediğiniz sıklıkta yapabileceğiniz iki egzersiz anlatayım.

***

Birinci egzersiz: Sıradan zihin mutsuzluğa meyillidir. Zihninizde bir mutsuzluk, bir sıkıntı, bir kasvet hissettiğiniz anda durun. Gözlerinizi yumun, nefesinize odaklanın ve kendinizi hatırlayın. Bedeninizi tarayın ve gergin olup olmadığına bakın. Dikkatinizi ayak tabanlarınızdan yukarı, başınızın tepe noktasına kadar yavaş yavaş çıkarın. Rast geldiğiniz bütün gergin noktaları rahatlatın. Özellikle kasılmış yerler varsa, mesela çeneniz kilitlenmiş gibiyse veya dişlerinizi sıkıyorsanız, nefesinizi o bölgeye yollayın. Soluk alıp veren yer sanki çenenizmiş gibi hissedin. Nefesin sakinliğini, ılıklığını ve yumuşaklığını kullanarak kendinizi rahatlatın.

Sabah yataktan kalktığınız andan, şimdi gözlerinizi yummuş duruyor olduğunuz bu ana kadar yaşadığınız şeyleri gözden geçirin ve içlerinde en güzel, en keyifli olan hangisiyse, ona odaklanın. Büyük bir şey olmasına gerek yok. Belki en sevdiğiniz gömleğinizin tertemiz bir şekilde askıda durduğunu görüp sevindiniz ve işe onu giyip gittiniz, belki trafikte biri size yol verdi, belki hoşunuza giden bir mesaj aldınız. Sizi keyiflendiren ve gülümseten her neyse –bir tane muhakkak vardır– onu bulun.

O duyguyu zihninizde tekrar canlandırın, duygunun büyüyüp tüm bedeninize yayıldığını hayal edin ve bir iki dakika boyunca kendinizi bu duyguyla doldurun.

***

İkinci egzersiz: Kendinizi ne kadar çok hatırlarsanız, hayatı sıkıcı bulduğunuz anlar o kadar azalır. Uykudan kalkan kişi otomatik pilotta hareket etmekten kurtulmuş kişidir. Uyanık biri kendini kayıp, hayattan kopuk, cansız ve bıkkın hissetmez.

Her gün yapmak zorunda olduğunuz sıkıcı işleri düşünün ve içlerinde en sıkıcı olanı tespit edin. Belki bir köpeğiniz var, onu bütün kalbinizle seviyorsunuz, ama onu gezdirmek size bir eziyet gibi geliyor. Bu işe vakit ayırmayı hiç istemiyorsunuz, ama mecbursunuz.

Köpeğinizi gezdirirken sıkılıyorsunuz, çünkü uykudasınız. Şimdi, bu sıkıcı işi bir de uyanıkken yapın. Nefesinize odaklanın, kendinizi hatırlayın. Köpeğinizin tasmasını takarken tasmanın elinizin içinde yarattığı hissi tümüyle fark edin. Ayakkabılarınızın hangisini önce giydiğinize bakın, kapıyı tutarken elinizi, evden dışarı atılan adımınızı hissedin. Zihninize üşüşen düşüncelerle ilgilenmeyin, hepsine karşı kayıtsız kalın. Bu vakti köpeğinizi gezdirmeye ayırdınız ve sadece onu yapacaksınız. Hiçbir duygu veya düşünce dikkatinizi ele geçiremeyecek.

Sokağa çıktığınızda çevrenize bakın. Varsa etraftaki ağaçları, çiçekleri görün. Eğer yeşillik yoksa taşları ve kaldırımları görün. Attığınız her adımı tamamen bilinçli atın. Uyanık kalın. Zihniniz başka bir yere gittiğinde nefesinize odaklanın ve kendinizi geri getirin. Gökyüzüne bakın. Dikkatinizi bulutlara verin. Güneşli bir günse güneşin bedeninizi nasıl ısıttığını hissedin. Yağmur yağıyorsa üzerinize düşen her damlayı hissedin.

Çevrenizdeki insanları izleyin. Gördüğünüz şeyler hakkında düşünmeyin, yorum yapmayın. Zihnin alanına girmeyin. Dikkatinizi duyularınıza odaklayın. Kokuları, sesleri, renkleri bütünüyle algılayın.

Uyanık kaldığınız sürece kendinizi neşeli ve canlı hissettiğinizi göreceksiniz. Köpeğinizin bile her zamankinden daha keyifli olduğunu fark ederseniz, şaşırmayın. Size normalde sıkıcı gelen günlük bir işi kendinizi hatırlayarak olağanüstü güzel bir hale getirebilirsiniz. Çöpü dışarı atmak gibi basit bir eylem bile uyanıkken zevkli hale gelir. Çöp torbasını bağlarken ellerinizin hareketlerini hissedersiniz, dışarı çıkarken attığınız her adımı bütünüyle hissedersiniz. Düşüncelere kapılmazsınız. Çöpü atarken, yalnızca çöpü atarsınız ve bu müthiş keyifli bir işe dönüşür.

Can sıkıntısı bile dikkatinizi ona verdiğinizde son derece ilginç bir hale gelir. Deneyin ve görün."

"Ne dertler tanıdım kısa ömrümde
Yalçındı dert dağım aşamadım ki
Ölüp gideceğim günün birinde
Yaşımı sormayın yaşamadım ki."

Selahattin Cesur

Kaçınılmaz Olanla Dostça Geçinin

"Yaşam, bütün canlılar için kaçınılmaz olan acılar barındırır" dedi Mama Nono. "Hastalık, yaşlılık ve ölüm eninde sonunda herkesin başına gelecektir. Zeki bir insan, ne yaparsa yapsın önleyemeyeceği şeylerle dövüşmez ve onları kendine gece gündüz dert edinmez. Kaçınılmaz olanı kabul ederseniz, gönülsüzce değil, gerçek anlamda kabul ederseniz, onunla dostça geçinmeye başlarsanız zihniniz enerjik, esnek ve neşeli olur.

Kaçınılmaz olan büyük dertlerle dost olan kişi, küçük ve önemsiz sorunlarla da kolaylıkla baş edebilecek hale gelir. Zihnini eğitmek isteyen bir insan, ilk iş olarak kendine gereksiz dertlerle eziyet etmeyi bırakmalıdır.

Fiziksel acı, kaçınılmaz olan şeylerden biridir. İnsan hayatı boyunca sayısız defa ve değişik şiddetlerde fiziksel acı çeker. Kimi zaman küçük bir sızıya, kimi zaman dayanılmaz şiddetli ağrılara maruz kalırsınız. Acı çekmekten kaçınmanın bir yolu yoktur, ama çekilen acıların ıstıraba dönüşmesi gerekmez. Acı fizikseldir, ıstırap ise zihinsel. Acı, sadece bedenin tehlikede olduğunu, ilgi gerektirdiğini gösteren bir sinyaldir. Bedenin hayatta kalabilmesi için acı ve ağrı gereklidir, fakat hiçbir şey sizi ıstırap çekmeye zorlamaz. Istırap, zihnin mevcut duruma karşı isyan etmesinden, ona direnmesinden, itmeye ve uzaklaştırmaya çalışmasından ötürü oluşur. Kısacası ıstırap hayalidir, zihnin ürünüdür ve kişisel bir tercihtir. Siz ıstırap çekmemeye karar verirseniz, ıstırap sona erer. Zihnin ötesinde ıstırap yoktur.

Farz edin ki başınız ağrıyor..."

"İşte kutsal başıma korkunç bir ağrı saplandı!" dedi Madam Bobogel. "Bunu bana neden yaptınız? Yoksa burada bir çeşit hipnoz mu yapılıyor? Sonsuz Işık'ın tek elçisi olduğum için telkinlere çok açık olduğum unutuluyor mu? Saf ve tertemiz varlığım kirletilmeye mi çalışılıyor? Sizde hiç kozmos korkusu yok mu?"

"Sakin olun sevgili madam" dedi Mama Nono. "Bana kulak verin, uyanık kalmaya ve bu defa baş ağrınıza değişik bir şekilde yaklaşmaya çalışın. Her şeyden evvel 'Başım ağrıyor' diye düşünmeyi bırakmalısınız. Böyle düşündüğünüzde acıyla özdeşleşmiş ve kendinizi onunla tanımlamış oluyorsunuz. 'Benim ağrım' dediğiniz anda acıyı üstlenmiş oluyorsunuz, ona sahip çıkmış oluyorsunuz. 'Başım ağrıyor' demek yerine, 'Baş ağrısı var' veya 'Bir ağrı geldi' deyin. Kendinizi ve ağrıyı iki ayrı şey olarak algılamaya çalışın. Bu algılayış biçimi, acının gelip geçici bir şey olduğunu hatırlamanıza yardımcı olur. Şimdi, aklınızdan neler geçtiğini her an bizimle paylaşır mısınız?"

Madam Bobogel yüzünü ekşitti, "Kutsal başım bu hafta ikinci kez ağrıyor" dedi.

"Bu düşünceyle geçmişi şimdiki ana taşıdınız" dedi Mama Nono. "Acınıza kendi ellerinizle bir ıstırap eklemiş oldunuz."

"Ağrı gitgide şiddetleniyor!" dedi Madam Bobogel, telaşla. "Biraz sonra büsbütün artacak ve korkunç derecede garabet boyutlara ulaşacak, besbelli!"

"Bu düşünceyle acıyı geleceğe yansıttınız. Hayalinizden uydurma bir gelecek yarattınız ve orada daha da büyük bir acı çekeceğinize inandınız. Oysa gelecekte ne olacağını bilmenize imkân yok. Bir ıstırap daha!"

"Gülünç bile olmayan saçma yorumlarınızla kutsal sabrımı taşırmayınız! Zaten bu ağrıya dayanamıyorum!"

Mama Nono gülümsedi, "Aslında dayanıyorsunuz" dedi. "Daha evvel de dayandınız, şimdi de dayanıyorsunuz ve ileride yeniden olursa yine dayanacaksınız. Dayanamadığınızı düşünerek hayal ürünü bir ıstırap daha yarattınız."

Madam Bobogel başını ellerinin arasına alıp bağırdı: "Sonsuz Işık aşkına! Benim böyle neyim var?"

"Hiçbir şeyiniz yok" dedi Mama Nono. "İnsansınız ve bir bedeniniz var."

"Kutsal beynimde bir tümör var, besbelli!" dedi Madam Bobogel, panik içinde. "Demek, buraya kadarmış. Pek yakında Sonsuz Işık'a karışacağım!"

"Oldukça düşük bir ihtimal sevgili madam" dedi Mama Nono. "Ama çekmek zorunda olduğunuz acının yanına düşüncelerinizle eklediğiniz gereksiz acıların sayısı hızla çoğalıyor."

"Acı çektiğime çok üzülüyorum ve üzüldüğüme de çok üzülüyorum" dedi Madam Bobogel.

"Çok gecikmeden kendine acıma da başlar" dedi Mama Nono.

Madam Bobogel bir hışımla bana doğru döndü, "Hep bu maskara yüzünden!" diye haykırdı. "Etrafa buram buram çürümüş balık kokusu yayarak kutsal başımı ağrıttı!"

"Zihin, hoşuna gitmeyen durumlarla karşılaştığında hemen bir suçlu arar ve bulmakta gecikmez!" dedi Mama Nono.

Madam Bobogel bana dik dik bakmaya devam etti, "Bu korkunç baş ağrısı bana gelmemeliydi!" dedi. "Karması kokuşmuş şu yazar bozuntusuna gitmeliydi!"

Durakladı, bir an düşündü ve ekledi: "Hem, onun evinde yüzme havuzu var!"

"Yüzme havuzu mu?" diye sordum, büyük bir şaşkınlıkla. "Daha neler! Bu da nereden çıkıyor? Benim evimde havuz filan yok. Konu nasıl oldu da böyle saçma..." derken Mama Nono sözümü kesti ve anlatmaya başladı:

"Bir acı hissettiğinizde her şeyden evvel nefesinize odaklanın ve kendinizi hatırlayın. Zihniniz büyük bir süratle acıyla ilgili yorumlar yapmaya başlayacaktır. İzleyin. 'Dayanamayacağım. Yapamayacağım. Bu çok zor! Neden ben? Yine mi ben? İstemiyorum! Tek istediğim bu acının dinmesi!' ve daha başka bir sürü yorum.

Fiziksel bir acı ortaya çıktığında zihin derhal direnmeye başlar. Şu kuralı unutmamalısınız: Direndiğiniz her şey güç kazanır. Acıyı düşman ilan ederek onu daha somut, daha belirgin bir hale getirirsiniz. İstemediğiniz şeyleri itip uzaklaştırmaya çalışmaktan vazgeçmeniz gerekiyor. Acıdan kaçmaya, kurtulmaya çalışmaktan vazgeçmeniz gerekiyor. Acıya direnmeye çalıştığınızda fiziksel acıyı duygusal ıstıraba çevirmiş oluyorsunuz.

Bir insanın acıyla boğuşmaya ve dövüşmeye çalışması, onun acıdan korktuğunun göstergesidir. Fiziksel acı ortaya çıktığında insan hemen acıya dair düşünceler ve duygular üretmeye, acıya dair senaryolar kurmaya başlar. Acının hiçbir zaman dinmeyeceğini düşünürsünüz (geleceğe dair bir senaryo kurdunuz), ortaya çıktığı için acıya kızarsınız (bir duygu ürettiniz), acı çektiğiniz için kendinize acırsınız (bir duygu ürettiniz), acı çektiğiniz için bir başkasına kızarsınız (bir duygu ürettiniz), bu acıyı hak edecek bir şey yapmadığınızı düşünürsünüz (bir düşünce ürettiniz).

Bedeninizde herhangi bir fiziksel acı veya ağrı hissettiğiniz zaman kendinizi hatırlar ve uyanık kalırsanız, zihninizin ürettiği düşünce ve duygulara kapılmazsınız. Böylece acıya ek olarak zihinsel tepkinizden doğan hayal ürünü ıstıraplar yaratıp, bir de onları çekmekten kurtulmuş olursunuz.

Kendinizi hatırlayıp, düşüncelerinizi ve duygularınızı izlemeye başladığınızda acının doğasıyla ilgili gerçekleri gözlemleme şansına kavuşursunuz. İlk gözlemleyeceğiniz şey, acının sabit durmadığı, gelip gittiği olacaktır. Kronik acı dahil olmak üzere, hiçbir acı sabit durmaz. Dikkatinizi acıya odaklamaz ve düşüncelerinize kapılıp giderseniz size acı hiç kesilmiyor ve hiç değişmiyor gibi gelir, ama aslında acı değişkendir, yer değiştirir ve bazı anlarda tamamen kesilir.

***

Bir de egzersiz anlatayım: Bedeninizde dayanılması zor olan, büyük bir acı hissettiğinizde acınızı sizden daha çok acı çekenlere, sizden daha zor durumda olanlara adayabilirsiniz. Diyelim ki mide bulantısı ve baş ağrısı çekiyorsunuz. Ciddi hastalıklarla boğuşan çocukları düşünün. Siz bir yetişkin olarak bu kadar ıstırap çektiğinize göre, kim bilir onlar neler hissediyor. Onların acısına odaklanın ve sizin çektiğiniz acının, onlarınkini azalttığını hayal edin. 'Benim çektiğim acılar, sizinkini dindirsin' diye düşünün. Bu egzersiz, acınızı anlamlı kılar ve sizin boş yere acı çekmenizi engeller. Üstelik böylece dünyanın her yerinde insanların ıstırap çektiğini, sizin durumunuzun da onlardan farklı olmadığını anımsarsınız.

Her ne çekiyor olursanız olun, muhakkak sizden daha zor durumda olan canlılar vardır. Sizin hiç değilse ilacınız, temiz bir yatağınız, yemeğiniz ve belki size bakan, size şefkat gösteren yakınlarınız vardır. Bunlara bile sahip olmadan ıstırap çekenleri düşünün ve tüm acınızı onlarınkini hafifletmeye adayın.

Uykuda olan insanın acıyla yapabileceği şeyler sınırlıdır: Acıyı çeker, acıya direnir ya da acıyı hem çeker hem de ona direnir.

Oysa kendini hatırlayanların daima başka seçenekleri vardır. Uyanırlar, dikkatlerini acıya odaklayarak acılarını fethederler ve ıstıraplarını dünyadaki tüm canlılara adayarak anlamlı kılarlar."

"Ne olursun güzelim sevsen beni
Yâr deyip de sinene sarsan beni."

Rüştü Demirci

Dikkatini Verdiğin Şeye Direnemezsin

"Fiziksel acı meydana çıktığı zaman ona karşı direnmek, ondan kaçmaya ve kurtulmaya çalışmak yerine, 'Pekâlâ, hadi gel' deyin ve onu kabul edin" dedi Mama Nono. "Merak etmeyin, bu tutumla acıyı kendiniz çağırmış, şahsen davet etmiş olmuyorsunuz. Acı kendiliğinden geldi ve siz enerjinizi onunla çatışarak heba etmek istemiyorsunuz çünkü bunun hiçbir işe yaramayacağını artık biliyorsunuz.

Nefesinize odaklanın ve kendinizi hatırlayın. Zihninizden geçen düşünceleri ve duyguları yalnızca izleyin. Zihinsel tepkinize kapılmayın, duygularınıza kapılmayın, düşünceleriniz hakkında düşünmeyin. Bütün dikkatinizi acıya yöneltin. Direnmeyin. Direnç gösterirseniz acıyı adeta bulunduğu yere kilitlemiş olursunuz. Dikkatinizi acıya vermek, ona direnmenize mâni olur çünkü dikkatinizi verdiğiniz şeye direnemezsiniz. Zihin bu iki şeyi aynı anda yapamaz. Ona ya direniyor olursunuz –ki bu onun hakkında düşünceler veya duygular üreterek olur– ya da dikkat ediyor olursunuz.

Karşı koymak, acıyı bulunduğu yere kilitler. Karşı koymayın, ekstra acılar eklemeden var olan acınızla kalın. Acıyla itişmeyin, acı hakkında düşünmeyin, acıya kızmayın, acı çektiğiniz için kendinize kızacak nedenler -çok çalıştığım için yoruldum ve o yüzden hasta düştüm gibi- bulmayın, acı çektiğiniz için üzülmeyin, acı çektiğiniz için kendinize acımayın ve acıdan korkmayın. Yalnızca acıya odaklanın, ona bütün dikkatinizle bakın ve onu inceleyin. Gevşeyin. Öncelikle acı duyduğunuz bölgenin etrafındaki gerginliği azaltın. Daha sonra bedeninizin her yanını tarayın ve saptadığınız bütün gergin noktaları gevşetip, rahatlatın.

Gevşemenin ardından bir kez daha acınıza odaklanın ve onu incelemeye devam edin. Acı neye benziyor? Bir rengi var mı? Bir şekli var mı? Sızlıyor mu, yanıyor mu, kaşınıyor mu? Büyük mü yoksa küçük mü? Tek bir noktada mı toplanmış yoksa dağınık mı? Keskin mi, yumuşak mı yoksa diken gibi batıyor mu? Derinde mi yoksa yüzeyde mi? Hareket ediyor mu? Hep aynı şiddette mi yoksa azalıp artıyor mu? Kısacık anlar için bile olsa tamamen yok oluyor mu?

İncelemenizin sonunda acının sabit durmadığını, değişken olduğunu keşfedeceksiniz. Yer ve şekil değiştirdiğini, bazen tamamen kaybolduğunu göreceksiniz. Acının sonsuza dek aynı şekilde sürüp gitmediğini kendiniz gözlemlemek içinizi rahatlatacaktır. Acıyı daha yakından tanımaya başladığınızda acı sizi daha az korkutacak ve onunla olan ilişkiniz değişmeye başlayacak.

Kimi zaman dikkati acıdan başka bir yere odaklamak da işe yarar. Bunu yaparken acıdan kaçmaya çalışmıyorsunuz. Acının varlığını görüyor ve kabul ediyor, ama dikkatinizi acının olmadığı yerlere yönlendiriyorsunuz. Yine başınızın ağrıdığını varsayalım. Ağrımayan yerler nereler? Bedeninizi tarayın ve dikkatinizi ağrımayan yerlerde gezdirin. Ayaklarınızdan başlayarak yukarı doğru çıkabilir, ağrıya yaklaştığınızda tekrar aşağı inebilirsiniz.

Yapabileceğiniz bir başka çalışma da ağrıyan yerinizi bir bebek gibi kucağınıza alıp, sevgi gösterdiğinizi hayal etmektir. Kendinize karşı daima şefkatli olmanız gerekir. Başkalarına gösterdiğiniz anlayış ve şefkati kendinizden esirgemeyin. Sevdiğiniz biri acı çekerken onu yargılamazsınız. Kendinize de aynı hassasiyeti göstermelisiniz. Sonuçta siz de sevdiğiniz birisiniz. Öyle değil mi?

Acı çekerken uyanık kalmayı başarırsanız, kendi hakkınızda çok şey öğrenebilirsiniz. Örneğin acı çekerken kendinizi yargılamaya meyilli olduğunuzu keşfedebilirsiniz. Veya acıya hiç aldırmıyormuş gibi yapmaya, çok güçlü görünmeye çalışıyor olabilirsiniz. Her ikisi de acıyı yok saymak ve acıdan kurtulmak için geliştirdiğiniz yöntemlerdir. Bunların bir işe yaramadıklarını görüp, terk etmeniz gerekmektedir.

Hiçbir koşulda, acıya onun size verdiğinden daha çok şey geri vermeyin. Bacağınız ağrıyorsa, bacağınız ağrıyordur. O kadar. Acıdan hoşlanmamak, acıyla ilgili korkulara kapılmak, acıyı yargılamak ve acı hakkında düşünmek, acıya onun size verdiğinden fazlasını geri vermektir. Acıyı çekmek yeterlidir.

Farz edin ki içinde bulunduğumuz salon çok soğuk ve siz soğuktan hiç hoşlanmıyorsunuz..."

"İşte donmaya başladım!" dedi Madam Bobogel. "Neler oluyor? Üzerime doğru buz gibi hava üfleyen klimalar devreye sokuldu, besbelli! Bunu bana neden yaptınız? Yoksa burada bir çeşit hipnoz mu yapılıyor? Sonsuz Işık'ın tek elçisi olduğum için telkinlere çok açık olduğum unutuluyor mu? Saf ve tertemiz varlığım kirletilmeye mi çalışılıyor? Sizde hiç kozmos korkusu yok mu?"

"Sakin olun sevgili madam" dedi Mama Nono. "Bu evde hiç klima yok ve salon bayağı sıcak. Lütfen nefesinize odaklanın, kendinizi hatırlayın ve uyanık kalın. Bedeninizi tarayın, üşümeyen yerlerinizi tespit edin."

Madam Bobogel yüzünü ekşitti, "Tuhaf, ama kutsal vücudumun büyük bir bölümü artık üşümüyor gibi" dedi. "Burada bir çeşit büyü mü yapılıyor? Sonsuz Işık'ın tek elçisi olduğum için büyülenmeye çok yatkın olduğum unutuluyor mu?"

"Sıradan zihin, konforunu bozan durumlara onlar daha gerçekleşmeden evvel itiraz eder ve onlara karşı direnmeye başlar" dedi Mama Nono. "Zihninizin size koyduğu sınırlar tecrübe alanınızı müthiş derecede kısıtlar. Soğuktan hoşlanmayan biriyseniz soğuk yerlere gitmemeye çalışır, olabilecek her şekilde soğuktan kaçınırsınız. İçinde bulunduğunuz ortam size konforlu gelen ısının birazcık bile altında olsa, acı ve ıstırap çekersiniz.

Bütün yaşamınızı size konforlu gelen alanlarda yaşamaya çalışmaktan ve hoşlanmadığınızı düşündüğünüz şeylerden kaçınmaktan vazgeçmelisiniz. Zihninizdeki sınırlar yüzünden kendinizi sayısız tecrübeden mahrum ediyorsunuz. Zihniniz size 'Çok soğuk' veya 'Çok sıcak' dediğinde hemen inanmayın. Durun, nefesinize odaklanın ve bedeninizi tarayın. Bedeniniz zihninizle aynı fikirde mi? Gerçekten üşüyor musunuz? Eğer gerçekten üşüyorsanız bütün dikkatinizi üşüme hissine verin ve onu inceleyin. Durum dayanamayacağınız kadar kötü mü? Yoksa zihninizin bir abartısıyla mı karşı karşıyasınız? Hemen karar vermeyin, ezbere tepki vermeyin. Size acı ve rahatsızlık veren şeylerle karşılaştığınızda onlardan kaçmaya, onları bastırmaya, onlarla dövüşmeye ve onları yok etmeye çalışmayın. Zihniniz soğuk havayı sevmemeye ve ona karşı direnmeye şartlanmış olabilir. Programın, şartlanmanın, devreye giren alışkanlık enerjisinin farkına varın."

Bu sırada Madam Bobogel nedense yine bana dik dik bakmaya başlamıştı. En sonunda dayanamayıp Mama Nono'nun sözünü kesti. "Zihnimin hoşuna gitmeyen durumlar karşıma çıktığında onlara derim ki..." dedi. "Defolun hoşuma gitmeyen durumlar! Bana gelmeyin! Karması kokuşmuş şu yazar bozuntusuna gidin! Hem, onun evinde yüzme havuzu var!"

"Yüzme havuzu mu?" diye sordum. "Bugün de bunu buldu! Her güne yeni bir eziyet icat ediyor!"

Mama Nono, aramızda geçen atışmalara aldırış etmedi ve anlatmaya devam etti:

"Zihin tutunduğu şeyleri bıraktıkça, zihne tutunan şeyler de onu bırakırlar" dedi. "Yılmadan ve vazgeçmeden yapılan doğru çalışmayla zihin yavaş yavaş onu şartlayan bütün düşünce ve duygulardan kurtulur.

Şuna çok dikkat etmenizi istiyorum: Çektiğiniz fiziksel acı sona erdiğinde hemen uykuya dalmayın. Bir ağrı veya acı çekerken size o durum sona erdiğinde, ağrı veya acı dindiğinde mutlu olacaksınız gibi gelir. Başka hiçbir şeye gerek yoktur, başka koşul ve ön şart yoktur. Başınız ağrıyorsa, mutluluk baş ağrısının olmamasıdır. Acının yokluğu mutluluk için yeterlidir.

Derken ağrınız diner ve ağrıyı çekerken kendinize söylediğiniz her şeyi unutursunuz. Ağrının yokluğu artık mutluluk için kendi başına katiyen yeterli değildir. Mutluluk için yine zihninizin hazırladığı o bildik listeye, yani 'hoşlandığım şeyler, hoşlandığım kişiler ve hoşlandığım durumlar' listesine körü körüne bağlı kalınması gerekmektedir.

Bundan daha azı zihninizi memnun etmeyecek ve o da sizin mutlu olmanıza izin vermeyecektir."

"Sevmek korkulu rüya yalnızlık büyük acı
Hangi kapıyı çalsam karşımda buruk acı."

Türkân Şoray

Düşünce Kimseyi Sevemez

"Sevdiklerinize iyi davranmak istersiniz" dedi Mama Nono. "Onlara karşı daha şefkatli olmaya ve sevginizi daha çok belli etmeye karar verirsiniz. Ne yazık ki bu düşüncenizi hayata geçirmeniz çok zor, hatta neredeyse imkânsızdır. Bunun nedeni çok basittir: Aldığınız kararlar düşüncelerden ibarettir. Sevgi, bir duygudur ve siz kendinizi o duyguya bırakmak yerine sevgi hakkında düşünür durursunuz.

Düşünce sevemez, sadece düşünebilir. Düşünmek, sevmek değildir ve sevdiğiniz bir insanı düşünmeniz, o insanı sevmekle aynı şey değildir.

Sevgi, zihin için bilinmeyen bir alandır. Sevgi çok yoğundur ve zihin onu kontrol edemez. Zihin sevgiyi ertelemeye çalışır çünkü sevginin zihni alt etme ihtimali vardır, zihnin yarattığı düzeni, kalıpları bozma ihtimali vardır, kargaşa yaratma ihtimali vardır. Bu yüzden zihin sevgiden korkar ve size 'Bugün sevmesen de olur, nasıl olsa yarın veya ertesi gün sevebilirsin' der. Sizi, sevginizde cimri olmaya teşvik eder. 'Çok sevgi göstermene gerek yok, çünkü diğer kişi yaşıyor. Bir hafta sonra da hayatta olacak, bir ay sonra da, gelecek yıl da' der.

Ve siz onun emirlerine boyun eğer, dediğini yaparsınız. Sevgi sözlerinizde ve düşüncelerinizde çok büyük yer tutar, ama kalbinizdeki gerçek yerine ulaşamaz. En yakınlarınız bile zamanla hayatınızın dekoru haline gelirler. Onlara dikkatinizi vermeyi, laf olsun diye değil de gerçek ve yürekten gelen sevgi ve şefkat dolu sözler söylemeyi, iltifat etmeyi hep bir sonraki güne bırakırsınız. Bir sonraki gün hiçbir zaman gelmez.

Problemlerinizin kaynağı zihninizdedir. Eğer zihninizi tanımaya, onun işleyiş mekanizmasını anlamaya ve onu eğitmeye çalışmazsanız sevgiyi tam olarak yaşayamazsınız, gerçek huzuru ve kalıcı mutluluğu bulamazsınız. Dışarıdan bakıldığında hayatınız kusursuz görünebilir, ama siz içeride bir şeylerin eksik olduğunu bilirsiniz.

Kendinizi uyandırmak sizin işinizdir. Bu işi hiç kimse sizin yerinize yapamaz. Anlattığım konuları anlıyor olmanız yeterli değildir. Çalışmaları yapmanız gerekiyor. Doktorunuzun yazdığı reçeteyi başucunuzda tutarak veya ezberleyerek iyileşemezsiniz.

İlacı yutmanız gerekiyor."

"Bende bir resmi var yarısı yırtık
Yıllardır evimin kapısı örtük
Garip bir de sarhoş oldu mu artık
Bütün sırlarını der yavaş yavaş."

B. Sıtkı Erdoğan

DÖRDÜNCÜ GÜN

Çıldırmış Bir Maymun Sarhoş Olursa...

Madam Bobogel'in tombul başından aşağı tombul bir ter damlası süzüldü. "Bu sıcakta klimaların çalıştırılmaması büyük bir skandal doğrusu!" diye söylendi müthiş derece keyifsiz bir sesle. "Sonsuz Işık'ın tek elçisi olduğum unutulduğu için bu karması kokuşmuş salonda yavaş yavaş erimeye mahkûm edildim. Kâinat bana karşı işlenen suçların hesabını elbette soracaktır."

"Haklısınız sevgili madam" dedi Mama Nono. "Bugün gerçekten sıcak bir gün. Ne yazık ki size dün de söylediğim gibi evimde klima yok."

Madam Bobogel hiç oralı olmadı. "Kursa katılım ücreti olarak bir servet ödedim, gel gelelim cimrilikten ötürü klimalar bile çalıştırılmıyor!" dedi ve homurdanarak ortamızdaki tepside duran kek tabağına doğru uzandı. Tabağın boş olduğunu görünce suratını iyice astı.

Sonra birden gözlerini benim tabağıma çevirdi ve henüz yemediğim kek dilimine odaklandı. Elimi tabağıma siper edip, kekimi koruma altına aldım. Kendisi en az dört beş dilim yemişti. Bense sadece incecik bir dilim kesmiştim ve şimdi onu da benden almak istiyordu!

Madamın açgözlü bakışlarına meydan okuyan bir bakışla karşılık verdim. Kekimi kanımın son damlasına kadar koruyacağımı anlamasını istiyordum.

"Size göre hava hoş!" dedi. Bir yandan da parmağının ucuyla tabakta kalan kek kırıntılarını toplayıp, büyük bir iştahla ağzına atıyordu. "Ne de olsa bir yüzme havuzunuz var..."

"Yanılıyorsunuz madam!" dedim sert bir tonla. "İki gündür nedense tek konunuz bu, ama rahat olun. Kıskanmanızı gerektirecek bir durum söz konusu değil, çünkü benim evimde yüzme havuzu filan yok!"

"Bir yüzme havuzunuz var diye hava atmanız çok abes doğrusu" dedi. "Kozmik kraliçelik günlerimde benim malikânemde de bir yüzme havuzu vardı." Birden gözleri buğulandı. Geçmişe dalıp gitti. Sonra ekledi: "Hem de kaydıraklı..."

Sessiz kaldım.

Toparlandı, bana döndü. "Bu sabah kursa gelmeden evvel havuzunuzda yüzüp, keyif çatmışsınız besbelli" dedi. "Ne yazık ki serin sularda yıkanmak da çürümüş balık kokmanıza mâni olamamış. Üzerinize çöken ezeli ve ebedi garibanlığa rağmen bir kitap yazmaya teşebbüs edecek kadar cüretkâr..."

Sözünü kestim. "Aramızda çürümüş balık gibi kokan biri varsa, o da siz olmalısınız madam!" dedim. "Bugün dördüncü günümüz, ama gördüğüm kadarıyla yine aynı kıyafetleri giymişsiniz. Sizce üzerinizi değiştirmenizin vakti gelmedi mi?"

Madam Bobogel bu soruyu işitince ilk kez gözlerini benden kaçırdı. Yüzü kıpkırmızı olmuştu. Yutkundu, başını önüne eğdi ve tabağında kalan kırıntılarla oynamaya başladı. Aramıza dehşetli bir sessizlik çökmüştü. Söylediklerimin çok ağırına gittiği belliydi. Birdenbire içimi büyük bir üzüntü kapladı, kendimden utandım ve böylesine incitici sözler söylediğim için çok pişman oldum. Üstelik kendime bu deliyi ciddiye almayacağıma dair defalarca söz vermiştim! Yine zihnime hâkim olamamış, öfkeme kapılıp mekanik tepkiler vermiş ve atışmanın dozunu kaçırmıştım. Mama Nono benim hakkımda kim bilir neler düşünüyordu. Herhalde onu büyük bir hayal kırıklığına uğratmıştım.

Bana uzun saatler gibi gelen birkaç dakikadan sonra sessizliği bozan Mama Nono oldu.

"Zihni kontrol etmek ne kadar zor!" dedi. "Size çıldırmış bir maymunun hikâyesini anlatmak istiyorum. Çıldırmış maymun, bütün maymunlar gibi doğası itibariyle huzursuz olan bir maymundu, ama başına gelen bazı talihsizlikler yüzünden büsbütün yoldan çıktı. Bir gün arkadaşları onu yakaladılar ve bol bol şarap içirdiler. Sanki yeterince huzursuz değilmiş gibi zavallıyı bir de akrep soktu. Akrep sokunca maymunun hali her zamankinden beter oldu. Hayvancağız acı içinde oradan oraya sıçramaya başladı. Başına gelen işler yetmezmiş gibi bir de içine şeytan girdi ve böylece maymun tamamen çıldırdı.

İnsan zihni bu maymuna benzer; doğası itibariyle sürekli aktif ve huzursuzdur. Bolca içtiği şarap, arzularıdır. Zaten yerinde duramayan zihin, arzularla dolup taşınca, kargaşası iyice artar. Zihni sokan akrep, kıskançlıktır. Kıskançlıkla zehirlendikten sonra zihnin başına son bir felaket daha gelir ve içine şeytan girer. Zihnin içine giren şeytan, kibirdir.

Zihnin etrafı izlediğini, etrafındaki kişilerin hayatlarını nasıl yönettiklerini gözlemlediğini ve onları taklit ettiğini ilk derste konuşmuştuk. Zihin içinde yaşadığı toplumdan, çevresini kuşatan kültürden, gelenek ve göreneklerden, aldığı terbiye ve eğitimden ve bazı başka dış faktörlerden belli unsurları seçer, bir araya getirir ve bir kayıt yapar. Yaptığı o kaydı sizin elinize teslim eder ve 'Bu sensin. Bunu iyi koru!' der. Siz, zihnin dediğine körü körüne inanır ve sizin için doldurduğu o kayda sımsıkı sarılırsınız. Onu çok önemser, her şeyin üstünde tutar, ona 'Benim kişiliğim, benim karakterim' dersiniz. Sonra da uykuya dalar ve hayatınızın çok büyük bir bölümünü uyurgezer olarak geçirirsiniz. Bütün tepkileri zihin tarafından önceden belirlenmiş mekanik hareketlerden ibaret olan bir uyurgezer...

Zihnin size 'Bu senin kişiliğin, karakterin' diyerek yutturduğu şey baştan sona uydurma, tesadüf eseri oluşmuş, sınırlı ve sahte bir kayıttan ibarettir. Bu yüzden ben ona 'sahte kişilik' diyeceğim çünkü o her anlamda sahtedir, kurmaca ve kandırmacadır. Siz ise onu kendiniz zanneder, ona bağlılık ve sadakat yemini eder, ömrünüzü ona hizmet ederek, onu korumaya ve yüceltmeye çalışarak geçirirsiniz.

Sahte kişilik, siz çocukken içinize yerleşen alışkanlıklar tarafından yönlendirilir. Onun 'alışkanlık enerjisiyle' çalışan davranış biçimlerinden oluşan sınırlı bir repertuvarı vardır ve siz, tekrar edip duran bu sınırlı repertuvarın dışına çıkamazsınız. Size bir özgür iradeniz varmış gibi gelir, oysa kapana kısılmış, 'sahte kişiliğin' sınırlarının içine hapsedilmiş bir haldesinizdir ve her şey mekanik işlemektedir.

Siz, dünyayı size zihniniz tarafından dayatılan bu sahte kişiliğin gözünden görür, yorumlarsınız. Bütün hayatınızı sahte kişiliğin istek ve ihtiyaçlarını karşılamaya çalışarak geçirirsiniz. Sahte kişilik sizin yerinize düşünür, sizin adınıza konuşur ve sizin yerinize hareket eder.

Siz, sahte kişilik değilsiniz. Şu anda uykudasınız ve kendi adınıza hareket etmekten tümüyle âcizsiniz. Durumunuzu bütün çıplaklığıyla görebilmeniz için patronu uyandırmanız gerekiyor. Hayatınızı sizin yerinize yaşayan sahte bir kişiliğin eline teslim etmiş olduğunuzu ve iradeden yoksun olduğunuzu görebilmeniz için öncelikle kendinizi tam olarak tanımanız gerekiyor. Bunu başarabilmek için cesur olmanız, kendinize karşı amansızca dürüst olmanız lazım.

Kendinizi olduğunuz gibi -olmayı dilediğiniz gibi değil, başkalarının önünde rol yaptığınız gibi değil ve hayalinizde canlandırdığınız gibi de değil- tam neyseniz o şekilde görmeniz gerekiyor. Bu, çok hoş bir manzara değildir. Çoğunlukla kaba saba, hatta zalim olduğunuzu göreceksiniz. Size delilik gibi gelecek ve başta sizi çok rahatsız edecek, hatta korkutacak. İnsanlar kendilerini tanımayı çoğunlukla şu nedenden ötürü istemezler: İçeriye baktıklarında gördükleri şeyler fazlasıyla şok edici, bunaltıcı, katlanılamaz ve yürek parçalayıcıdır."

Madam Bobogel lafa karıştı. "Çok eziyetli bir işe kalkışıyoruz, besbelli" diye homurdandı. "Ödülüm ne olacak?" diye sordu. "Sahte olandan kurtulmanın karşılığında ne ödül alacağım?"

Mama Nono, "Sahte olandan kurtulmak yeterince iyidir sevgili madam" dedi. "Bu tıpkı temiz olmak gibidir; kendi kendinin ödülüdür.

Gelin, ömrünüz boyunca kendinizi o zannettiğiniz şu sahte kişiliğe yakından bir bakalım çünkü ondan serbest kalabilmeniz için önce onu iyi tanımanız gerekiyor. Sizi içeriye kilitlemiş olan kapıyla, dışarıya bırakacak olan kapı, aynı kapıdır."

"Hani bendim yedi renk, hani tende can idim
Hani gündüz hayalin, geceler rüyan idim."

Turgut Yarkent

İnsan En Az Kendini Tanır

"Her insanın zihninde muhakkak kendisiyle ilgili bir imge vardır ve her insan o imgenin kesin, doğru ve isabetli olduğuna inanır. Ne yazık ki gerçek bundan çok uzaktır. Gerçekte, insanın en az tanıdığı kişi kendisidir. Kendinize dair bildiğinizi zannettiğiniz şeylerin çok büyük bir bölümü hatalıdır. Duygularınızı doğru anlamazsınız, zihninizde oluşan düşünce kalıplarını tanımazsınız; kendi sesinizi bile tanımaz, hatta duyunca şaşırır ve rahatsız olursunuz. Kendinizi tanımaya ve anlamaya çalışırsanız elinizdeki verilere başvurursunuz, ama o verilerin tamamı sübjektif ve hatalıdır. Dolayısıyla ulaştığınız neticelerin tümü de hatalı olur.

İnsanın zihninde kendine dair bir duygusal, fiziksel ve entelektüel imge vardır, ama bunlar son derece yanlış, çarpık, hatalı imgelerdir. İnsan gerçekte neye benzediğini, çevresindekilerin onu nasıl gördüğünü hiç bilmez. Genelde yakın çevresi, onu kendisini tanımladığından daha doğru tanımlar. Üstelik insanın olduğunu zannettiği şey, olmayı hayal ettiği şey ve gerçekte olduğu şey birbirinden çok farklıdır. Sürekli çatışan bu imgeler, insanın kendini üstün hissedip kibirlenmesi veya aşağılık hissine kapılıp kendini küçük görmesine yol açar. İnsan ömrü boyunca bu iki uç arasında bir sarkaç gibi gidip, gelir.

Bir insanın kendisi hakkında hiçbir şey bilmediğini görmesi, anlaması ve bu gerçeği içine sindirip kabul edebilmesi çok güçtür. Aslında insanın bundan şüphelenmesi bile son derece zordur. Kişinin kendini tanıma yolunda atacağı ilk adım, kendini hiç tanımadığını cesurca ve samimiyetle itiraf etmesi ve bu gerçekle yüzleşmesidir.

Kendinizi hiç tanımamanızın en önemli nedeni, kendinizi asla izlememiş olmanızdır. Siz daima başkalarıyla ilgilenirsiniz. Diğerlerini izlemek dururken kendinizi izlemek aklınıza bile gelmez, bunu hiç umursamazsınız. Size, ihtiyacınız olan her şey bir başkasında varmış gibi gelir. Trajik olan şey şudur: Başkası da ihtiyacı olan her şeyin sizde olduğunu zanneder. Bu zincirleme bir kazaya dönüşür ve tüm insanlar ömürlerini birbirlerini izleyerek, birbirlerinin peşinden koşarak geçirirler. Hiç kimse durup kendine bakmaz.

Bu yüzden insanların başkaları hakkındaki fikirleri, kendileri hakkındakilerden daha isabetlidir. Bunun doğru olup olmadığına bir bakalım. Gevşeyin, nefesinize odaklanın ve çok iyi tanıdığınız birini düşünün, bütün dikkatinizi ona yöneltin. Eşiniz, sevgiliniz, anneniz, kardeşiniz, çok yakın bir arkadaşınız veya çocuğunuz...

Şimdi, o kişiyle ilgili objektif ve dürüst bir soruşturmaya başlayalım. İçinizden şu soruların yanıtlarını vermeye çalışın: Seçtiğiniz kişinin en büyük hayali nedir? Güvenilir biri midir? Hiç yalan söyler mi? Sadık bir dost mudur? Ciddi midir? Zeki midir? Bencil midir? Tembel midir? Hayatta olmak istediği yerde midir? Kendini şımartan biri midir? Kendini beğenmiş midir? Bütün kalbiyle sevdiği biri var mıdır? Uğrunda her şeyi göze alacağı, kendini büyük tehlikelere atacağı biri var mıdır? Hayatının bir anlamı, bir amacı var mıdır? Ölürken ona yaşaması için ekstra bir yıl verseler, bu süreyi nasıl kullanır? Hayata karşı kızgın veya kırgın mıdır? Topluma herhangi bir şekilde faydalı mıdır? Bir gününü nasıl geçirir? Gece uyumadan evvel gününü gözden geçirir mi yoksa hiç umursamadan uykuya mı dalar? Başkalarının onun hakkında neler düşündüğü sorulsa, isabetli bir şekilde yanıtlayabilir mi? Kafası karışık mıdır? Eleştirildiği zaman öfkelenir mi? Kendine karşı nazik, şefkatli ve sevgi dolu mudur? Hatalı olduğu zamanlarda özür dileyebilecek kadar güçlü müdür? Genellikle keyifli mi yoksa sıkıntılı mıdır? Nefret ettiği birileri var mıdır? Nefret ettiği kişileri sözleriyle bir yılan gibi soktuğu olmuş mudur? Hiçbir zaman kendisinin nasıl bir insan olduğunu merak edip, kendisini izlemiş midir?

Soruları, seçtiğiniz kişiyi düşünerek yanıtlamayı bitirdikten sonra kendinize yöneltin. Kendinize karşı olabildiğince dürüst ve objektif olmaya çalışın. Kendinizi yargılarken, başkalarını yargılarken başvurduğunuz aynı kanıtlara başvurmanız ve aynı yöntemleri uygulamanız gereklidir. Kendinize dair sahip olduğunuz imgeleri bir kenara koymalı, sübjektif fikirlerinizi tamamen terk etmelisiniz. Aksi takdirde bugüne kadar hep yapmış olduğunuz gibi kendinizi kandırmaktan başka bir sonuç elde edemezsiniz.

Sahte kişilik rastlantısal bir şeydir, dışsal etkilerle oluşur. Zihninizin üzerine yapışan bir grup düşüncelerden ve tepkilerden ibarettir. İnsan, onu gerçek zanneder, kendisi zanneder ve sahte kişiliğin içine sıkışır, hapsolur. İnsanın ıstıraplarının esas kaynağı, sahte kişiliğe yapışıp tutunması ve onu hayatının en önemli, en kıymetli şeyi haline getirmesidir.

Sahte kişilik bir illüzyondan ibarettir, kandırma gayretidir. O yalnızca başka insanların ihtiyaçlarını gidermek için yaratılmıştır. Kibar, zarif, ince, rafine, terbiyeli ve derin olmaya çalışır. Zaman içinde kendine yeni dekorlar, yeni süsler de yaratır. Kendini allayıp pullamakta üstüne yoktur. İnsan, kendisinin sahte kişilik olduğunu zannettiği ve onun şekline büründüğü için sahte kişilik de gerçekmiş gibi görünür. Nasıl bir çömleğin içindeki boşluk çömleğin şekline, hacmine ve kokusuna sahipmiş gibi görünürse, sahte kişilik de gerçekten varmış gibi görünür. Tabii, bunu idrak etmek çok zorlu bir iştir.

Kişiliğinizin sahte olduğunu, zihninizin uydurmacası olduğunu ve sizi kısıtlamaktan, mutsuz etmekten başka hiçbir işe yaramadığını anladığınız zaman, özgürlüğe doğru büyük bir adım atmış olursunuz.

Kendinizi bildiniz bileli elinizi yumruk yapmış, sıkmış ve ömür boyu öyle gezmiş ve yumruğunuzun içinde bırakamayacağınız kadar hayati önem taşıyan bir şey olduğunu zannetmişsinizdir. Yumruğunuzu o kadar sıkmışsınızdır ki eliniz acımış, elinizin acısı kolunuza kadar çıkmış, gerginlik bütün vücudunuzu kaplamıştır. Yıllar bu şekilde akıp geçmiştir. Bir gün unutur ve yumruğunuzu açıp bakarsınız: Avucunuz bomboştur!

Eğer sahte kişiliğin kölesi olmaktan kurtulmak istiyorsanız, böyle bir kişinin aslında var olmadığını anlamanız gereklidir. Size baskı yapan, sizinle oyunlar oynayan, her buyruğunu yerine getirdiğiniz o kişi yalnızca bir anılar ve alışkanlıklar demetidir. Bu gerçeği görmeniz, tüm şartlanma ve koşullanmalardan özgür kalmayı arzu etmeniz ve cesurca harekete geçmeniz gerekmektedir.

Burada mısınız? Ya sen sevgili okur?

Eğer herkes buradaysa, sahte kişiliğin özelliklerini hep beraber inceleyelim..."

"Sevil de sevme, ağlama ağlat
Yoksa zehrolur bu tatlı hayat."

Turgut Yarkent

Sahte Kişiliğin Belirgin Özellikleri:

Bencildir

"Neredeyse her durumda bencilce davranma dürtüsü o kadar içinize işlemiştir ki çoğu zaman bu şekilde hareket ettiğinizin farkına bile varmazsınız" dedi Mama Nono. "Bencilliğiniz, alıştığınız için artık duymadığınız bir arka plan gürültüsü gibi kesintisiz olarak devam eder. Sahte kişilik sayıklarcasına şu soruları tekrarlar: Bana ne faydası var? Benim ne işime yarayacak?

Çocuklarda bencillik daha yüzeydedir. Pastayı kesme görevini bir çocuğa verecek olursanız, kendisi için daha büyük bir dilim keser ve pastanın süsünü de kendi tabağına alır. Bilge anneler çocuklardan birine pastayı kestirir ve ilk dilimi seçme hakkını diğerine verir. Bunu gören çocuk, bir dahaki sefere pastayı eşit olarak dilimleyecektir.

Olaylara ve kişilere yaklaşımınızda çok bariz bir tavır ortaya koyarsınız: Diğerleri de önemlidir tabii, ama siz daima bir parça daha önemlisinizdir. Çevrenizdeki her şey sizin mutluluğunuza hizmet etmek zorundadır. Dünyayı dost ve düşman olarak ikiye böler, bu şekilde algılarsınız. Bir kişiyi sevip sevmemeniz genellikle onun size kendinizi nasıl hissettirdiğine bağlıdır. Size kendinizi iyi hissettiren kişileri dost, kötü hissettirenleri düşman ilan edersiniz. Elbette bunlar da sabit kalmaz, sürekli değişirler, çünkü başkalarının tavırları değişkendir. Bir gün sizi memnun eder, ertesi gün canınızı sıkacak bir şey yaparlar. İyiler kötüye, kötüler iyiye dönüşür. Sevgiliniz düşmanınız, düşmanınız dostunuz oluverir. Sevdiğiniz ve sevmediğiniz şeyler hakkındaki fikirleriniz çok katı ve serttir. Zihninizdeki bu iyi-kötü ayrımı hayvanlar için bile geçerlidir. Köpekbalıkları kötüdür, filler iyidir. Tavus kuşları güzeldir, sinekler çirkindir.

Birisine 'Seni seviyorum' dersiniz, ama bu sözlerin gerçek anlamı 'Beni memnun ediyorsun' olarak değerlendirilmelidir. Bir ilişkide karşınızdaki sizin beklentilerinize uyacak şekilde hareket ettiği sürece kendinizi ona yakın hissedersiniz. Anneniz ve babanız sizi eleştirmedikleri, sizden bazı taleplerde bulunmadıkları ve sıkıcı olmadıkları zaman iyidirler. Sevgiliniz sorun çıkardığı zaman, sıkıcı olduğu zaman, ilişki sizin istediğiniz biçimde olmadığı zaman ona karşı duygularınız hemen zedelenir. Çevrenizdeki kişilerin davranışlarını sizi memnun edecek şekilde değiştirmeye, onları kendinize daha uygun hale getirmeye çalışırsınız.

Şunları kendinize samimiyetle sorun: Sevdiğiniz bir kişi sizin hoşunuza gitmeyen hareketler yaptığında kendinizi nasıl hissediyorsunuz? Onun hakkında neler düşünüyorsunuz? Duygularınız ne yönde değişiyor? Size aptalca gelen fikirler ortaya attıklarında neler düşünüyorsunuz? Giyim zevklerini, müzik zevklerini ve başka beğenilerini berbat bulduğunuz zamanlarda neler düşünüyorsunuz? Onlara karşı duygularınız ne yönde değişiyor? Çocuklarınız yaramazlık yaptıklarında, sorumsuzca davrandıklarında onlar hakkında neler düşünüyorsunuz? Sizin istediğiniz gibi olmadıkları, sizi hayal kırıklığına uğrattıkları zamanlarda onlara karşı aynı yakınlık duygusunu hissedebiliyor musunuz?

İnsanoğlu bilinçli veya bilinçsiz bir şekilde kendisine faydası dokunan, kendinden üstün olduğuna inandığı insanlara karşı mütevazı, kendinden aşağı olduklarını düşündüğü kişilere karşı ise hor gören bir tavır sergileme eğilimindedir. Tevazu, sahte kişiliğin kendini koruma yöntemlerinden biridir. Mütevazı birinin başı daha az derde girer. Kendini göstermek yerine saklayan kişilik, güvende ve korunaklı olur. 'Ben bir hiçim. Beni önemsemeyin' diyen kişiye dikkatli bakın. Kendisi farkında olsun ya da olmasın, bu sözleri ona söyleten sahte kişiliğidir. Sahte kişiliğine duyduğu büyük aşk, insanı onu korumak için çeşitli taktikler geliştirmeye iter. Tevazu da bunlardan biridir.

İnsanlar her türlü bağla, kanla, gururla, korkuyla, umutla, servetle, şehvetle, nefretle, hayranlıkla, her durumla birbirlerine bağlıdırlar, fakat sevgiyle değil. Sahte kişilik neredeyse her zaman ve her durumda kendi mutluluğunu öne koyar. Bu yüzden ipler onun elinde olduğu sürece insan başkalarıyla gerçekten sevgi ve şefkat temelli bir ilişki kuramaz.

Hayatınızda çok büyük bir yer tutan, sürekli peşinden koşup kovaladığınız aşk bile sahte kişiliğin ihtiyaçlarını karşılamaktan öteye gitmeyen, bencil bir duygudur. 'Ben' sevgisi aşk ilişkilerinizde de göze batacak kadar ön plandadır. Bunu saptamak için büyük araştırmalara girmenize gerek yok. Aşk şarkılarının sözlerine şöyle bir göz atmanız yeterlidir: 'Gitme, sana muhtacım. Sana ihtiyacım var. Sensiz yaşayamam. Senden başkasını sevemem' gibi...

Sahte kişilik, karşıdakinden ne tür hizmetler beklediğini ve onun kendisine neler vermesine ihtiyaç duyduğunu madde madde sıralar ve bunu karşıdakine –ve kendine– sevgi olarak yutturmaya çalışır.

Kırılgandır

Sahte kişilik çok hassastır. Birisi size belli bir şekilde baksa veya biraz gülümsese bile etkilenir. En ufak bir iltifatla havalanıp uçar ve en ufak bir eleştiriye sinirlenir, morali bozulur.

Küçükken öğretmeniniz size kötü bir söz söylemiştir; tembel veya aptal demiştir. Üstelik bunu, bütün sınıf arkadaşlarınızın önünde yapmıştır. Üzerinden yıllar geçer, ama sahte kişilik bunu hatırlamaya devam eder. Diğer herkes unutur, ama sahte kişilik unutmaz. Günler, geceler, aylar, hatta yıllar boyunca hakarete uğradığı o anı hatırlar. Birisi size bir yumruk atsa fiziksel acınız kısa sürede geçer, ama sahte kişiliğin yarası bir türlü iyileşmez. Küçük düşürülmüştür!

Sahte kişilik öyle alıngandır ki insanların küçücük bir şey uğruna hayatlarını boşa harcamalarına neden olabilir. İnsanlar sırf birisi onlara hakaret etti diye katil bile olabilirler, tüm yaşamlarını çöpe atabilirler. Siz, kendinizin efendisi olduğunuzu zannediyorsunuz, oysa sizi yöneten sahte kişiliktir. Karşılaştığınız her duruma sahte kişiliğin ezberindeki otomatik ve mekanik tepkileri vermek zorundasınız. Biri size hakaret ettiği zaman kızmak zorunda kalırsınız. Karşınızdaki iyiyse, siz de iyi olursunuz; o kötüyse, siz de kötü... Birisi düğmenize basar ve siz anında otomatik tepkinizi verirsiniz. Mekanizma böyle basit, öngörülebilir bir şekilde işler. Düğmeye basınca, ışığın yanması gibi... Uykuda olan bir insanın tepkisi rahatlıkla öngörülebilir ve çok basit bir şekilde yönlendirilebilir. Herkes, sizi kolayca mutsuz edebilir, kızdırabilir, vahşileştirebilir, hatta belki delirtebilir.

Diğer insanların durumu da sizinkinden hiç farklı değildir. Birine kibarca bakarsanız, kibarlaşır. Kötü bakarsanız, bir anda canı sıkılır. Size mekanik olarak kızar, çünkü ona ters bir şekilde bakmışsınızdır. Bu mekanizma sadece sizinle değil, komşusuyla da aynen böyle işler. O komşu da bir başkasıyla aynı şeyi yaşamaktadır ve zincir böylece sürüp gider.

İnsan, mekanik olarak işlediğinin farkına varmadığı müddetçe başkaları tarafından kolayca maniple edilir ve başkalarının tavırlarının bir kölesi olarak kalır. Kendinizi hatırlamaz ve sahte kişiliğin sınırlarının dışına adım atmazsanız görmediğiniz, bilmediğiniz ve üzerinde hiçbir kontrolünüzün olmadığı alışkanlıklar tarafından yönetilmeye mahkûm olursunuz.

Başkalarının Beğenisine Muhtaçtır

Sahte kişilik hiç durmadan şu soruları yineler: 'Bana ihtiyaç var mı? Seviliyor muyum? Beğeniliyor muyum?' Başkalarının pohpohlamasına, alkışlarına, iltifatlarına ve olumlu kanaatlerine ihtiyaç duyduğu için daima onaylanma peşindedir, daima tedirgindir. Beğenildiğinden ve takdir edildiğinden emin olduğu zamanlarda bile rahatlayamaz çünkü insanların beğenilerinin değişken olduğunu iyi bilir. Bugün her şey yolundadır, herkesin beğenisini kazanmıştır. Ama yarın ne olacaktır?

Ne kadar beğenilirse beğenilsin, sahte kişilik asla beğenilmeye doymaz. O yetinmeyi bilmez, onun isteklerinin ölçüsü ve sınırı yoktur. Yüz kişiden doksan dokuzu ona hayranlıklarını sunsa, kendisiyle ilgilenmeyen o bir tek kişiye takar ve ondan da onay almadan huzur bulamaz.

Sahte kişilik varlığını sürdürebilmek için hem sizin ona sıkıca sarılmanıza hem de dışarıdan destek görmeye muhtaçtır. İlgi merkezi haline gelebilmek için talihsizliklere uğramaya, hasta olmaya, depresyona girmeye bile razı olabilir çünkü bu tip durumların herkesin ona iyi davranması, her istediğinin yerine getirilmeye çalışılması gibi bazı avantajları vardır.

Bilge anneler, çocukları hastalandığı zaman onlara normalden fazla ilgi göstermezler. Hastalığı tedavi etmek için gereken her şeyi yaparlar ve çocuklarına her zamanki gibi şefkat ve sevgi gösterirler, ama daha fazlasını yapmazlar. Çocuğa hastalık zamanında aşırı dikkat yöneltilirse, çocuğun zihni hastalıkla ilgi görmek arasında bir bağlantı kurar ve ona göre programlanır.

Arzularının Kölesidir

Sahte kişilik açgözlüdür. Hayattan talepleri vardır. Hayat, iyi ve güzel olan her şeyi sahte kişiliğe vermek zorundadır. O, bu hayata mutlu edilmek için gelmiştir.

Sahte kişilik, tüm vaktini şunu bunu isteyerek geçirir. Para ister, güç ister, şöhret ister, saygınlık ister. Bunlara sahipse, daha fazlasını ister. İstediklerini henüz elde edememişse, gelecekte elde etmek üzere planlar yapar. Bugün eli boştur, ama yarın ona arzu ettiği şeyleri getirecektir. Yarınlar gelir geçer, ama arzular bir türlü tatmin edilemez. İstenilen her şey alınsa bile isteyen zihin yapısı değişmediği için yangın söndürülemez. Gerçekte tüm acılar, korkular ve sıkıntılar bu sıradan zihnin açgözlü yapısından doğar. Sahte kişiliği tatmin edebilmek için onun istediklerini elde etmeye çalışmak, susuzluğu gidermek için tuzlu su içmeye benzer. Arzuların asla sonu gelmez.

Büyük arzular, onlara kavuşmak çok zor olduğu için ıstırap verirler. Bir insanın 'dünyanın en zengin kişisi olmak' gibi bir arzusu varsa, onu kovalarken acı çekeceğini öngörmek çok zor değildir. Asıl gözden kaçan, küçük ve önemsizmiş gibi görünen arzulardan kaynaklanan ıstıraptır. Alışverişe çıkıp ihtiyacınız olmadığı halde bir çift ayakkabı daha alırsınız, rejimde olduğunuz halde çikolata yersiniz ve çalışmanız gerektiği halde günün büyük bölümünü oyun oynayarak geçirirsiniz. Size o anda olmasa da sonradan ıstırap çektirecek olan tüm bu davranışlarınızın arkasında küçük ve masum görünen arzular vardır.

Sahte kişiliği yakından tanımaya ve onun arzuları yüzünden nasıl ıstırap çektiğinizi görmeye başladığınızda keyifli ve güzel şeylerden vazgeçmeniz gerekmeyecek. Yine dondurma yiyecek, yine alışveriş yapacaksınız, ama zihninizde mutluluğu onların varlığı ve mutsuzluğu da onların yokluğu ile bağdaştırmayı bırakacaksınız. Dondurma varsa ondan yine keyif alacaksınız, ama dondurmanın yokluğu size acı çektiremeyecek.

Kendini Yere Göğe Sığdıramaz

Aynaya baktığınızda karşınızda sorunlarla, sıkıntılarla dolu sıradan bir insan değil, özel, önemli ve her anlamda güçlü birini görmek istersiniz. Ne yazık ki isteklerinizle gerçek manzara çoğu zaman örtüşmez. Mutlu bir insan olmak istersiniz, ama sürekli bir mücadele içindesinizdir. Şefkatli olmak istersiniz, ama bencillik hep ağır basar. Zarif olmak istersiniz, ama kibriniz sizi kaba ve duyarsız kılar. Hastalık ve ölümden muaf olmak istersiniz, ama bu elbette olanaksızdır. Olduğunuz şeyle olmayı hayal ettiğiniz şey arasındaki uçurum size azap çektirir.

Kendinizi müthiş derecede beğenir, herkesten daha özel ve daha önemli bulursunuz. Diğer insanların bunu görememesi sizi hayrete düşürür. El üstünde tutulmanız gerekirken genellikle hiç takdir edilmeden bir kenarda kalırsınız. Kendinizi koyduğunuz yüksek seviyelerden düşmek, sizde büyük bir utanç duygusu yaratır. Gerçekte, ortada bir düşüş yoktur. Siz kendinizi ölçmüş, kendinize hayali bir değer biçmiş ve kendinizi var olmayan bir kaidenin üzerine yerleştirmişsinizdir.

Yani, olmayı hayal ettiğiniz kişi olamadığınızı düşünmeniz ve bu yüzden ıstırap çekmeniz bile sahte kişiliğin kendini beğenmişliğinden kaynaklanır.

Olmayı hayal ettiğiniz kişi olamadığınız, dünyadan beklediğiniz, hatta doğuştan gelen hakkınız olduğuna inandığınız takdir ve beğeniyi elde edemediğiniz zaman kırılır, içinize kapanır ve ulaşılamaz hale gelirsiniz. Böyle durumlarda bazen dünya sizi öyle gördüğü için değersiz ve önemsiz biri olduğunuza kanaat getirir, kabuğunuza çekilir ve yalnız başınıza ıstırap çekersiniz. Kimi zaman da hayal kırıklıklarınız sizi her şeye karşı umursamaz, soğuk ve alaycı tavırlar takınmaya veya sahte tevazu numaraları yapmaya sevk eder.

Birçoklarının ömrü iki uç arasında -yeryüzündeki en mükemmel, en özel insan olduklarını düşünmek ve hiçbir işe yaramayan, berbat kişiler olduklarını düşünmek- gidip gelerek geçer.

Kimileri de kendilerini sürekli meşgul tutarak, bir dakika bile boş durmadan çalışarak kendilerine ve dünyaya 'çok önemli kişiler' olduklarını ispat etmeye çalışırlar. 'Ben olmasam her şey mahvolur, darmadağın olur' diye düşünürler. Oysa onlar yokken dünyanın durmadığını, gayet güzel dönebildiğini görmeleri için kısa bir hastalık dönemi bile yeterlidir. Bizzat yapmak zorunda olduklarına inandıkları birçok iş ya başkaları tarafından yapılır, ya ertelenir ya da hiç yapılmaz, yani listeden tamamen silinir.

Bütün bunlar sahte kişiliğin sizin üzerinizdeki hâkimiyetini korumak ve güçlendirmek için uyguladığı çeşitli taktiklerdir. İnsanın durup kendisine, davranışlarına, düşüncelerine ve duygularına dikkatlice bakması ve sahte kişiliğin elinden kurtulmak için çabalaması gerekmektedir.

Sabırla, dürüstçe, cesaret ve samimiyetle çalışarak sahte kişiliğin maskesini indirebilir, çok büyük bir özgürlük kazanabilirsiniz. Bu çalışmayı da kendinize şefkatle yaklaşarak, kızmadan ve yargılamadan sürdürmelisiniz. Hiçbir zaman, hiçbir koşulda kendinize zorbalık etmemelisiniz.

Herkes hâlâ burada mı?

Güzel!

Şimdi bir de sahte kişilikle olan ilişkinize ve onu nasıl değiştirebileceğinize bakalım..."

"Ölüyorum kederimden
El içine çıkmaya yüzüm kalmadı
Ömrüm hiç gibi geçti
Derdin ne diye soran olmadı."

Mustafa Sayan

Çıplak Kral Sizsiniz

"Sıradan zihne teslim olan insan, kendini sahte kişiliğin bir kölesi olarak bulur" dedi Mama Nono. "Sahte kişilik davranışların, duygusal ve düşünsel faaliyetlerin kontrolünü tamamen ele geçirir. O, toplum tarafından şartlanarak oluştuğu için mutluluğa para ve güç kazanarak ulaşılabileceğine inanır. Sahte kişilik zihnin gerçek doğasının kişiye kalıcı bir mutluluk getirebileceğini bilmez ve kendini tanımaya çalışmak hiç aklına gelmez. İnsan zihninin içinde keşfedilmeyi bekleyen sayısız mücevherler vardır, ama sahte kişilik bunu anlayamaz ve zihniyle katiyen ilgilenmez. Onun gözü hep dışarıdadır. Bütün dikkatini dışarıdaki dünyaya yöneltir ve kendini tatmin edecek şeyleri orada arar durur.

Sahte kişiliğin eline düşen kişi, kendi zihninde gömülü duran hazinelerden bihaber vaziyette, çaresizce dolaşır. Bu haliyle, gerçekte bir krallığın vârisi olduğunu unutmuş bir dilenci gibidir. Bir taraftan her şeyi ister, diğer taraftan hiçbir şeyi hak etmediğini düşünür. Kendilerinden çok eminmiş gibi görünen birçok kişi aslında özgüvenden tamamen yoksundur. Onlar enerjilerini ve zekâlarını bütünüyle başkalarını etkilemeye adamışlardır. İçinde bulundukları trajik durumla yüzleşecek cesareti ve gücü bulamazlarsa, hayatları sahte kişiliğin hizmetinde heba olur."

Mama Nono bir an durdu, gözlerini üzerimizde gezdirdi. Uyanık olup olmadığımızı, anlattıklarını takip edip etmediğimizi kontrol ediyordu. Duraklamasını fırsat bildim, "Anlayamıyorum!" dedim. "Bana, her şeye rağmen kişiliğin bir maksadı olmalı gibi geliyor ve sahte kişiliğe dair söylediklerini ister istemez sorguluyorum."

"Gülünç bile olmayan budalaca yorumlarınızla yine dersi rezil ettiniz Berrak Hanım" dedi Madam Bobogel. Kendine gelmiş, sabah yaşadığı şoku atlatmış gibi görünüyordu. "Zaten çıldırmış bir maymun gibiydiniz, şimdi bir de içinize şeytan girdi. Bu gariban halinize rağmen bir kitap yazmaya kalkışacak kadar cüretkâr bir sahte kişiliğiniz var. Çok yazık!"

Kıyafetleriyle ilgili kırıcı sözler sarf ettiğim için hâlâ pişmandım ve onunla bir kez daha atışmaya hiç niyetim yoktu. Derin bir nefes aldım ve hiç cevap vermedim. Gülümsemekle yetindim.

"Sorgula elbette!" dedi Mama Nono. "Anlatılan şeyde hakikat varsa senin tarafından sorgulanmaktan korkmaz. Eğer gerçekse gerçektir; senin ona körü körüne inanmanı beklemez ve istemez. Gerçeğin inananlara ihtiyacı yoktur."

Başımı sallayıp, onayladım.

"Kişilik nasıl meydana gelir?" diye sordu.

Yanıt veremedim.

"Bellekle!" dedi, devam etti: "Kişilik, şimdiyi geçmişle özdeşleştirip onu geleceğe yansıtarak oluşur. Sahte kişilik geçmişten gelir. Sıradan zihnin şimdiki zamanda var olamadığını, yalnızca gelecekte veya geçmişte yaşayabildiğini konuşmuştuk. Sahte kişilik, birikmiş geçmiştir. Bildiğin, tecrübe ettiğin, okuduğun, öğrendiğin ne varsa, geçmişte başına neler geldiyse, hepsi birikir ve sahte kişiliği meydana getirir. Senin bir geçmişinin veya geleceğinin olmadığını, varlığının yalnızca bir an sürdüğünü varsayalım. O zaman sahte kişilik erir ve kaybolur. Sahte kişilik kaybolursa bütün sorunlar sona erer çünkü onunla birlikte para, güç, mevki gibi arzular sona erer. Sürekli isteyen ve her şeyi isteyen 'ben' kaybolunca, mutluluk ve huzur kendiliğinden ortaya çıkar.

Seninle ilk karşılaştığımız gün, 'ben' diye adlandırdığın kişiyi aramış, bulamamıştık. Kuşkusuz, sahte kişilik de senin 'ben' diye adlandırdığın şey değildir. Senin gerçek benliğin –adına bilinç, ruh, öz veya benim dediğim gibi patron ne istersen diyebilirsin– uyanık olduğu sürece sahte kişiliğe ve onun mekanik davranışlarına ihtiyacın yoktur. Hem sıradan zihninin, hem de sahte kişiliğinin üzerinde olan, her ikisini de izleyen gerçek varlığın uyanık olduğu sürece sahte kişiliğin ezberlediği kalıpların içine sıkışıp kalman, aynı durumlara milyonlarca defa aynı tepkiyi vermek zorunda kalman gerekmez.

Sen uyanıksan ve gerçek benliğin oradaysa, sahte kişiliğe gerek yoktur. Dikkat geldiğinde sahte kişilik devre dışı kalır. Sahte kişilik her durum karşısında alışkanlık enerjisinden doğan bildik tepkilerini verir; bilinç ise durumun gerektirdiği yanıtı verir. Taptaze, canlı bir yanıt... Sahte bilinç durgundur, bir kirli su havuzu gibidir. Bilinç ise gürül gürül akan bir nehirdir.

Kendini sahte kişilik zannetme yanılgısının bütününe 'ego' diyelim. Şöyle de düşünebilirsiniz: Gerçek benliğinizi sahte kişiliğinize yapıştıran bir tutkal vardır, buna 'ego' diyelim. Yani, bir insan sahte kişiliğe ne kadar sıkı sıkıya yapışmışsa, egosu o kadar yüksektir. Egosu yüksek olan kişi doğal olarak bütün ömrünü sahte kişiliğine hizmet etmeye, onu korumaya ve yüceltmeye çalışarak geçirir."

"Kâinata şükürler olsun ki benim egom çok yüksektir" diye mırıldandı Madam Bobogel. Sonra, bitmek bilmeyen bir söylenme seansına daha başladı: "Sonsuz Işık'ın tek elçisi olduğum unutulmasaydı... Doğuştan gelen hakkım olan kozmik kraliçelik benden esirgenince... Hapishaneden kaçma konusuna bugün de değinilmeyeceği besbelliyken... Kutsal sabrımı sınayan yazar bozuntuları... Çürümüş balık kokan sınıflarda sürünen çok yüce bir madam..."

Mama Nono oralı olmadı, devam etti: "Sorunlarınızın temelinde kendinizi sahte kişilik zannetmeniz yatar. Size göre sahte kişilik gerçekten vardır ve onu mutlu etmenin bir yolu da vardır. Kendinizi hatırlayarak, uyanık kalarak bunun bir fanteziden ibaret olduğunu göreceksiniz.

Şunu çok iyi anlamalısınız: Çalışma yaparak sahte kişiliği yok etmeye çalışmıyoruz. Var olan bir şeyi yok etmiyoruz. Gerçekte onun var olmadığını görmeye çalışıyoruz. Sahte kişilik gerçekten en derindeki varlığınızı yansıtsaydı, ona tutunmakta haklı olurdunuz. Ama onu aradığınız zaman, bulamazsınız. Sahte kişilik gerçekte yoktur, hiçbir zaman var olmamıştır, o zihninizin bir uydurmacasıdır.

Kendinize karşı daima bir başkaldırı halinde olmalısınız, çünkü sahte kişiliğiniz sizi hayali sınırların içine hapseder. O, sizin etrafınıza bir direnç duvarı örer ve siz o duvarı aşamazsınız. Duvarın ardında sıkışırsınız; dünyanız küçülür ve daralır. Sahte kişiliğinizin size uygun bulduğu hücrenin sınırları içine çekilir, sonra da oradan çıkmayı reddedersiniz. Her yeni fikre, her eleştiriye direnir ve her şeyden korkarsınız. Üstelik diğer insanlarla kurduğunuz iletişim de kirlenir ve bozulur. En sevdiğiniz kişilere bile bütün kalbinizle sevgi ve şefkat gösteremez hale gelirsiniz. Tüm ilişkilerinizin üzerine bencilliğin gölgesi düşer. Aslında, çevrenizdeki kişilere acı çektiren bütün davranışlarınız sahte kişiliğinize duyduğunuz bağlılık ve sadakatten kaynaklanır. Her zaman ve her durumda sahte kişiliğinizi yüceltmeye çalışır ve başkalarını daima ikinci plana itersiniz. 'Ben' zannettiğiniz o yapay kimliğe karşı duyduğunuz sevgi çok büyüktür. Onu korumak uğruna karşı tarafı suçlamaya hep hazırsınızdır.

Sahte kişilik, despotların en kötüsüdür. O, sizi mutlak biçimde hükmü altına alır. Bu, bir diktatör tarafından yönetilen bir ülkeye benzetilebilir. Başlangıçta insanlar o lidere inanıp güvenebilirler, ama zamanla onun samimiyetinden ve gerçek niyetinden şüphelenmeye başlarlar. Şüphe oluştuğunda, diktatörün tahtı sallanmaya başlamış demektir ve zamanla sizin üzerinizdeki hâkimiyetini yavaş yavaş yitirir. Aynı şekilde, sahte kişiliğin bir uydurmaca olduğundan şüphelenmeye başladığınızda eski kimliğiniz, eski alışkanlıklarınız, eski davranış biçimleriniz sizin üzerinizdeki güçlerini kaybetmeye başlarlar. Artık sahte kimliğe sıkı sıkıya yapışmazsınız ve onun isteklerini, arzularını yerine getirmek için eskisi gibi çırpınmazsınız. Böylece güç dengesi sonsuza dek değişir.

Siz, sahte kişiliğinizin ne denli hükmü altında olduğunuzun farkında değilsiniz. Bu yüzden, ondan kurtulduğunuz zaman ne kadar büyük bir özgürlük kazanacağınızı hayal bile edemezsiniz. Ama siz direnirsiniz. Sahte kişiliğe yapışır ve onu bırakmazsınız, çünkü kimliğinizi yitirmekten korkarsınız. Bildiğiniz, tanıdığınız, ömrünüz boyunca ona yatırım yaptığınız kişiliği sahte bile olsa kaybetmek istemezsiniz. Bir kişi olmanın rahatlığından, güvenliğinden vazgeçmek istemezsiniz. Sahte kişilik size bir süreklilik duygusu verir. Bu yüzden onunla el ele gitmeyi tercih edersiniz. Giysilerinizin siz olduğunu zannedersiniz ve doğal olarak çıplak kalmaktan korkarsınız. 'Kral çıplak' demek başka, 'Çıplak kral benim' demek başka bir şeydir. Bu gerçekle yüzleşmek cesaret ister.

Ne yazık ki insanlar kendi uydurdukları masallara inanarak, gözlerinin önünde duran gerçeklerden kaçmakta son derecede başarılıdırlar. İnsanın kendisini aldatmak için söylediği büyük yalanlardan biri de, yarının bugünden daha iyi olacağıdır. Bu varsayımın hiçbir dayanağı yoktur. Kendi haline bırakılan bir yarın neden daha iyi olsun? Yarın sırf zaman geçti diye her şey daha güzel olmaz, siz daha iyi bir insan olmazsınız. Kendi haline bırakılan gelecek ancak geçmişi tekrarlar.

Siz iradenizi kullanarak bir şeyleri değiştirmek için çalışmazsanız, hiçbir şey değişmez. Hatta belki daha da kötüye gidersiniz. Birçok insan zamanla sahte kişiliklerine daha sıkı sarılır, alışkanlıkları iyice kök salar, daha derinlere yerleşir ve her zamankinden daha mekanik, daha mutsuz, huysuz yaşlılar haline gelirler. Yaşamın uzunluğu olgunluk anlamına gelmez. İnsanlar çoğu zaman dışarıdan büyür, ama içeriden hiç büyümez. Yaşlı ve genç arasında temelde bir fark yoktur, çünkü her ikisi de sahte kişiliklerinin, sıradan zihinlerinin esiridir.

Olgunluk yaşla bağlantılı değildir. Yetişkinlerin büyük bir bölümü aslında zerre kadar büyümez ve son derecede olgunlaşmamış, çocuksu bir halde kalır. Gerçek anlamda hiçbir gelişme gösterememiş bu insanların varlığı dünyadaki karmaşaya ve sefalete katkıda bulunur. Olgunluk, kendini hatırlayarak ve uyanık kalarak gelir. İnsanın hayatını boşa harcamaması için kendini tanımak üzere çalışmaya başlaması gereklidir. Yalnızca oyuncakları, tesellileri, yapay kişiliğini, korkularını, arzularını ve mekanik yaşamını tümüyle terk etmeye hazır olan ve bu yolda yürüyecek gücü olan kişi olgunlaşabilir.

İnsanın zayıflıklarından biri de, başkalarının onun için bir şeyler yapmasını ve hayatınızın seyrini değiştirmesini istemesidir. Başkalarının başkaldırmasını ve sizi mutsuz eden her şeyi yeniden yapılandırmasını bekler durursunuz. Üstelik sonuçtan emin olana kadar hareketsiz kalırsınız. Bu da büyümenize, olgunlaşmanıza, çocuksuluktan kurtulmanıza mâni olan unsurlardan biridir. Sorumluluk almak istemediğiniz için, tek başınıza hareket etmekten korktuğunuz için, özgürlükten korktuğunuz için büyümeyi reddeder ve kendinizi ıstıraplarla dolu bir hayata mahkûm edersiniz.

Oysa değişmek, acı çekmekten çok daha kolaydır. Tüm yapmanız gereken büyümek, çocukluktan çıkmaktır. Kendiniz sandığınız o küçük kişiye sarılmayı bırakmanız gerekiyor. Onun arzuları sığ, hedefleri bayağıdır. İnsan mevcut haliyle cahil ve kördür. Bununla yüzleşmeniz ve bunun şokunu atlatıp, üstesinden gelmeniz gerekiyor.

Siz, sahte kişilikten başka biri olduğunuzu bir kez anladığınızda, o büyük ölçüde teslim olur. Kendinizi hatırladığınız süre uzadıkça sahte kişiliğin gücü ve direnci azalır; en sonunda boylu boyunca yere serilir.

Alışkanlıklardan ibaret olan, bağımlılıklar ve sabit fikirlerle yüklü kişiliğinizin ötesine geçmeyi denemeniz gerekiyor. Eminim siz de hayatınız boyunca en az bir defa sahte kişiliğinizin aşırı yükünü omuzlarınızda hissetmiş, bu anılar ve alışkanlıklar yığınıyla olan gereksiz özdeşleşmeden kurtulmanın acil ihtiyacını duymuş olmalısınız.

Sahte kişiliği izleyerek ve kendinizi hatırlayarak, sizi davranışlarınızı değiştirmekten alıkoyan bütün engelleri aşabilirsiniz. Tekrar edip duran düşünce ve duygu kalıplarınızı gördükçe, dünyayla ve diğer kişilerle kurduğunuz ilişkilerdeki davranışlarınızın ne denli mekanik, ne denli öngörülebilir olduğunu da anlayacaksınız. O zaman otomatik tepkilerinizden ve tüm hareketlerinizi yönlendiren bencillik duygusundan kurtulacak, paha biçilmez bir içsel özgürlüğe kavuşacaksınız."

"O güzel gözlerle bakmasını bil
Sade kendin yanma yakmasını bil."

Emiri

Onun Sevmediği Şeyleri Yapın

"Kendini görmek dünyanın en zor işidir" dedi Mama Nono. "Düşünün ki aynaya baktığınızda bile gördüğünüz şey yüzünüz değil, yüzünüzün yansımasıdır."

Madam Bobogel biraz homurdandı, ama bir şey söylemedi. Aklı karışmış gibiydi. Bakışlarını yukarı dikti, bir süre tavanı izleyerek öylece kaldı.

Mama Nono devam etti:

"Kendinizi çok amatörce kullanıyorsunuz. Bütün vaktinizi kendi küçük kişiliğinizle ve onun gündelik ihtiyaçlarıyla meşgul olarak geçiriyorsunuz. Sahte kişiliğinizin daracık dünyasının içine sıkışıp, orada yalnızca kendinizle ilgileniyorsunuz. Kişisel problemleriniz, kişisel korkularınız, pişmanlıklarınız, arzularınız, anılarınız, başarılarınız, başarısızlıklarınız... Bütün ömrünüz takıntılı bir şekilde kendinizi düşünerek geçiyor.

Hepiniz yorgun, bıkkın, her türden budalalık ve zalimlikle hırpalanmış bir haldesiniz. Kendinizle ve birbirinizle dövüşmekten yara bere içinde kalmışsınız.

Yüzünüzde belirgin bir yara izi olsa ve size o yarayı tamamen yok edebilecek bir güzellik salonu bildiğimi söylesem, hemen onun yerini öğrenmek ister ve koşa koşa oraya gidersiniz. Size içsel yaralarınızı yok edebileceğinizi ve onları tek bir iz kalmayacak şekilde silebileceğinizi söylesem, heyecana kapılır ve bunu nasıl başarabileceğinizi öğrenmek için hemen harekete geçer misiniz? Masumiyetinizi tekrar kazanabileceğinizi söylesem, ilginizi çeker mi?

Masumiyet kelimesi incitmemek ve incitilmemek anlamına gelir. Masumiyet hiçbir incinişin olmadığı bir zihin durumudur. Eğer duygusal ve hassas biriyseniz, hayatınız boyunca birçok defa kendinizi incitilmiş hissetmiş olmalısınız. Zihniniz sevgililerinizden, arkadaşlarınızdan, ailenizden, sıradan tanıdıklarınızdan ve yabancılardan aldığı yaraları silebilir mi?

Evet! Zihniniz yaralarını silebilir, yenilenebilir, masum, canlı ve enerjik bir hale gelebilir. Zihnin nasıl çalıştığını beraberce inceledik. Şimdi, bu bilgilerin ışığında sahte kişiliğin pençesinden nasıl kurtulabileceğimize bakacağız.

Sahte kişiliği uyduran, onu yoktan var eden zihin olduğu için sahte kişilikten kurtulmaya çalışırken yine daha önceki derslerde öğrendiğiniz yöntemi kullanmanız ve zihnin içeriğine bakmanız gerekiyor.

Kısacası uyanık kalacak, kendinizi hatırlayacak, iç gözlem yapacaksınız. Zihinsel, duygusal ve fiziksel kalıplarınızı görmeye başladığınızda, alışkanlıklarının esiri bir varlık olduğunuzu keşfedeceksiniz.

Alışkanlıklarınızı yeterince sık gördüğünüz zaman, onların ne zaman ve nasıl ortaya çıkacaklarını öngörebilir ve onlara karşı hazırlıklı olmaya başlayabilirsiniz. Böylece alışkanlıklarınızın eline düşmeden, onlara mahkûm olmadan, özgürce yaşama şansını yakalarsınız. Alışkanlıklarının esiri olmaktan kurtulan kişi, sahte kişiliğinden de kurtulmuş demektir, çünkü sahte kişilik dediğimiz şey yalnızca bir dizi alışkanlıktan ibarettir. Dikkatinizi ona yönelttiğinizde sahte kişiliğin foyası meydana çıkar. Dikkat geldiğinde, o devre dışı kalır.

Eski duygu ve düşünce alışkanlıklarınıza direnç göstermelisiniz. Otomatikleşmiş tepkileriniz, duygularınız ve düşüncelerinizle karşılaştıkça, kendinize daima şunları söyleyin: 'Hayır, böyle değil! Bu böyle olamaz! Ben böyle değilim! Buna ihtiyacım yok! Bunu istemiyorum!' "

Madam Bobogel yüzünü ekşitti, "Hayır, böyle değil!" diye mırıldandı. Gözlerini yine bana dikmişti. "Hapishaneden kaçma kursu böyle olamaz!" diye devam etti. "Ben böyle talihsiz bir madam değilim! Bu garibana ihtiyacım yok! Bu karması kokuşuk, çakrası buruşuk yazarı istemiyorum!"

Ses çıkarmadım.

Mama Nono yine aldırış etmedi. "Sahte kişiliğiniz ortadan kaybolunca kişilikten mahrum kalacağınızı düşünüp, tereddüt etmemelisiniz" dedi. "Siz uyanık olduğunuz sürece hiçbir şekilde kişiliğe gereksiniminiz yoktur. O gerçek değildir, kullanışlı değildir ve katiyen bir ihtiyaç değildir. O, sadece sizi her anlamda kısıtlayan bir yalan, bir kurmacadır.

Mevcut halinizle kişiliğe mahkûmsunuz, ama doğru çalışmayı kararlı bir şekilde uygularsanız bu mahkûmiyet sona erecek. Endişe etmeyin, kişilikten mahrum kalmayacaksınız; kişilikten özgür kalacaksınız.

Koşulsuzca sevdiğiniz ve her zaman yalnızca iyiliğini istediğiniz birini düşünün. Anneniz, eşiniz, çocuğunuz veya kardeşiniz... Uygun bulduğunuz birini seçin ve onun hayatını gözden geçirin. Bugüne kadar muhakkak onun mutluluğu için uğraşmış, elinizden gelen her şekilde ona yardımcı olmaya çalışmışsınızdır.

Onun daha mutlu, daha huzurlu olmasını sağlamak için şimdiye dek neler yaptınız? Onun mutluluğuna mâni olan kişilik özelliklerini biliyor musunuz? Onun kişilik özelliklerini incelerken ve onu daha yakından tanımaya çalışırken onu yargılıyor, üzüyor ve hırpalıyor musunuz? Onu bazen beceriksizlikle suçluyor ve cezalandırıyor musunuz? Kimi zaman onun mutluluğu zaten hiç hak etmediğini düşünüyor musunuz? Bu düşüncenizi onunla paylaşıyor musunuz? Yoksa onu hiç yargılamıyor, sadece mutlu olmasını istediğiniz için sevgi ve şefkatle mi yaklaşıyorsunuz? Eğer bir yolunu bulsaydınız, ona zarar veren kişilik özelliklerini ortadan kaldırmak için var gücünüzle çalışır mıydınız?

Şimdi bir de kendinizi düşünün. Sevdiğiniz o kişi için yaptığınız şeyleri, kendiniz için hiç yaptınız mı? Daha mutlu, daha huzurlu olmak için şimdiye dek neler yaptınız? Mutluluğunuza mâni olan kişilik özelliklerinizi biliyor musunuz? Kişilik özelliklerinizi incelerken ve kendinizi daha yakından tanımaya çalışırken kendinizi yargılıyor, üzüyor ve hırpalıyor musunuz? Kendinizi bazen beceriksizlikle suçluyor ve cezalandırıyor musunuz? Kimi zaman mutluluğu zaten hiç hak etmediğinizi düşünüyor musunuz? Bu düşünceyi sık sık tekrarlıyor musunuz? Yoksa kendinizi hiç yargılamıyor, sadece mutluluğunuzu istediğiniz için sevgi ve şefkatle mi yaklaşıyorsunuz? Eğer bir yolunu bulsaydınız, size zarar veren kişilik özelliklerinizi ortadan kaldırmak için var gücünüzle çalışır mıydınız?

Koşulsuzca sevdiğiniz kişilere karşı ne kadar özverili ve hoşgörülü davranıyorsunuz, değil mi? Ne yazık ki onlara gösterdiğiniz özeni kendinize göstermezsiniz. İnsanların büyük bölümünün hayatta en kötü davrandığı kişi kendileridir. O kadar ki, bir arkadaşınız size kendinize davrandığınız gibi davransaydı büyük olasılıkla onunla görüşmeyi keserdiniz.

Kendinize karşı sergilediğiniz sert ve hoyratça yaklaşımın tamamen değişmesi gerekmektedir. Kendinize sevgi ve şefkatle yaklaşmalı, hatalarınıza karşı hoşgörülü ve bağışlayıcı olmalısınız. Daha özgür, daha mutlu ve daha huzurlu olmak için hiç yılmadan, pes etmeden, büyük bir kararlılık ve azimle çalışmalısınız. Tıpkı koşulsuzca sevdiğiniz biri –anneniz, eşiniz, çocuğunuz veya kardeşiniz– için bir dakika bile duraksamadan, gözünüzü kırpmadan yapacağınız gibi...

Çalışmanın yöntemi, zihni izlemektir. Nefesinize odaklanıp, kendinizi hatırlamalı ve dikkatinizi tamamıyla sahte kişiliğinize yöneltmelisiniz. Kendinizi mercek altına almanız ve hiç ara vermeden, dur durak bilmeden izlemeniz gerekiyor. Ne yaptığınızı, nasıl düşündüğünüzü, ne hakkında düşündüğünüzü, ne zaman ve nasıl tepki verdiğinizi, temel kişisel stratejilerinizi, korkularınızı ve arzularınızı her an izlemeniz gerekiyor. Sahte kişiliği izlemek için yeni ve özel bir dikkat etme biçimi gerekmez. Normalde dışa yöneltmekte olduğunuz aynı dikkati içe doğru çevirin, o kadar.

Şunu hiç unutmayın: Siz zihniniz değilsiniz, bedeniniz değilsiniz, kişiliğiniz değilsiniz. Siz izlediğiniz şeylerin hiçbiri değilsiniz. Bütün bunları izleyensiniz. Yarattığınız sahte kişilik sizin dikkatli bakışınız altında dağılıp gittiğinde korkmayın, üzülmeyin. Bugüne kadar ona büyük bir aşkla bağlandığınız, ona çok fazla yatırım yaptığınız ve bütün umutlarınızı ona bağladığınız için paniğe kapılmayın. Dağılıp gidecek olan şey sadece sahte kişiliktir ve o gidince siz daha evvel hiç bilmediğiniz bir yaşamla karşılaşacaksınız. Sıradan bir insan kendisine sahte kişiliği tarafından dikte edilen şekilde yaşar. Siz bu düzeni bozacak, gerçek anlamda özgürlüğe kavuşacaksınız.

Kendinizi izlerken hiçbir şekilde yargılamamanız, gördüğünüz şeyleri iyi veya kötü olarak yorumlamamanız ve tamamen tarafsız kalmanız gerekiyor. Bu çalışmanın en önemli noktası budur, değişimin kalbi bu noktada atmaktadır: Objektif olmak. Kendinizi eleştirmeye, suçlamaya veya övmeye başladığınız zaman bilin ki kendinizi unuttunuz, uyudunuz ve sahte kişilik tahtına geri oturdu. Dikkatiniz oradaysa, sahte kişilik orada yoktur demiştim. Eğer gördüklerinizi yargılamaya başladıysanız, dikkatinizi yitirdiniz ve düşünmeye daldınız demektir.

***

Sahte kişiliği sahnedeyken gözlemlediğinizde gördüğünüz şeyler karşısında tarafsız kalmanız çok zordur, çünkü genellikle çirkin olan veya size acı veren taraflarınızı yok sayarsınız. Onları görmemek için elinizden geleni yaparsınız ve çoğu zaman bunlar sizin kör noktalarınız olarak kalırlar. Bazen de size suçluluk duyuran şeyler yaparsınız. Vicdan azabı çekmemek için o şeyleri yapmadığınızı hayal eder veya yaptıklarınızı zihninizde değiştirir, yeni bir hikâye yazarsınız. Sahte kişilik başkaları tarafından bilinmesini istemediği şeyleri derinlere saklar. O kadar ki, onların varlığını kendi bile unutur.

Çalışmayı yaparken kendinizi görünmeye çalıştığınız gibi değil, olduğunuz gibi görmeniz gerekiyor. Neyle karşılaşırsanız karşılaşın tarafsızlığınızdan ödün vermemelisiniz. Hatalarınızı, onlarla özdeşleşmeden ve kendinizi yargılamadan sadece izlemelisiniz.

Akıp giden zihinsel filminizi biraz izlediğiniz zaman dışarıya ve kendinize karşı taktığınız maskelerin altında çok çirkin şeyler yattığına tanık olabilirsiniz. Yalancı, kendini beğenmiş, kibirli, hırsız, numaracı, şehvet düşkünü, fırsatçı, açgözlü, cimri, zalim, duyarsız, gösteriş düşkünü, vahşi, bencil, hırslı, pasif, korkak, ikiyüzlü, başkalarına bağımlı, erdemlerini sergileme meraklısı, dedikoducu ve kindar olduğunuzu görebilirsiniz. Yargılamaya ve eleştirmeye başlamayın. Moralinizi bozmayın, kendinize kızmayın ve şunu unutmayın: Bu gördüklerinizin hiçbiri siz değilsiniz. Kendinizi onlarla özdeşleştirmeyin. Siz, bunları izleyensiniz. Bunlar, sahte kişiliğin hatalarıdır ve sizin bütün bu hataları üstünüze alınmadan gözlemlemeniz gerekiyor. Gördüğünüz şey her ne olursa olsun, onu değiştirmeye çalışmayın. Buradaki amacınız gördüğünüz şeyi değil, onunla olan ilişkinizi değiştirmektir. Siz, sahte kişilik olduğunuz yanılsamasından kurtulduğunuz zaman bütün bu hatalar kendiliğinden yok olup gidecektir.

Çalışma yaparken uyanık kalmayı sık sık unutacaksınız. Bu son derece doğaldır, çünkü alışkanlıklarınız çok köklüdür. Kendinizi her zamanki şartlı tepkilerinize kaptırmış olduğunuzu görürseniz üzülmeyin, kendinize kızmayın ve moralinizi bozmayın. Hatırladığınız zaman hemen çalışmaya tekrar başlayın. Sahte kişilikten kurtulmak kolay bir iş değildir. Sabırlı olun ve netice almak için acele etmeyin, çünkü acele içinde kimse kendisini tanıyamaz. Unutmayın ki hızlı yavaştan daha iyi değildir. Her ikisi de doğaldır ve doğrudur.

Sahte kişiliği zayıflatmak için başvurabileceğiniz en etkili yöntemlerden biri onun sevmediği şeyleri yapmaktır. Elbette, burada size zarar verecek şeylerden bahsetmiyorum, ama onun rahatını bozacak ve alışkanlıklarını sarsacak eylemlerde bulunulması gereklidir. Mesela evde oturmayı seviyorsa, daha sık dışarı çıkın veya dışarıda olmak istiyorsa, evde oturun. Uykuya düşkünse, erken kalkın. Tembelse, hareket etmesini sağlayın. Çok aktifse, hiçbir şey yapmadan biraz vakit geçirmesini sağlayın, yavaşlatın. Sevmediği yemekleri yedirin. Sevmediği kişilerle daha sık görüşmesini sağlayın ve bu görüşmelerde uyanık kalarak, sabır antrenmanı yapmasını sağlayın. Çok konuşkansa ve başkalarına söz hakkı tanımıyorsa, susmasını ve dinlemesini sağlayın. İçe kapalı, suskun ve utangaçsa, topluluk içinde çok konuşturun. Sahte kişiliğinizi izledikçe onu daha yakından tanımaya, huylarını öğrenmeye başlayacaksınız. Zamanla kendi egzersizinizi kendiniz oluşturabilirsiniz.

***

Kıskançlık, öfke gibi duygular size zarar verirler ve ıstırap çekmenize sebep olurlar. Bu hepinizin katılacağı, bariz bir gerçektir. Öte yandan duygusal durumlarınızla özdeşleşerek sahte kişiliğinizi kuvvetlendirdiğiniz gerçeğini gözden kaçırıyor olabilirsiniz. Kendinizi tanımlarken 'Ben çok kıskanç biriyim' veya 'Ben öfkelenince gözüm dünyayı görmez' gibi şeyler söylüyor ve bazı duygusal durumlarınızla övünüp böbürleniyorsanız, bunun sahte kişiliğinizin bir oyunu olduğunu fark etmelisiniz.

Sahte kişilik size der ki: 'Sen herhangi biri değilsin. Senin birçok özelliklerin var. Mesela kıskançsın!' Ve bu sizin hoşunuza gider çünkü bunun sizi özel kıldığını düşünürsünüz. Düşüncelerinizle ve duygusal durumlarınızla hiçbir zaman özdeşleşmemeli, onlarla daima aranıza mesafe koymalısınız. Sahte kişiliğinizden uzaklaşmaya, onunla aranızı soğutmaya çalışırken kendinize şu gerçeği her fırsatta hatırlatın: Siz duygularınız ve düşünceleriniz değilsiniz.

***

Şimdi bir egzersiz yapalım. Nefesinize odaklanın, uyanın ve kendinizi hatırlayın. Birkaç dakika boyunca dikkatinizi vücudunuzda gezdirin, var olan gerginlikleri saptayın ve gevşetin.

Yeterince gevşemiş ve rahat olduğunuzu hissettiğinizde herhangi bir konuda normalden biraz daha yüksek bir sesle konuşmaya başlayın. Ne hakkında konuştuğunuzun hiçbir önemi yok. Dün akşam izlediğiniz maçı veya sinemada son izlediğiniz filmi anlatabilirsiniz. Dilerseniz başınızdan geçen bir olayı anlatabilirsiniz, hatta bir hikâye de uydurabilirsiniz.

Ne anlatırsanız anlatın, kendinizi bütün dikkatinizi vererek dinlemenizi istiyorum. Dikkatinizin tümünü sesinize odaklayın ve kendinizi sanki bir başkasını dinliyormuş gibi, aktif olarak dinleyin. Araya düşünceler girerse, onlara karşı ilgisiz kalın. Tüm ilginizi ısrarla kendi sesinize çevirin.

Dikkatinizin tamamını ona yönelttiğinizde, ses tonunuzun her zamankinden farklı olduğunu hissettiniz mi? Kullandığınız kelimeleri daha özenli mi seçtiniz? Her zamankinden daha çok veya daha az mı duraksadınız?

Bir dahaki sefere bir arkadaşınızla konuşurken bu egzersizi hatırlamanızı ve tıpkı şimdi yaptığınız gibi bütün dikkatinizi kendi konuşmanıza vermenizi istiyorum. Kendinizi hatırlayarak yaptığınız konuşmalarınızın otomatik konuşmalarınızdan ne kadar farklı olduğunu görünce, şaşıracaksınız. Gün boyunca yaptığınız her konuşmada uyanık kalmaya çalışın. Unuttuğunuz zaman üzülmeyin, cesaretinizi kırmayın. Çalışmaya devam edin.

***

Zihninizi izlerken kendinize karşı dürüst ve samimi olmakta zorlanacaksınız, çünkü kötü bir şeyler görmekten korkacaksınız. Eğer dikkatle ve tarafsızca, zihninizi rahatsız etmeden, bastırmadan ve engellemeden izlemeyi başarabilirseniz, gerçekten de kötü bir şeylerle karşılaşacaksınız. Bu kolay bir yüzleşme değildir, o yüzden bir arkadaşınıza karşı dürüst ve samimi olmanız bile kendinize karşı dürüst ve samimi olmanızdan daha kolaydır.

Gördüğünüz kötü şeyler hakkında yorum yapmayın, vicdan azabına ve suçluluk duygusuna kapılmayın. Onlar, siz değilsiniz. Kendinizi bildiniz bileli içinizdeki kötü şeylerle savaştınız, itiştiniz ve çatıştınız. Zekânıza zarar vermekten ve sizi mutsuz etmekten başka bir işe yaramayan bu içsel savaşa artık bir son verin. İçinizde her neyle karşılaşırsanız -iyi, kötü, ahlaksız- yargılamayın ve sessizce, sakince izleyin. Siz kendinizi çırılçıplak gördüğünüzde, gerisi kendiliğinden hallolur. Yanılgının doğası, görüldüğünde yok olmaktır. Kendinizi hatırlamaya, uyanık kalmaya devam edin. Bir değişim yaratmak için uğraşmayın. Değişim, izlemenin yan etkisi olarak kendiliğinden gerçekleşir. Sizin bir müdahalede bulunmanız gerekmez.

Kendinizi kalıptan kalıba dökmeye, değiştirmeye, geliştirmeye çalışmayın. Bu tip uğraşlar yalnızca zamanınızı ve enerjinizi israf eder. Bir gelecek hayal edip, onun içine kendinizin düzeltilmiş bir modelini yansıtmaya çalışmaktan vazgeçin. Gelecek için olan tüm uğraşları terk edin ve dikkatinizi tamamen içinde bulunduğunuz bu ana odaklayın. Kendinizi hatırlayın ve hayatın her olayına onlar geliştikçe her an karşılık verin.

Kişiliğinizi geliştirme çabalarınız, sahte kişiliğinizin size oynattığı incelikli oyunlardan biridir. Sahte kişiliğin gerçek olduğuna inanır ve onu şekillendirmeye, düzeltmeye çalışırsınız. Oysa ortada düzeltecek bir şey yoktur, çünkü sahte kişiliğin kendisi tamamen uydurmadır. Kendinizi daha iyi, daha cesur, daha sevgi dolu, daha cömert, daha dürüst yapmaya çalışmanız gerekmez. Yıllarca süren alışkanlıkları ve şartlandırmaları iptal etmeniz yeterlidir. Sahte kişilik devre dışı kalınca ortaya çıkan şey zaten saf, sevgi dolu ve son derece güzel olacaktır.

***

Çevrenizdekiler sizin kişiliğinizin olumsuz yönlerinden bahsederse, söyledikleri şeyler doğru olsa bile siz katiyen duymak istemezsiniz. Birisi size tembel olduğunuzu söylerse canınız sıkılır, moraliniz bozulur,

Öte yandan eğer gerçekten tembel biriyseniz, zihninizi izlediğinizde bunu kaçınılmaz olarak kendiniz gözlemleyeceksiniz. 'Tembellik', sizin sahte kişiliğinizin alışkanlıklarından biriyse ve siz çalışma yaparken bu gerçeği fark ederseniz, bu konuda dışarıdan yapılacak olan yorumlar sizi eskisi gibi rahatsız etmeyecektir. Öncelikle, bunun doğru olduğunu siz zaten biliyorsunuz. Tembelliğin orada olduğunu kendi gözlerinizle gördünüz. Artık onu inkâr etmeye veya yok saymaya çalışmıyorsunuz. İkincisi, artık eskisi gibi alıngan olmanıza gerek kalmadı, çünkü şunu biliyorsunuz: Siz, o değilsiniz. 'Tembellik' ve siz ayrı şeylersiniz. Siz, sahte kişiliği ve sahte kişiliğin tembellik özelliğini izleyensiniz.

Kendinizle olan ilişkiniz bu tanışıklık seviyesine ulaştığında birisi size tembel olduğunuzu söylerse, vereceğiniz tepki eskisinden çok farklı olacak. 'Evet, doğru' diyeceksiniz. 'İçeri baktım ve orada tembelliği gördüm. Onun orada olduğunun farkındayım.'

Kendinizi tanımaya başladığınızda açgözlü, kavgacı, öfkeli veya tembel olduğunuzu görmek sizin için bir utanç kaynağı değil, bir keşif haline gelecek. Gerçeği onu değiştirmeye çalışmadan görmek, kendinizi tam da olduğunuz gibi görmek ve gördüklerinizle özdeşleşmemek, onlardan utanmamak size müthiş bir özgürlük ve enerji sağlayacak.

Normalde, başınıza gelen iyi şeylerin hep sizin sayenizde olduğunu söylemeye, kötü şeyler için de çevrenizi ve şartları suçlamaya koşullanmış haldesiniz. Başarılarınızın sorumluluğunu seve seve, can atarak alırsınız. Ortada iyi bir şey varsa, göğsünüzü gere gere 'Ben yaptım!' dersiniz. Öte yandan bir başarısızlık söz konusuysa katiyen sorumluluk almazsınız. Başınıza gelen kötü olayların sorumlusu daima dünya, şartlar, çevre, şans, kader ve başka şeylerdir. Sizin dışınızdaki herkes ve her şey sorumludur.

Oysa kendinizi tanımaya ve sahte kişiliğin siz olmadığınızı anlamaya başladığınızda, duyduğunuz utanç azalır. Artık ne olduğunuzdan kaçmanıza gerek yoktur. Çirkin taraflarınızı inkâr etmenize, yok saymanıza, bastırmanıza veya saklamanıza gerek yoktur. Mükemmel olmanıza gerek yoktur. O zaman içinizde gördüğünüz şeyleri bütün boyutlarıyla kabul edebilirsiniz ve mazeret üretmeden, karşı koymadan onlarla birlikte yaşamaya başlayabilirsiniz. Böylece hayatınızda ilk defa kendisiyle çatışmayan, ne olduğundan kaçmayan, uyum içinde bir varlık olmanın nasıl bir şey olduğunu tecrübe edersiniz. Siz çalışmaya ve uyanık kalmaya devam ettiğiniz sürece içinizdeki ahenk de artacaktır ve en sonunda içinizde geçmişle ilgili hiçbir utanç, hiçbir pişmanlık kalmayacaktır.

Sahip olduğunuz belli bir miktar enerji var. Bu kısıtlı enerjiyi ya sahte kişiliğinizi beslemek için kullanırsınız ya da uyanık kalmak için. İkisini birden yapmanız olanaksızdır.

Eğer içinizde bir çatışma varsa ve bir tarafınızı beğenip kabul ederken diğer tarafınızı itip yok sayıyorsanız enerjinizi çatışmayla heba etmiş olursunuz. İçinizde, ne olduğunuza dair bir utanç ve pişmanlık taşıyorsanız, bu da çok büyük bir enerji kaybıdır.

Enerjinizi kendinizle savaşmak için mi harcamak istersiniz, yoksa kendinizi tanımak için mi? Sahte kişiliğin pençesinden kurtulmak için çok enerjiye ihtiyacınız var. Oysa siz o enerjiyi çekişmelerle, dedikoduyla, yersiz endişe ve korkularla, birbirinizle kavga ederek, birbirinizle yarışarak, hırslara kapılarak, saldırgan davranarak ve daha başka birçok yolla israf ediyorsunuz.

Kendinizi hatırladığınız zaman, o güne değin israf edip durduğunuz enerji size kalır ve sizin mutluluğunuza, yaratıcılığınıza, huzurunuza katkıda bulunmak için kullanılır.

***

Sahte kişiliğinizin geçmişte yapmış olduğu şeylerin utancından kurtulmakta güçlük çekiyorsanız, şu egzersizi yapın:

Gözlerinizi yumun, nefesinize odaklanın. Dikkatinizi bedeninizde gezdirin ve gerginliklerin tümünü tespit edip, gevşetin.

Yeterince rahatlamış olduğunuzda geçmişten bugüne taşıdığınız utanç duygusunu bütün yoğunluğuyla hissedin. Dikkatinizi tamamen bu duyguya yöneltin. Duygunun yavaş yavaş somutlaştığını ve bir şekle büründüğünü hayal edin. Kendinize bir imaj dayatmayın, bırakın gözünüzde ne canlanıyorsa canlansın. Utanç duygunuz somutlaşıp belirgin bir hale geldiğinde onu bir bebek gibi şefkatle kucağınıza alın ve ona sevgiyle sarılın.

Aynı egzersizi geçmişten taşıdığınız vicdan azabı, öfke ve başka zararlı duygularla olan ilişkinizi değiştirmek için kullanabilirsiniz.

***

Sahte kişiliğin tahtını sallamak için bir başka egzersiz:

Bir gün boyunca başınıza gelen her olayı kabul edin. Elbette birisi size fiziki bir zarar vermeye kalkışırsa durup dayak yemeniz gerektiğini söylemiyorum, ama birisi sizinle münakaşaya girerse veya size hakaret ederse sessiz kalın. Otomatik yanıtlarınıza başvurmayın ve şartlı tepkilerinize teslim olmayın. İçinde bulunduğunuz duruma direnmeyin, aşağılansanız bile üzerinize alınmayın. Yalnızca bir izleyici olarak kalın.

Başaramazsanız ve her zamanki mekanik tepkinizi verirseniz üzülmeyin, vazgeçmeyin. Denemeye yeniden başlayın ve kaldığınız yerden devam edin.

***

Sahte kişiliğin barındırdığı çelişkileri görün ve onları gidermek için var gücünüzle çalışın. Mesela uzun ve sağlıklı yaşamak istersiniz, ama spor yapmaya üşenirsiniz. Zayıf olmak istersiniz, ama aşırı yemek yersiniz. Arkadaşlarınız sizin arkanızdan konuşmasın istersiniz, ama siz dedikodu eder ve onları çekiştirirsiniz. Her gün bu şekilde davranmaya devam edersiniz. Elinizden hiçbir şey gelmez, çünkü alışkanlıklarınız bu yönde gelişmiştir. Bir alışkanlık, bir gereklilik değildir. Uyanık kalarak ve kendinizi izleyerek alışkanlıklarınızı gözlemleyin. Dikkatiniz, onları zamanla kıracak ve sonra doğru yönde dönüştürecektir.

Alışkanlıklarınızı değiştirmek adına, yapamayacağınız bir şeyi yapmaya kalkışmayın. Öncelikle, yaptığınız zararlı şeyleri yapmayı bırakın. Yüzme öğrenirken çocuk havuzundan başladığınız gibi, ilk olarak size değiştirmesi en kolay görünen alışkanlıklarınızı bırakarak başlayın. Sözgelimi sosyal medyada çok fazla vakit harcıyorsanız veya çok fazla oyun oynuyorsanız bunlardan başlayın.

***

Diyelim ki sahte kişiliğinizin şimdiye dek hep çok bencilce davranmış olduğunu keşfettiniz. Eskiden olan şeyleri bugün telafi edemezsiniz, ama şimdi, bu anda daha az bencil olmaya başlayabilirsiniz. Geçmişin bittiğini görün ve kabul edin. Bitip giden bir geçmişteki davranışlarınızdan ötürü üzüntü duyarak enerjinizi israf etmeyin. Değiştirebileceğiniz tek şey bu andır. Siz bu anda değişirseniz, hayat da size karşılık verir. Çevrenizdeki kişiler belki bu değişikliğe hemen olumlu yanıt veremezler. Bunu katiyen dert etmeyin. Unutmayın ki insanlar böyledir. Sahte kişilikleri onları belli şekillerde davranmaya zorlar. Bir insanın gerçek anlamda bir değişim geçirmesinin ne kadar zor olduğunu herkes bilir. Hapishaneden çıkan birine iş verirken herkesin çekinmesi bu yüzdendir.

Başkalarının fikirlerini değiştiremezsiniz. Geçmişte yapmış olduğunuz şeylerden ötürü sizi yargılamaya devam ederlerse, değiştiğinize inanmazlarsa ve sizi affetmezlerse aldırmayın. Yapabileceğiniz hiçbir şey yok. Siz, kendi zihninizden başka hiçbir şeyi değiştiremezsiniz. Sizi kabul eden ve seven kişiler muhakkak olacaktır. Onlarla sevgi dolu, dürüst ve samimi ilişkiler kurmaya devam edin ve diğerleri için endişe edip üzülmeyi bırakın.

***

Başkaları tarafından onaylanmaya ihtiyaç duyduğunuz sürece özgürlüğe kavuşamazsınız. Başkalarını düşünerek, onları memnun etmeye ve onlara kendinizi beğendirmeye çalışarak vaktinizi ve enerjinizi boşa harcamayın. Size küçüklüğünüzden beri başkaları üzerinde yarattığınız izlenimi her şeyden daha çok önemsemeniz, diğerleri tarafından beğenilmek için var gücünüzle çalışmanız öğretildi. Onların takdirini, hayranlığını kazanmak için çırpındınız.

Başkalarının sizin hakkınızda ne düşündüğünü önemsemeyin. Normalde her zaman onların sizin en kötü halinizi görmüş olmalarından korkar, endişe içinde kendinizi yiyip bitirirsiniz. Belki sizin hakkınızda kötü bir şey duymuş veya öğrenmişlerdir? Belki de hakikaten en kötü halinizi görmüşlerdir ve sizin berbat biri olduğunuzu düşünüyorlardır? Ne fark eder?

Kişilerin sizin hakkınızdaki düşünceleri sadece düşüncelerdir ve düşüncelerini herhangi bir anda değiştirebilirler. Bugün size hayrandırlar, yarın hiç beğenmezler. Sizin kendiniz hakkındaki görüşleriniz bile son derece değişkendir. Birisi size hakaret eder veya işten atılmak gibi bir başarısızlığa uğrarsınız ve kendinizi son derece değersiz bulmaya başlayıverirsiniz. Sizin kendiniz hakkındaki imajınız bile bu kadar kolay incinebilir bir haldeyken, diğerlerinin fikirlerini neden önemseyesiniz?

Hayatınızı nasıl yaşayacağınıza başkalarının karar vermesine müsaade etmeyin ve onların size biçtikleri değere hiçbir şekilde önem atfetmeyin. Yüceltilseniz de, övülseniz de, darbeler yeseniz ve hakaretlere boğulsanız da aldırış etmeyin. Övgüye ve eleştiriye kulak asmayın. Özgür olun, kendi iradenizle hareket edin.

Önemli olan tek şey sizin kendinizi tanımanız ve zihninizle olan ilişkinizi değiştirerek, mekanik olmaktan kurtulmanızdır. Başkalarından dolayı canınızı hiçbir zaman sıkmayın, yalnızca azimle çalışmaya devam edin.

***

Sevdiğiniz biri hakkında bazen negatif düşüncelere kapılıyorsanız, bu düşünceleri önemsememeli ve ciddiye almamalısınız. Belki yakın bir arkadaşınız çok pahalı bir araba aldı veya harika bir iş buldu. Onu kıskandınız, hatta belki onun böyle güzel şeyleri hak etmediğini bile düşündünüz. Siz ne tür bir insansınız ki arkadaşınız hakkında bu kadar kötü düşünebiliyorsunuz?

Negatif düşünceleriniz sadece zihinsel alışkanlıklardan ibarettir. Sizin hakkınızda bir şey söylemiyorlar veya sizi kötü bir insan yapmıyorlar. Siz, düşünceleriniz değilsiniz. Bunlar ezberlenmiş, mekanik, alışkanlık enerjisiyle çalışan düşüncelerdir. Zihninizin içinde akıp giden düşünce nehriyle özdeşleşmeyin. Orada kaynayan dedikodu kazanına daha fazla odun atmayın. Onların orada olduklarını fark edin ve daha sonra dikkatinizi hemen oradan çekin. Enerji, dikkati takip eder. Dikkatinizi neye doğrultursanız, onu beslersiniz. Negatif düşünce kalıplarından dikkatinizi çekin. Daha fazla bir şey yapmanıza gerek yoktur. Sizin dikkatiniz olmayınca onlar besinsiz kaldıkları için zaman içinde zayıflarlar ve belli bir süre sonra tamamen yok olurlar.

Zihninizin bütün alışkanlıkları sizin dikkatinizle beslenirler. Siz herhangi bir kişinin kötü niteliklerini düşünmeye daldığınızda, zihninizin kötü düşünme alışkanlığını pekiştirmiş olursunuz. Üstelik zihniniz sizin arkadaşınız hakkında düşündüğünüzü ayırt edemez, yalnızca sizin düşündüğünüz kötü nitelikle dolar. Diyelim ki siz X bir arkadaşınızın çok kibirli olduğunu düşünüyorsunuz. Zihin, bu niteliğin sizde değil X arkadaşınızda bulunuyor olduğunu düşünmenizle ilgilenmez. Odaklandığınız nitelik kibir olduğu için, zihin kendini kibirle doldurur. Siz, kendinizde olmayan, yalnızca başkalarında gördüğünüz kusurlar hakkında düşündüğünüzü zannedersiniz. Aslında yaptığınız şey kendinizi o kusurla doldurmak ve zihninizi o yönde programlamaktır.

Bunun tam tersi de geçerlidir, yani başkalarında gördüğünüz iyi niteliklere odaklanarak zihninizi iyi ve güzel şeylerle, incelik ve zarafetle doldurabilirsiniz, ama bu konuyu daha sonra ele alacağız.

Zihninizin başkaları hakkında kötü düşüncelere kapılmasını ve o düşünceleri evirip çevirmesini nasıl önleyebilirsiniz? Kötü düşüncelere hâkim olmanın yöntemi şudur: Onlara aldırmayın, dikkatinizi başka yere çevirin ve ilham verici bir şey düşünün.

Zihninizi kötü düşünceler taciz ettiği zaman bunları fethetmenin en iyi yöntemi onlara aldırmamaktır. Kendinizi onlara kaptırmayın ve dikkatinizi onlardan çekin. Eğer dikkatinizi çekerseniz hiçbir duygu veya düşünce sizi ele geçiremez. Aynı yöntem arzular için de geçerlidir. Çeşitli arzular zihninizi işgal ettiğinde kötü veya zayıf bir insan olduğunuzu düşünmeyin, kendinizi ayıplamayın ve kendinize kızmayın. Kendinizi kınayan bir tavır takınırsanız yalnızca zihninizde çatışma çıkarırsınız ve içsel durumunuzu daha da karmaşık bir hale getirirsiniz. Akıllıca davranın ve dikkatinizi arzulara vermeyi reddedin. Arzular size egemen olurlar, çünkü siz onlara ilgi gösterirsiniz. Onlara kapılmamaya çalışırken bile onları düşünürsünüz. Yani zihniniz hâlâ arzulanan nesneyle doludur.

Arzu, zihnin bir fikir üstünde sabit tutulmasından ibarettir. Dikkatinizi oradan çekin ve takıntınızdan sıyrılın. Deneyin, bunun çok da zor olmadığını kendiniz göreceksiniz. Başarısız olursanız pes etmeyin. Her defasında yeniden deneyin. Eninde sonunda negatif düşüncelerinizin ve takıntılarınızın üstesinden geleceksiniz.

***

Keyifli olmayan ve size sıkıcı gelen şeyler yapmak zorunda olduğunuzda sahte kişilik hemen direnç gösterir. Evi temizlememeniz için, spora gitmemeniz için, erken kalkmamanız için elinden geleni yapar. Onun sevmediği, istemediği bir şeyi yapmanıza engel olabilmek için fabrika gibi bahane üretir. Aslında size sıkıntı veren bir eylem hakkında düşünmek, onu yapmanın kendisinden katbekat zordur. Diyelim ki ertesi sabah diş hekimine gideceksiniz ve dişiniz çekilecek. Üstelik dişçi koltuğundan korkan birisiniz... Zihniniz sizi sabaha kadar uyutmaz, acı dolu senaryolar kurar ve sizi endişelere boğar. Sonra gider, koltuğa oturursunuz ve bütün iş on beş dakika içinde sona erer. Böylece on beş dakikalık bir sıkıntı yüzünden bütün bir gece ıstırap çekmiş olursunuz. Gelecekte gerçekleşecek olan tatsız bir olay hakkında düşünmek ona katlanmayı daha kolay bir hale getirmez, yalnızca bir gece uykusuz kalmanıza ve korkular içinde kıvranmanıza neden olur.

Yapmak zorunda olduğunuz sıkıcı, rutin işlerle uzlaşın. Onları gönülsüzce ve yenik bir tavırla değil, can atarak ve bütün kalbinizle kabul edin; onlara 'Evet!' deyin. Sahte kişilik ne kadar direnirse direnσin, vazgeçmeyin ve asla pes etmeyin. Size en zor gelen şeylere süper güç uygulayın. Mesela spor yapmak size zor geliyorsa sahte kişilik size 'Hayır!' dediğinde aldırış etmeyin. Gülümseyin ve 'Evet!' deyin. ''Evet! Bugün spor yapacağım.'

Yarını düşünmeyin. Yarını, yarın gelince düşünürsünüz. Aynı süper gücü tekrar tekrar uyguladığınızda sahte kişiliğin direnci kırılır.

Bu yöntemi, dişinizi çektirmek gibi her ne kadar acı verici olsa da gerçekleşmesi kaçınılmaz olan şeylere de uygulayın. Onları kabul edin ve onlar hakkında zihninizde beliren düşüncelere, endişelere, korkulara hiç yüz vermeyin. Zihniniz size 'Yarın dişin çekilecek ve canın yanacak!' dediğinde katiyen ilgilenmeyin. Dikkatinizi başka bir yere odaklayın. Böylece canınız gerçekten yanması gereken zamanda, yani dişiniz çekilirken yanmış olur. Daha önce değil.

***

Hiç kimse her zaman iyi veya kötü değildir. Bütün insanlar birbirlerine benzer ve tıpkı sizin değiştiğiniz gibi başkaları da değişir. Bu gerçeği iyi kavrar ve hep hatırlarsanız çevrenizdeki kişilerle olan ilişkiniz bambaşka bir nitelik kazanır. Ne yazık ki çoğu zaman başkalarının da sahte kişiliklerinin pençelerinde olduklarını, zihinsel alışkanlıklarının kurbanı olduklarını, mekanik tepkiler verdiklerini ve uykuda olduklarını unutursunuz. Bu yüzden diğer insanlarla aranızda çekişmeler ve itişmeler sürüp gider.

Oysa onların uykuda oldukları gerçeğini hatırlarsanız, kırıcı ve kaba davranışlarından etkilenmez ve incitici sözlerinden alınmazsınız. Ne yaparlarsa yapsınlar, onlarla çatışmaz ve kavga etmezsiniz. Bütün bu zararlı ve yanlış eylemleri kendilerini hatırlamadıkları ve zihinlerini izlemedikleri için yaptıklarını bilirsiniz.

Siz artık zihninizin nasıl çalıştığını izleyerek öğrendiğiniz ve başkalarının zihinlerinin de sizinki gibi çalıştığını anladığınız için insanları yargılamayı bırakmalısınız. Kişiler hakkında 'O saldırgan biri...' 'Falanca kişi yalancının teki...' 'Öteki kendini beğenmiş...' gibi peşin hükümlere asla itibar etmemelisiniz. 'O böyle biri değil, onun zihni böyle çalışıyor' demelisiniz, çünkü zihinsel mekanizmanın nasıl işlediğine bizzat tanık olmuş, bunu kendinizi gözlemleyerek anlamışsınızdır.

Ayrıca geçmişte hata yapmış olan birinin mevcut koşulda dosdoğru olabileceğini de aklınızdan çıkarmamalısınız. Normalde, insanlarla ilgili bir hükme vardığınızda o izlenimin değişmesi çok zordur ve bu kişi ile on gün sonra da karşılaşsanız, bir yıl sonra da karşılaşsanız fikirlerinize geçmişten gelen izleniminiz yön verir. Fakat o kişi, bu süre içinde bambaşka birine dönüşmüş olabilir. Kendini hatırlama, uyanma ve zihnini izleme çalışması yapan bir kişi olarak siz, insanlarla her karşılaşmanızda önyargılara, sabit fikirlere ve geçmişten taşıdığınız izlenimlere sahip olmak yerine yepyeni ve taze, geçmişin yargılarını taşımayan bir bakışa sahip olmalısınız.

***

Sahte kişilik paylaşımcı ve cömert değildir. Birisine bir şey verirken bütün kalbiyle veremez. Hatta bazen bir armağan verirken içten içe kabul edilmemesini umut ettiği bile olur. Arkadaşları onun evine geleceği zaman en güzel çikolataları kaldırır, kendine saklar. Pazarda güzel meyveler görürse herkesin önüne geçip ilk kendisi seçmeye çalışır. Kimi zaman kendisine de cimrilik eder ve satın aldığı pahalı ve şık bir kıyafeti giymeye kıyamayıp, özel bir günde giymek üzere dolabında saklar. Yıllardır giymediği elbiseleri dolabında öylece durur, ama onları kimseye vermez. Evi ağzına kadar kullanılmayan eşyalarla doludur, ama bunları da ihtiyacı olanlara dağıtmak çoğu zaman aklına bile gelmez. Bunların hepsi sahte kişiliğin açgözlülüğünden kaynaklanan davranışlardır ve size ıstırap çektirmekten başka bir işe yaramazlar.

Sahte kişiliğin bencilliğini ve açgözlülüğünü kırmak için paylaşmaya başlamalısınız. Sahip olduğunuz her güzel şeyi, her fırsatta paylaşın. Yemeğinizi paylaşın, giysilerinizi paylaşın, bilgilerinizi paylaşın, sevginizi paylaşın, şarkılarınızı paylaşın, kitaplarınızı paylaşın, neşenizi ve sevincinizi paylaşın. İstifçi olmayın. Her şeyi biriktirip, kendinize saklamayın. Komşunuzdan daha çok şeye sahipsiniz diye gizli gizli sevinmeyin. Arkadaşınızdan daha çok şeye sahipsiniz diye kendinizi ondan üstün görmeyin."

Madam Bobogel birdenbire "Doğuştan gelen hakkım olan kozmik kraliçeliğimi kimseyle paylaşamam!" diye çıkıştı.

"Buram buram çürümüş balık kokan acayip tavsiyelerinizi kendinize saklayın!"

Mama Nono gülümsedi. "Sizinle küçük bir egzersiz yapalım sevgili madam" dedi. "Paylaşmakta çok zorlananlar için ideal bir başlangıç egzersizidir. Mesela sol elinizdeki asayı, sağ elinize vererek başlayabilirsiniz. Daha sonra da sağ eliniz asayı, sol elinize armağan eder ve bir süre bu şekilde devam ederek verememe alışkanlığınızı biraz sarsarsınız."

Madam Bobogel yüzünü ekşitti, ama denileni yapmaya koyuldu.

"Zamanla, bütün kalbinizle paylaşmayı öğreneceksiniz" dedi Mama Nono. "Bu sayede kalbiniz daha evvel hiç tatmadığınız bir sevinçle, eşsiz ve benzersiz bir mutluluk duygusu ile dolacak."

"Bu acınacak derecede gülünç egzersizlerle nereye varılmaya çalışılıyor?" diye söylendi Madam Bobogel. "Sahte kişiliğinizden kurtulun diye tutturdunuz, ama ben kendi kutsal kişiliğimi hiçbir şeye değişmem. Kişiliğinden kurtulması gereken biri varsa, o da şu gariban yazardır. Onun kişiliği çok sahte, besbelli."

Yüzünü ekşitip bana dik dik baktı, ama hiç oralı olmadım. Bu defa sahiden kızmamıştım, söyledikleri yalnızca komiğime gitmişti.

"Bir okur sorumuz var" dedi Mama Nono. "Buyurun, sizi dinliyoruz."

"Merhaba. Benim merak ettiğim şey şu: Sahte kişiliğimden kurtulmayı başarırsam geriye ne kalacak? Bomboş, renksiz ve karaktersiz biri olup çıkacak mıyım?"

"Hayır" dedi Mama Nono. "Aksine, hiç olmadığınız kadar dolu olacaksınız. Sevgiyle, şefkatle, coşkuyla, neşeyle ve bilgelikle dolacaksınız. Sahte kişiliğin size koyduğu sınırlar ortadan kalktığında özgür olacaksınız. O gidince geriye benim 'patron' dediğim şey kalacak. Yani gerçek benliğinizle, ruhunuzla, özünüzle baş başa kalacaksınız. Bu oldukça kârlı bir takas olacak. Sizi mutsuz etmekten ve kısıtlamaktan başka bir işe yaramayan sahte kişiliği verip, sonsuzluğu alacaksınız. Hiçbir anlamı olmayan, uydurma bir şey gidecek ve her şey sizin olacak. Bunu kavrayabilmeniz için kendiniz tecrübe etmeniz gerekli."

"Patronun ne olduğunu tam olarak anlayamıyorum" dedi okur.

"Patron sizin gerçek benliğinizdir" dedi Mama Nono. "Siz, olmadığınız her şeyi üzerinizden attığınızda geriye o kalır. Patronun ne olduğu hakkında düşünmeyin, çünkü bu hiçbir işe yaramaz. Siz yalnızca kendiniz zannettiğiniz sahte şeylerden kurtulun, o kadar. Sahte olanlar dökülüp gittiğinde gerçek olan ortaya çıkacaktır.

***

Sahte kişilik kendisini eleştiren kişilere hemen kızmaya programlıdır. Oysa çoğu zaman kendi kusurlarınıza karşı kör olduğunuz için başkalarının onları size göstermesi, ayna tutması gereklidir. Eksik ve kusurlu taraflarınız size bir başkası tarafından işaret edilmedikçe, onları kendiniz bulup gidermeniz çok zordur. Bu yüzden aslında sizi eleştiren kişileri en kıymetli öğretmenleriniz olarak görmeniz gerekmektedir.

Size hatalarınızı söyleyen kişi, elbette mükemmel değildir. O da birçok açıdan eksik ve kusurludur ve o da sizin tarafınızdan eleştirilmeye muhtaçtır çünkü daha evvel de söylediğim gibi her insan kendisinin kör noktasıdır. Sizin tarafınızdan kısacık bir süre içinde kolayca gözlemlenen, bariz bir kusuru karşınızdaki insanın kendisinde görmesi yıllar sürebilir. Bu yüzden size kendinizde düzeltmeniz gereken şeyleri gösteren kişilere içinizdeki gizli hazineleri ortaya çıkaran biri gözüyle bakın.

Eleştiri kaldırmak sahte kişilik için hiç kolay değildir. Hemen savunmaya geçer ve karşısındakini suçlamaya başlar. Birisi sizi eleştirdiği zaman hemen mekanik bir şekilde tepki vermeyin. Sakin kalın, hemen cevap yetiştirmeyin, ezbere hareket etmeyin. Eleştiriyi haklı da bulsanız, haksız da bulsanız alışkanlıktan doğan karşılıklara başvurmayın. Nefesinize odaklanın ve kendinizi izleyin. Söylenilen şey doğruysa, faydasını göreceksiniz. Doğru değilse, zaten ortada kızmak için bir neden bulunmuyor.

Siz de birisini eleştirirken ağır ve suçlayıcı bir şekilde konuşmamaya büyük özen göstermelisiniz. Eğer kibar ve şefkatli bir dil kullanamazsanız, eleştiriniz karşınızdaki kişiyi yaralamaktan başka bir sonuç vermez.

***

Sahte kişilik mekanik olarak, ezbere konuşur ve aktif olarak dinlemeyi katiyen beceremez. Hepiniz muhakkak hayatınız boyunca birçok defa öfkeye kapılıp, sonradan söylediğinize pişmanlık duyduğunuz sözler sarf etmişsinizdir. Bazen de siz kırıcı sözleri ve hakaretleri işiten taraf olursunuz. Sözlerin insanlar üzerinde çok büyük bir gücü vardır. Onlar kullanım şekillerine göre büyük hasarlar verip yıkıma yol açabilirler veya yaraları sarıp iyileştirebilirler. Bazen bir dostunuz hiçbir şey söylemeden, sadece sizi can kulağıyla dinleyerek, yani aktif olarak dinleyerek bile acınızı hafifletebilir. Duymakla aktif olarak dinlemek arasında dağlar kadar fark vardır. Aktif olarak dinlemek demek bütün dikkatinizi vererek dinlemek demektir. Arkadaşınız konuşurken siz hayallere dalıyor, kendi düşüncelerinizin sesini dinliyor veya zihninizden onun sözü bitince vereceğiniz cevabı hazırlıyorsanız, onu aktif olarak dinlemiyorsunuz demektir.

Bugünden başlayarak bir deneme yapın. Bir sonraki konuşmanızda, tartışmanızda veya sohbetinizde karşınızdaki kişiyi tüm benliğinizi vererek dinlemeye çalışın. Sahte kişiliğiniz bir cevap yetiştirmek için kıvranacak, konuşma sırasının ona gelmesi için sabırsızlanacaktır. Aldırış etmeyin. Eğer konuşan kişi sizinle bir sorununu paylaşıyorsa çözüm önerilerinizi sıralamaya başlamayın. Muhtemelen sizin çözüm önerilerinize değil, onu gerçekten dinlemenize ihtiyacı vardır. Sessiz kalın ve yalnızca dinleyin. Düşüncelere dalarsanız nefesinize odaklanarak kendinizi geri getirin ve sakin bir şekilde dinlemeye devam edin. Karşınızdakinin sözünü kesmeyin, hemen kendi hayatınızdan örnekler vermeye kalkışmayın ve sizden tavsiye istenilmediği sürece tavsiyelerde bulunmayın.

Konuşurken daima kendinizi hatırlamaya çalışın. Ezberlediğiniz konuşmaları papağan gibi tekrarlamayın, dikkatinizi söylediğiniz sözlere odaklayın. Sahte kişilik başkalarının yerine ve başkalarının adına da konuşmaya çalışır. Eşinizin, çocuğunuzun veya bir başka yakınınızın adına konuşmaktan kaçının. Kendinizi ifade ederken kırıcı olmamaya özen gösterin. Birisini eleştirirken 'Hep böyle yapıyorsun' gibi genellemeler yaparsanız, geçmişi bugüne taşımış olursunuz. Şimdi, bu anda olan şeye odaklanın. Dürüst olmak, kaba olmayı gerektirmez. Söyleyeceğiniz şey ne olursa olsun, onu incitici olmadan, kibar ve şefkatli bir şekilde dile getirmenin bir yolu muhakkak vardır.

Konuşurken kendinizi hatırlamayı ve uyanık kalmayı başarabilirseniz, sahte kişiliğinizin her zaman ezbere sarf ettiği yıkıcı ve kırıcı sözlerin eskisi gibi kolayca ağzınızdan dökülmediklerini fark edeceksiniz.

***

Düşünceleriniz bazen size 'Kendime daha iyi bakmalıyım, kilo vermeliyim, sigarayı bırakmalıyım...' gibi güzel ve faydalı şeyler söyler. Bu tip düşünceler genellikle süratle gelip geçerler ve siz onlara pek aldırmaz, söylediklerine kulak asmazsınız. Öte yandan kendinize karşı zalimce yargılar içeren düşünceler hemen ilginizi çeker. 'Beceriksizin tekiyim, çirkinim, aptalım...' gibi düşünceler zihninizde belirdiği anda onlara derhal takılır, bütün dikkatinizi bu yargılayan düşüncelere odaklarsınız. Kendini beğenmemek, kendini eleştirmek, hatta kendinden nefret etmek çok sık rastlanılan, zararlı zihinsel alışkanlıklardır. Eğitimsiz, disiplinsiz ve başıboş bırakılan zihin içe doğru saldırır ve özeleştiriye dalıp, kendini yaralar.

Sizi yargılayan, yaralayan düşüncelere enerjinizi vermeyin. Onlarla ilgilenmeyin, onlara sahip çıkmayın, peşlerine takılmayın ve onlarla itişip dövüşmeyin. Nefesinize odaklanarak, dikkatinizi o düşüncelerden çekip uzaklaştırın. Siz onlara dikkatinizi yöneltip, enerjinizi vermezseniz, beslenemezler ve birer birer sönüp giderler.

Kendinden nefret etmenin tam tersi, yani kibir de çok sık rastlanılan, zararlı zihinsel alışkanlıklardan biridir. Dış dünyadaki nesneler ve kişiler insana çekici gelerek dikkatini dağıtır ve onu aldatarak, kendinden uzaklaştırır. Bu yetmezmiş gibi zihni kibirle programlanan kişi bir de kendi yetenekleri, kendi güzelliği ve kendine duyduğu büyük hayranlık tarafından aldatılıp kandırılır.

Çok zengin, çok şöhretli, çok yetenekli, çok güzel veya çok zeki olabilirsiniz, hatta bunların hepsi birden de olabilirsiniz. Elbette bunda hiçbir sakınca yoktur. Sakıncalı olan bunlara tutunmanız, sıkı sıkıya yapışmanız, kendinizi onlara kaptırmanız ve kendinizi bunlarla tanımlamanızdır. Bütün bunlar elinizden her an kaçıp gidebilecek ve bir gün kaçınılmaz olarak sona erecek şeylerdir. Zirvede olmak iyi gibi görünür, ama kişinin üzerinde orada kalma baskısı oluşur. Zirve için daima azılı bir rekabet vardır ve sizden daha iyi olan, yerinizi alabilecek biri de muhakkak bulunur.

Zihninizi kibirden koruyun, çünkü zihin kibirle dolarsa onu eğitmek güçleşir ve zihni eğitimsiz olan bir insanın hayatı karanlık ve huzursuzdur. Uyanık ve tetikte olun. Zihninizin nasıl işlediğini, size ve başkalarına neler ettiğini sorgulayın ve gözlemleyin. Unutmayın ki bir insanın bu hayatta elde edebileceği en büyük başarı zihnini eğitmesi ve kendini hatırlayarak, sahte kişiliğinin maskesini düşürmesidir."

"Bırak böyle kalalım, bir dargın bir barışık
Nasıl olsa dünyada bütün işler karışık."

Sedat Ergintuğ

İçindeki Kalabalığı Dağıt

"Gece yatarken ertesi sabah erken kalkmaya karar verirsiniz ve alarmınızı saat yediye kurarsınız" dedi Mama Nono. "Fakat sabah olunca genellikle fikriniz değişmiş olur. Alarmı kapatır, uyumaya devam edersiniz. Rejim yapmaya karar verirsiniz ve akşam yemeğini salatayla geçiştirirsiniz. Fakat gece uykudan kalkar, buzdolabına koşar ve ne bulursanız büyük bir iştahla yersiniz. Bu nasıl olur? Akşam yatanla, sabah kalkan aynı kişi değil midir? Rejim yapmaya karar verenle, rejimi bozan aynı kişi değil midir?"

Durakladı, bakışlarını üzerimizde gezdirdi. Dikkatle dinlediğimizden emin olduktan sonra devam etti:

"Değildir!" dedi. "Gece yatan kişiyle sabah kalkan kişi aynı kişi değildir. Sabah uyanan başka bir kişi olduğu için daha önceki kişinin verdiği kararları hiç ciddiye almaz. Sahneye yeni bir sahte kişilik çıkmıştır ve kontrol şimdi ona geçmiştir.

Hepiniz birçok kimliklere bölünmüş vaziyettesiniz. İçinizde hayatınızın farklı zamanlarında ve farklı şekillerde oluşmuş birden fazla sahte kişilik hüküm sürüyor. Bu kişiliklerin hepsi başka yaşta ve olgunluk seviyesindeler, hatta aralarında çocuk olanlar bile var. Ayrıca hepsi birbirinden değişik zevklere, değişik ilgi alanlarına, değişik koşullanmalara ve değişik hedeflere sahipler. Bu yüzden her an kendinizle çatışma halindesiniz ve hayatınız çelişkilerle dolu. İçinizdeki sahte kişilikler, üzerinizdeki denetimi ele geçirmek için birbirleriyle savaşıyorlar.

Bazen bir nesneye, bir olaya ya da bir insana bütün gücünüzle tutunursunuz, ama bir süre sonra onu unutuverirsiniz. Çamurdan kurabiyeler yapan, sonra da onlara olan ilgisini kaybedip, terk eden çocuklar gibi... Kurabiyelerine dokunursanız çocuk öfkeyle haykırır, ama onun dikkatini başka tarafa çekerseniz, onları unutuverir. Bir sahte kişilik gider, bir diğeri gelir ve yeni gelen kişilik diğerinin ilgilendiği şeylerle hiç ilgilenmemektedir.

Bugün bir şeye ikna olursunuz, ona inanır ve onu istersiniz. Yarın başka bir tesir altında inancınız, istekleriniz değişir. Mutlu olmak ister, bunu sağlamak için belli kararlar alır, ama kararlarınızı asla hayata geçirmezsiniz. Sanki kendinizin bir düşmanıymış gibi hareket eder ve tutarsız davranışlarınızla kendi mutluluğunuzu sabote eder, baltalarsınız. Kahvaltı sofrasında başka bir kişi, ofiste başka bir kişi, ailenizin yanında bambaşka bir kişi olursunuz. Oysa siz tek, sabit bir ben varmış gibi davranmaya devam edersiniz.

Bu uyumsuz, çatışmalı durum hayatınızın her alanına yansır ve doğal olarak trajik sonuçlar doğurur. Zaten cılız olan iradenizi tek bir konuya odaklamanız daha da olanaksız hale gelir, çünkü bir kişiliğinizin istekleriyle diğerininki örtüşmez. Her kişiliğin kendine göre planları vardır ve biri sevgilinizle ilişkinizi bitirebilir, diğeri sorumsuzca davranıp işinizi kaybetmenize yol açabilir, bir tanesi hiç yeri değilken çocukça davranabilir – ki büyük bir ihtimalle zaten çocuktur– ve bir tanesi başınızı belaya sokup, bedelini ömür boyu ödeyeceğiniz bir hata yapabilir. Sizmiş gibi yapan bir sahte kişilik, yanlış yerde ve yanlış zamanda ortaya çıkarak bütün hayatınızı mahvedecek bir davranışta bulunabilir. Ertesi gün size neden öyle davrandığınız sorulursa 'Bilmiyorum' dersiniz ve söylediğiniz doğrudur. Sarhoşken neler yaptığı anlatılınca şaşıran alkolikler gibi olursunuz; hayrete düşer, kulaklarınıza inanamazsınız.

Bu bölünmüşlük ve ondan kaynaklanan delilik alttan alta akıp gitmeye devam eder, ama siz asla durumunuzun farkına varamazsınız. Başka insanların birden fazla kişilikleri olduğunu gözlemlemek sizin için daha kolaydır. Özellikle çok yakın olduğunuz, aynı evde yaşadığınız kişilerde zaman içinde bunu fark edersiniz. Oysa kendi sahte kişiliklerinizi katiyen fark edemezsiniz, çünkü zihniniz sizin bu parçalanmış, çığırından çıkmış halinizi görüp, paniğe kapılmanızı engellemek için önlem alır ve araya tamponlar yerleştirir. Böylece siz tek bir kişiliğiniz olduğunu zannetmeye devam edersiniz.

Bir başkası bir şey yapacağını söyleyip, ertesi gün yapmayınca onu yalancı ve güvenilmez ilan edersiniz, hatta onunla ilişkinizi bile kesebilirsiniz. Diğerlerinin daima ve her koşulda aynı kişiliğe sahip olduklarını varsayarsınız, oysa onlar da sizinle aynı içsel durumdan mustariptir.

Sahte kişilik koşulların yarattığı bir şey olduğundan, onlarla birlikte değişir; alevin yakıta göre değişmesi gibi. Nefesinize odaklanın ve gevşeyin. Sessizce zihninizi izleyin, içindeki trafiği görün. Bir yolun kenarındaki merdivene oturmuş, kaldırımdan gelip geçen insanları izlermiş gibi kendi içinizdeki sahte kişilikleri izleyin. İçinizde iyi insanlar, kötü insanlar, güzel insanlar, çirkin insanlar, öfkeli insanlar, hırslı insanlar, kavgacı insanlar, günahkârlar ve masum çocuklar göreceksiniz. Aldırmayın. Gördüğünüz şeylerle, karanlık taraflarınızla savaşmaya kalkışmayın. Sizin dikkatiniz, ışıktır. Siz, dikkatinizi karanlık taraflarınıza ve karanlık kişiliklerinize yönlendirerek içsel dünyanıza ışık taşıyorsunuz. Karanlığı dağıtmak için bu yeterlidir. Ortaya çıkan bütün sahte kişilikleri tarafsızca gözlemleyin. Zamanla onları daha iyi tanıyacak, her birinin huylarını öğreneceksiniz. Berrak bir şekilde görebildiğiniz her kişilik sizin üzerinizdeki gücünü ve hâkimiyetini yitirir. Artık sizi hazırlıksız yakalayıp, ele geçiremez.

Siz kendinizi izlemeye ve uyanık kalmaya devam ettikçe içinizdeki kişilikler birleşirler, sayıları azalır. İçinizdeki sahte kişiliklere, koşulsuz sevgi besleyen bir ebeveyn gibi yaklaşın. Onlara kızmayın, onları yargılamayın ve onlarla savaşmayın. Bazılarının çocuk olduklarını hiç aklınızdan çıkarmayın. Hepsine sahip çıkın, hepsini kucaklayın. Hayalinizdeki ideal ebeveyn nasıl biriyse o olun ve kişiliklerinizin hepsine şefkatle, bilgece yol gösterin."

"Dilerim Tanrı'dan gülmesin yüzün
Gönlüne eş olsun dert ile hüzün
Huzura ermesin benliğin özün
Benden başkasını seversen eğer."

İlkan San

Sahte Kişilik Bütün Silahlarını Kuşanır

"Sahte kişilik asla sona ermek istemez ve sizin onu gözlemlemeye başladığınızı fark ettiğinde hemen savunmaya geçer" dedi Mama Nono. "Sizi uyanma çabanızdan alıkoymak için silahlarına davranır. Sahte kişiliğin elinde size karşı kullanabileceği çok sayıda ve çok güçlü silahlar vardır. Direnç, tembellik, sabırsızlık, melankoli, depresyon, boş vermişlik, şüphe, erteleme, kendini kandırma ve kendini yargılama bu silahlardan bazılarıdır.

Hepsinden öte, bir de alışkanlık enerjisi vardır. Alışkanlıklarınızın gücünü asla hafife almamalısınız. Alışkanlıklarınız siz gece uyurken bile güç toplarlar. Siz çalışmayı kısa bir süre için bile bıraktığınızda hemen her şey eski haline dönüverir. Bir süre kendinizi unutup, mekanik bir şekilde etrafta gezinirsiniz, sonra bir an için kendinizi hatırlarsınız ve bir bakarsınız ki sahte kişilik tahtına kurulmuş, gayet güzel hüküm sürüyor. O zaman sahte kişilik size dönüp şöyle der: 'Kendini izlemek de neymiş? Vaktini neden böyle saçmalıklarla boşa harcıyorsun? Bu sıkıcı işi bırakıp, zevkli bir şeyler yap. Keyfine bak!'

Duraklarsınız, aklınız karışır. Aslında sahte kişilik doğruyu söylüyordur. Neticede, kendini hatırlamak çok da eğlenceli bir çalışma değildir. Hem, kendinizi bugün değil de gelecek hafta izleseniz ne çıkar?

Böylece kendinizi izlemeyi bırakır, alışkanlıklarınıza teslim olur ve uyurgezer halinize geri dönersiniz. Sahte kişilik size karşı bir zafer daha kazanmış ve kendine yönelik bir saldırıyı daha savuşturmuş olur."

"Sonsuz Işık'a şükürler olsun!" dedi Madam Bobogel. "Gariban bir saldırı daha savuşturulduğuna göre boş işlerle uğraşmayı bırakıyoruz, besbelli. Acınacak derecede gülünç 'kendini izlemek' konusu hiç kapanmayacak sanmıştım. Artık hapishaneden kaçma yöntemlerini konuşmaya başlayalım yoksa kutsal aklımı oynatacağım!"

Mama Nono onu duymazlıktan geldi ve devam etti: "Zeki bir insan içinde bulunduğu durumu görür ve zamanını önemsiz şeylere harcamak yerine bütün ilgisini zihnini tanımaya ve kendi doğasını öğrenmeye yöneltir. Boş vakitlerinizi heba etmeyin, zamanınızı doğru şekilde kullanın. Her fırsatta içinize bakın ve kendinizi izleyin. Tembelliğinizin, sabırsızlığınızın ve eğlendirilme ihtiyacınızın yolunuzu kapatmasına müsaade etmeyin. Sizin için zararlı olan şeyleri yapmayı bırakın. Yediğiniz yemek zehirliyse elinizden atarsınız, öyle değil mi? Ben, size yediğiniz yemeğin zehirli olduğunu söylüyorum. Bu anlamsız, boş ve yüzeysel hayatlarınızı terk etmeniz, derinde ve kökte değişmeniz gerektiğini söylüyorum. İçinizdeki kalabalığı görmeniz gerektiğini, zihninizdeki bencilliği, kabalığı ve kötülüğü görmeniz gerektiğini, uyanmanız gerektiğini söylüyorum.

Ama zehir yavaş yavaş yayılıp, etkisini geç gösteren bir zehir olduğu için belki beni dinlemez, eskisi gibi devam edersiniz. O zaman ömrünüzü sahte kişiliğe hizmet ederek geçirmeye devam edersiniz ve ıstıraplarınızın sonu gelmez.

Bilge bir adamın bir hikâye anlattığını duymuştum:

Issız bir ormanda yaşayan bir sihirbaz vardı. Bu sihirbazın birçok koyunu vardı ve tek yiyeceği onlardı. Sihirbaz, koyunları her gün bir tanesini öldürmek için barındırıyordu ve koyunlar bu adamdan doğal olarak çok korkuyorlardı. İçlerinden bazıları o gün ölebilecekleri korkusuyla ormanın derinlerine kaçıp saklanıyorlardı. Arkadaşlarının öldüğünü biliyorlardı ve sıranın her an kendilerine gelebileceğinin farkındaydılar. Sihirbaz için her gün çıkıp kaçan koyunları aramaya çalışmak artık çok sıkıcı bir hale gelmişti.

Sonunda sihirbaz bir hileye başvurdu. Bütün koyunları hipnotize etti ve her birine tek tek, 'Sen bir istisnasın. Herkes öldürülebilir, ama sen öldürülemezsin. Sen sıradan bir koyun değilsin. Senin tanrısal bir önceliğin var' dedi. Bazılarına da 'Sen bir koyun bile değilsin. Sen bir aslansın, bir kaplansın, bir kurtsun. Sadece koyunlar öldürülür. Senin gidip ormanda saklanmana gerek yok. Bir aslanın öldürülme korkusuyla kaçıp saklanması çok aşağılayıcı bir şey, çünkü sadece koyunlar öldürülür' dedi. Sihirbaz bu şekilde bütün koyunları değişik yollarla hipnotize etmeyi başardı. O günden sonra hiçbir koyun kaçmaya kalkışmadı. Sürekli içlerinden birilerinin öldürüldüğünü, katledildiğini görmelerine rağmen artık korkmuyorlardı, çünkü sihirbaz onları özel ve ayrıcalıklı olduklarına inandırmıştı. Doğal olarak hepsi öldürülenlerin birer koyun olduğuna ve kendilerinin ise birer kaplan, aslan veya kurt olduğuna inanıyorlardı. 'Ben öldürülmeyeceğim çünkü bir istisnayım, tanrısal bir önceliğim var' diye düşünüyorlardı. Zihinlerine sihirbaz tarafından bu şekilde bir öykü yerleştirilmişti."

Madam Bobogel homurdandı. "Tipik bir yanlış alıntı!" dedi, suratını ekşitti. "Bu hikâye bilge bir adama değil, bana ait. *Amuda Kalkarak Asla!* kitabımdan alınmış."

Mama Nono gülümsedi. "Bugünlük bu kadar yeterli" dedi. "Yarın kaldığımız yerden devam ederiz."

Madam Bobogel dersin sona erdiğini duyunca bana döndü, "Bakıyorum eve gidip havuza girmek için sabırsızlanıyorsunuz" dedi. "Çıldırmış bir koyun gibi olan zihninizin içine bir de şeytan girdi, büsbütün sapıttınız ve büyülenmiş bir maymun gibi oldunuz. Çok yazık!"

Derin bir nefes aldım, dişimi sıktım ve yanıt vermedim.

"Yeter artık yeter dönme ey dünya
Çektirdiğin yetmez mi söyle ey dünya
Yandım yandım küle döndüm tükendim bittim
Değirmen misali öğüttün dünya."

Şakir Askan

BEŞİNCİ GÜN

Istırabınızı Yarı Yolda Karşılayın

Sabah uyandığımda, derse gitmeden evvel birkaç egzersiz yapmaya karar verdim. Son iki gecedir "gününü gözden geçirme egzersizi" yapıp öyle uyuyordum ve bu ödevi yaptığım için kendimden memnundum. Şimdi sıra diğerlerine gelmişti.

Yataktan kalkarken her zamanki taraftan değil, diğer taraftan kalktım. Dişimi fırçalarken sol elimi kullandım ve kahvaltı hazırlamak için mutfağa gittiğimde de sol elimi kullanmaya devam ettim. Zihnim bana "Uzun uzun uğraşıp bir şeyler hazırlamaya üşenmiyor musun?" diye sordu. "Bir elma ye gitsin!"

Gülümsedim ve "Evet, üşeniyorum" dedim. "Hem de çok! Ama yine de kendime nefis bir omlet hazırlayacağım."

Peyniri kesmem çok uzun sürdü ve yumurtaları kırarken tavaya bolca kabuk karıştı, ama yılmadım. Üstelik çok da eğleniyordum. Haftalardır ilk kez günüm güzel başlamıştı. Normalde uyanır uyanmaz aklıma ilk gelen şey romanım oluyordu, ama bu sabah onu hiç düşünmemiştim. Romanımı hiç düşünmediğimi düşününce, birdenbire zihnime kaygılar hücum etti. Önce biraz telaşlandım, ama sonra toparlandım ve kendimi hazırladığım kahvaltıya odakladım. Dolapta kalan tek domatesi çıkardım, sol elimle kestim. Kokusunu uzun uzun içime çektim ve Mama Nono'nun dediği gibi, onu benim soframa kadar getiren yolculuğu hayal etmeye çalıştım.

Evden çıkma vakti geldiğinde gözüm bisikletimin patlak lastiğine takıldı. Ders sonrası onu tamir ettireceğime dair kendime söz verip Mama Nono'nun evine doğru yola koyuldum.

***

Madam Bobogel nedense kendisine en az iki beden küçük gelen kıyafetler içindeydi ve müthiş derecede rahatsız görünüyordu. "Sadık müritlerimden Nirdoş Hanım'ı yanımda getirmeme itiraz etmemeniz çok yerinde bir karar doğrusu" dedi, bir taraftan da eteğini çekiştirip düzeltmeye çalışıyordu. "Ne de olsa bu kursa katılmak için bir servet ödedim."

Mama Nono bu sözlere aldırış etmedi. Sakin ve sessizce oturuyor, bizi izliyordu.

Nirdoş Hanım'ı daha evvel görmüştüm. Kursun ilk gününde Madam Bobogel ile beraber gelen ve ders çıkışında onu karşılayıp şemsiye tutarak limuzine bindiren mürit, bu kadındı. Altmış yaşlarında, ufak tefek ve sevimliydi. Üzerinde son derece pahalı giysiler vardı ve bir servet değerinde mücevherlerle bezeli takılar takmıştı. Kılık kıyafetindeki ve mücevherlerindeki ihtişama rağmen sade ve mütevazı bir görünüme sahipti. Kumaşlarının bariz kalitesinden yola çıkarak, Madam Bobogel'in giysilerinin de Nirdoş Hanım'ın gardırobundan ödünç alınmış olduğunu tahmin ettim. Nirdoş Hanım, Madam Bobogel'in bir işaretiyle hemen onun yanındaki mindere oturdu ve meraklı gözlerle etrafı izlemeye koyuldu.

Nirdoş Hanım ona baktığımı fark edince, "Merhaba, ben Nirdoş!" dedi ve neşeyle kıkırdadı. "Bu sınıfta yeniyim. Umarım çok şey kaçırmamışımdır."

Gülümsedim. Bir şeyler söylemek için ağzımı açtım, ama Madam Bobogel araya giriverdi. "Burada koskoca ve pek yüce bir madam dururken yabancılarla haşır neşir olmana gerek yok Nirdoş!" dedi, azarlayan bir tonla. "Soracağın bir şey olursa Sonsuz Işık'ın tek elçisi olan kutlu şahsıma sorabilirsin."

Nirdoş hemen toparlandı, "Elbette yüce madam" dedi ve telaşla bakışlarını benden kaçırdı.

"Ayrıca ona ismini söylemen çok tedbirsiz bir davranış" dedi Madam Bobogel.

Nirdoş, "Ama siz zaten benim ismimi..." diyecek oldu, Madam Bobogel sözünü kesti. "Mutlu olmak istiyorsan garibanlara sırlarını verme Nirdoş!" dedi büyük bir ciddiyetle. "Benden sana kozmik bir yüce madam tavsiyesi!"

Nirdoş Hanım bana kaçamak bir bakış attı, sonra Madam Bobogel'e dönüp, "Bu kızcağızın ismi gariban mıymış?" diye sordu, kısık bir sesle.

Madam Bobogel soruya cevap vermedi. "Dikkatini derslere odakla Nirdoş!" dedi. "Bilhassa hapishaneden kaçma yöntemleriyle ilgili bölümleri can kulağıyla dinle, çünkü kâinatın büyük bir şaşkınlığından ötürü hapishanelere düşecek olursam kutlu mutlu varlığımı oradan kurtarmak müritlerimin en kutsal vazifesidir."

"Elbette yüce madam" dedi Nirdoş. "Yalnız bundan önceki dersleri kaçırdığım için biraz endişeliyim. Acaba çok kısa bir özet geçebilir misiniz?"

Madam Bobogel suratını ekşitti, "Hiçbir şey kaçırmadın!" diye kestirip attı. "Gerçek olmadığımız ve sahte olduğumuz belirlendi. Hapishane konusu henüz açılmadı."

Nirdoş Hanım'ın ağzı hayretle açıldı. "Sahte miymişiz?" diye sordu.

"Evet, sahteymişiz" dedi Madam Bobogel, gayet sakin bir tonla. "Bir de çıldırmış bir maymun olduğumuz ortaya çıktı. Hapishane konusu işlenmedi."

"Çıldırmış bir maymun muymuşuz?"

"Evet, çıldırmış bir maymun... Bir de çıplak kral olduğumuz tespit edildi. Hapishaneden daha hiç bahsedilmedi."

"Çıplak mıymışız?"

"Evet, çıplak... Son olarak bir de sarhoş olduğumuz anlaşıldı. Hapishaneden katiyen söz edilmedi."

Nirdoş Hanım büsbütün dehşete kapılmıştı. "Demek sarhoşmuşuz ha!" dedi. "O zaman yazıklar olsun bize!"

"Evet, benim de kutsal sabrım taşmak üzere" dedi Madam Bobogel. "Çünkü günler gelip geçiyor, ama hapishane konusu bir türlü açılmıyor..."

***

"Herkes buradaysa başlayalım" dedi Mama Nono. "Bugün korku, öfke ve nefret gibi size zarar veren duygulardan bahsedeceğiz. Bir duygu da bir zihin halidir. Duygular düşüncelere, düşünceler de duygulara dönüşebilirler.

Gelin, bir deneme yapalım. Gözlerinizi yumun, nefesinize odaklanın. Dikkatinizi bedeninizde gezdirin ve gerilimli yerleri bulup rahatlatın. İyice gevşediğinizden emin olduğunuzda size acı veren bir hatıranızı seçin ve yalnızca onu düşünün. Birkaç dakika boyunca seçtiğiniz hatırayı zihninizde canlandırmaya devam edin. Araya giren diğer düşüncelerle ilgilenmeyin. Bir düşünceye takılıp giderseniz nefesinizi kullanarak hatıraya geri dönün.

Size acı veren hatırayı düşünürken üzüntüye kapılıyorsunuz, öyle değil mi? Gördüğünüz gibi düşünceleriniz duyguya dönüşebiliyor. Bu denklemin tersi de geçerlidir, yani duygular ve hisler de düşüncelere dönüşürler, ama sizin bunu fark etmeniz daha zordur. Yine de şöyle bir örnek vereyim: Gece uykunuzda susuzluk duyarsınız ve rüyanızda bir şişe suyu kana kana içtiğinizi görürsünüz. Susuzluk hissiniz zihniniz tarafından düşünceye dönüştürülmüştür.

Zihninizin bir fabrika gibi çalıştığını ve genellikle aynı şeyleri ürettiğini daha evvel konuşmuştuk. Düşünceler ve duygular zihin fabrikasının ürünleridir. Siz belli düşüncelere ve duygulara meyilliyseniz, zihniniz hep onlardan yapmaya çalışır. Duygularınız sizin tarafınızdan tekrarlanarak alışkanlıklara dönüşürler ve siz alıştığınız bir duygu ortaya çıktığında daima ezberlenmiş, mekanik davranışlarınızı tekrarlarsınız. Mesela siz bir başkasının sözlerinden ya da eylemlerinden incindiğinizde öfke veya korkuyla, intikam alarak, misilleme yaparak veya sevdiğiniz kişiye sırtınızı dönüp, sevginizi ondan esirgeyerek tepki vermeye programlanmışsınızdır. İncitilme duygusu sizde bu otomatik tepkileri harekete geçirir. Siz ezberlenmiş hareketlerinizi tekrarlarsanız ve karşınızdaki de size aynı şekilde davranırsa sonuç, kişisel ve küresel bir ölçekte, başarısızlığa uğramış bir sürü ilişki olarak kendini gösterir.

Oysa başka bir seçenek vardır ve sadece kendini hatırlayan ve uyanık olan kişi bu seçenekten faydalanabilir. Diğer herkes eskiyi tekrarlamaya mahkûmdur."

Durakladı.

Nirdoş Hanım'ın gözleri fal taşı gibi açılmıştı. Yüzünde büyük bir şaşkınlık ifadesiyle, ağzı yarı açık bir vaziyette donakalmış duruyor, Mama Nono'ya bakıyordu. Duraklamadan faydalanarak Madam Bobogel'e döndü, biraz çekinerek, kısık bir sesle sordu:

"Yüce madam, korkarım sınıfta yeni olduğum için anlatılanları tam olarak anlayamadım. Zihnime bir fabrika mı kurulmuş?"

Madam Bobogel omuz silkti. "Mutlu olmak istiyorsan zihin fabrikanı önemsiz konularla meşgul etme Nirdoş!" dedi. "Enerjini hapishaneden kaçma yöntemlerini öğrenmeye sakla. Benden sana kozmik bir yüce madam tavsiyesi!"

"Kendini hatırlayan kişi, içsel durumu ve dışarıdaki koşullar ne olursa olsun, her an kendi tavrını seçmekte özgürdür" dedi Mama Nono. "O, duygusal bir çatışma içindeyken bile mekanik davranmaz. Mevcut olan durumu değiştirmeye, örtbas etmeye çalışmadan tarafsızca izler.

Aslında bir duygu hiçbir zaman sizi ele geçiremez; bu olanaksız bir şeydir. Duygu ortaya çıkar, bir süre zihninizde kalır ve sonra sönüp gider. Duyguya kapılan, ona tutunan ve onu tutan, onunla özdeşleşip sizi ele geçirmesine müsaade eden sizsiniz. Bir duyguya tutunduğunuz zaman -yani bütün dikkatinizi ona odakladığınız zaman- ona enerji vermiş, onu beslemiş olursunuz. Hoşunuza gitmeyen veya size ıstırap veren bir duyguyu itip uzaklaştırmaya çalıştığınız zaman da ona enerjinizi vermiş olursunuz. Çatışma hali, kurtulmaya çalıştığınız duyguyu besler, daha da güçlendirir. Size ıstırap veren duygulardan, kaçarak kurtulamazsınız. Onları yok saymak da işe yaramaz çünkü itildikleri karanlık köşelerde büyüyüp serpilirler. Daha da güçlenmiş olarak tekrar karşınıza çıkarlar.

Peki o halde kendinizi kötü hissettiğinizde, ıstırap çektiğinizde, üzüntü duyduğunuzda ne yapmanız gerekiyor? Doğal olarak ıstırap çekmeyi istemezsiniz ve size acı veren bütün duygulardan kurtulmak için mücadele edersiniz. İçinde bulunduğunuz durumu değiştirmeye çalışırsınız, duygularınızı değiştirmeye çalışırsınız; hislerinize var gücünüzle karşı koyar, direnirsiniz. Ne yazık ki bu tavrınız her şeyi daha beter etmekten başka bir işe yaramaz.

Istırabınızdan kaçmayı bırakın ve onu kucaklayın. Evet, doğru işittiniz. Istırabınıza sırtınızı dönüp ondan uzaklaşmaya çalışmak yerine yüzünüzü ona doğru çevirmeniz ve hatta onu yarı yolda karşılayıp kucaklamanız gerekiyor. Istırabın ötesine geçmenin tek yolu budur. Pişmanlıklarınızı, hayal kırıklıklarınızı, yalnızlığınızı, üzüntülerinizi, kaygılarınızı, endişelerinizi, korkularınızı, öfkenizi ve size acı veren diğer tüm duyguları sevgi dolu bir annenin bebeğini kucakladığı gibi kucaklamalısınız. Onları karanlık köşelere itmek yerine ışığa çıkarmalı ve şefkatle bağrınıza basmalısınız. 'Sevgili ıstırabım, orada olduğunu biliyorum' demelisiniz. 'Seni görüyorum, dinliyorum ve kabul ediyorum.'

İçinde bulunduğunuz an ne kadar acı verici olursa olsun, onu bütün varlığınızla kabul ederek orada kalmanız gerekiyor. Onu itip, 'Hayır, bu geleni istemiyorum!' demeden, sakin bir şekilde 'Peki, gel!' demeniz gerekiyor. 'Merhaba korkum, merhaba öfkem... Sizin orada olduğunuzu, benim bir parçam olduğunuzu biliyorum. Hoş geldiniz' diyebilmeniz gerekiyor. Bu sıra dışı tavrınız –yani genellikle kaçındığınız şeyi davet etmeniz– her şeyden evvel içinizdeki çatışmayı, ikilik gerilimini dağıtır. Normalde zihniniz duygularınızı 'Sevdiğim ve istediğim duygular/Sevmediğim ve istemediğim duygular' olarak ikiye böler ve daima istediklerinin peşinden koşup, istemediklerinden kaçmaya çalışır. Üzüntüyü reddetmeyin ve mutluluğa tutunmaya çalışmayın. Mutluluk geldiği zaman hep sizinle kalması gerektiğini söyleyip, ona yapışmayın. Eğer böyle yaparsanız mutluluk anını zehirler ve elinizden kaçırırsınız. İki duygusal kutup arasında yani mutluluk ve üzüntü arasında rahatlıkla hareket edebilecek bir hale gelmeniz gerekiyor.

İstemediğiniz duygulardan kaçıp saklanmaktan vazgeçmeli ve onlarla yüzleşecek cesareti göstermelisiniz. Onların varlığını kabul etmediğiniz sürece onlardan özgür kalamazsınız. İyileşebilmeniz için her şeyden evvel yaralarınıza bakmanız ve onları görmeniz gerekiyor. Onları kabul edip dikkatinizi verdiğiniz anda ıstıraplarınızla ilişkiniz değişmeye başlar. Normalde üzüntü sizin için üzücüdür, çünkü ondan hoşlanmazsınız. Üzüntü üzücüdür çünkü onun içinde olmak istemezsiniz, onu reddedersiniz. Oysa üzüntü ve benzeri ıstırap veren duygular geldiğinde onları kabul edebilirseniz onlar artık eskisi kadar üzücü olmazlar. Kabul ettiğiniz anda onlara yeni bir nitelik kazandırmış, bir derinlik katmış olursunuz

Zihinsel durumunuz ne olursa olsun hiçbir şeyle savaşmadan, her şeyin gelip gitmesine, olmasına izin vermeniz, yalnızca beklemeniz ve tarafsızca izlemeniz gerekiyor. Bırakın ne oluyorsa olsun, önlemeye çalışmayın. Yaşamda üzüntüler, acılar da vardır ve yaşamın bir bölümünü kabul edip diğer bölümünü reddedemezsiniz. Üzüntü geldiyse, üzgün olun. Onu kabul edip bekler ve tarafsızca izlerseniz durum bir süre sonra kendisini değiştirecek, kasırga eninde sonunda dinecektir. Ortaya çıkan duygu ne olursa olsun tepki vermeden ve yorum yapmadan yalnızca gözlemlerseniz, ona enerji vermemiş olursunuz. Tavrınızı bu şekilde değiştirdikten bir süre sonra size ıstırap veren duygulardan eskisi kadar korkmamaya, rahatlıkla onlarla beraber kalabilmeye başladığınızı göreceksiniz. Üzüntüleriniz size eskisi kadar ağır ve karanlık görünmemeye başlayacaklar. İçinizde, ıstırap dahil her şeye yer açabileceğinizi ve size acı veren duyguların varlığına rağmen mutsuz olmadığınızı keşfedip, şaşıracaksınız.

Mutsuzluk kalıplarından çıkmanın tek yolu, onlara tarafsızca tanık olmaktır. Kendinizi hatırlayıp uyanık kalırsanız ve zihninizi izlediğiniz zaman mutsuzluk zihninizin içinde kendine bir sığınak bulamaz. Eğer azimle ve kararlılıkla çalışmayı sürdürürseniz, zamanla en şiddetli duygusal fırtınalardan bile sapasağlam çıkabilecek kadar güçlü bir duruma geleceksiniz. Şimdi size ıstırap veren duygulardan üçüne; korkuya, öfkeye ve nefrete yakından bir bakalım..."

Korku

"Tehlikeli bir hayvandan veya üstünüze doğru gelen bir otobüsten kaçarsanız bu doğal kendini koruma tepkisidir, korku değil" dedi Mama Nono. "Kendi kendinize 'Bu konuda biraz düşüneyim' demezsiniz. Sadece kaçarsınız. Bedeni koruyan fiziksel korku zekâdır; sizin sorununuz ise zihninizin ürünü olan korkulardır. Hiç kuşkusuz, korkudan sorumlu olan düşüncedir. Düşünce korkuyu üretir, ona enerji verir ve ayakta kalması için elinden geleni yapar. Korkunun içinde geçmişin anıları ve geleceğe yönelik beklentiler vardır. Dünkü acının bilgisi korkuyu besler. Dün çektiğiniz baş ağrısının yarın tekrarlanmasından korkarsınız, sevgilinizin sizi terk etmesinden korkarsınız, işinizi kaybetmekten korkarsınız.

Zihin korkuya kapıldığı zaman tam bir düşünce kasırgası haline gelir. Körlüğün göze yaptığı şeyi korku da zihne yapar. Üstelik korku son derece bulaşıcı bir duygudur. Sevgilinize, arkadaşlarınıza, ailenize, mahallenize ve ülkenize süratle yayılır.

İnsanlar yalnızca karanlıktan, fiziksel acıdan, başkalarının onlar hakkınızda ne söylediğinden korkmaz, bunun dışında ölüm korkusu ve yaşam korkusu vardır. İnsanlar hemen hemen her şey hakkında korku duyabilirler. Yalnızca bilinçli korkular değil, aniden keşfedilen gizli korkular, bilinçsiz, derin ve köklü korkular da vardır. Peki, zihninizin bunlarla baş edebilmesi için ne yapmanız gerekir?

Hiçbir şey!

Korkuyla baş edebilmek için korkudan kaçmaya son vermeniz ve korkuya yaklaşmanız gereklidir. İnsanın cesur olmadığı halde cesaret geliştirmeye ve cesurca davranmaya çalışması hiçbir işe yaramaz. Böyle bir çaba sadece enerji ve zaman kaybıdır. Bugüne dek yaptıklarınızı tekrarlarsanız, bugüne kadar aldığınızdan daha farklı bir netice alamazsınız. Şimdiye dek korkudan ve sevmediğiniz, istemediğiniz diğer bütün duygulardan kurtulmak için neredeyse her türlü yöntemi denediniz, ama bunların hiçbiri fayda etmediler. İstemediğiniz duygulara karşı daima savaştınız ve daima kaybettiniz. Duygularınıza karşı savaş açtığınızda kazanmanıza imkân yoktur ve kazanmanıza gerek de yoktur. Onlarla daha etkili bir şekilde dövüşerek veya onlara karşı daha kuvvetli silahlar kullanarak da bir yere varamazsınız. Onları izlemeniz, tanımanız ve onlarla olan ilişkinizi değiştirmeniz gereklidir. Onlarla özdeşleşmemeyi ve onların her istediğini yapmamayı öğrenmeniz gerekiyor.

Korku geldiğinde onu itip uzaklaştırmaya çalışmayın. 'Eyvah, korku geliyor!' diye düşünmeyin. Zihniniz korkuya eşlik edecek ve korkuyu büyütecek hikâyeler yazacaktır, bunlara hiç aldırış etmeyin. Dikkatinizi düşüncelerinizin korkuyla ilgili yorumlarına vermeyin, yalnızca korkunun kendisine odaklanın.

Diyelim ki karanlıktan korkan birisiniz. Evde yalnızsınız ve elektrikler kesildi. Zihniniz derhal fırtına çıkarıp, senaryolar üretmeye başlayacaktır. Öncelikle nefesinize odaklanın ve normal bir ritimde soluk alıp vermeye çalışın. Aklınızdan binlerce düşünce geçecek, onlara kapılmayın. İlgisizce ve tarafsız bir şekilde izleyin. Zihniniz size 'Kim bilir karanlığın içinde belki de canavarlar saklanıyor' dediği zaman itiraz etmeyin. 'Hayır, böyle bir şey olamaz. Bunlara yalnızca çocuklar inanır!' demeyin. Onunla mantık yarıştırmayın. Zihninizin tuzağına düşmeyin. 'Bu arıza bütün gece giderilemeyecek ve gün ağarana kadar karanlıkta kalacaksın' diyecek. Onun uydurma kehanetlerine ve anlattığı masallara hiç aldırış etmeyin. Düşüncelerinizle diyaloğa girmeyin. Kendinize engel olamayıp düşüncelerinize cevap verirseniz bile bir adım geri çekilip, kendi verdiğiniz cevabı da tarafsızca izleyin. Zihninizde sürüp giden konuşmalarla özdeşleşmeyin. Kendinizi düşünceleriniz hakkında düşünürken bulduğunuzda nefesinizi kullanarak dikkatinizi bedeninize geri getirin. Tüm dikkatinizi korkunuza odaklayın. Korkuyu tamamen hissedin, ama onun hakkında düşünmeyin. Korku, bedeninizin hangi bölümüne yerleşti? Nasıl bir hissi var? Sabit mi duruyor yoksa geziyor mu? Vücudunuzun herhangi bir yerinde sıcaklık veya soğukluk hissi var mı? Titriyor musunuz? Başka neler oluyor? İzleyin ve korkunun bedeninizde yarattığı bütün fiziksel etkileri fark edin.

Gerçekte olan tek şey elektriklerin kesilmesi ve karanlıkta kalmanızdır ve diğer her şey zihninizin size yarattığı ekstra ıstıraplardır. Bunları çekmek sizin tercihinize bağlıdır. Kendinizi hatırlayarak ve uyanık kalarak korkudan korkmamayı başarabilirsiniz. 'Korku geldiğinde ondan kaçmayacağım ve onu gözlemleyeceğim. Onun nasıl bir duygu olduğunu göreceğim, onu yakından tanıyacağım. Korkunun varlığı, zihnimi eğitmek için bana olanak sağlıyor' diye düşünün. Böylece, korkularınızın büyük bir bölümünü oluşturan 'Ya korkarsam?' korkusundan kurtulmuş olacaksınız.

Korkuya kapılacağınızdan korkmadığınız zaman işin en önemli bölümünü başardınız demektir. Mesela uçaktan korkan biri uçuş gayet rahat ve yumuşak bir şekilde giderken bile

'Ya uçak sallanmaya başlarsa ve ben çok korkarsam?' diye korkar. Oysa zihnini eğitmek için çalışmalar yapan bir kişi kısa bir süre içinde bu korkudan özgür kalır. Uçak gerçekten sallanmaya başlarsa da bunu nefes ve dikkat çalışması yapmak için, kendini izlemek için, korkuyu izlemek için bir fırsat olarak görür. Dikkatinizi doğru şekilde kullanırsanız korku alevleri büyüyerek yangına dönüşmez, aksine oksijensiz kalır ve sönüp giderler.

Gerçek korkusuzluk, içinde bulunduğunuz koşullar nasıl olursa olsun onlarla içsel olarak başa çıkabileceğinizi görmüş olmanın verdiği güven duygusundan doğar. Korkaklığın doğasını ve yapısını anlayan ve korkuyla rahatça kalabilen bir zihin korkaklığı bastırmaya veya onu aşmaya çalışmaz; korkaklığa bakar, ona dair her şeyi öğrenir ve onun hakikatini algılayarak korkaklıktan sıyrılır."

Durdu, Nirdoş Hanım'a döndü. Nirdoş Hanım'ın parmağı havadaydı, bir soru sormak için kıvrandığı belliydi.

"Buyurun Nirdoş Hanım, sizi dinliyorum" dedi Mama Nono.

Nirdoş Hanım sıkıntılı bir ifadeyle Madam Bobogel'e kaçamak bir bakış attı. "Aslında yüce madamımız sorumun cevabını muhakkak daha iyi bilirler" dedi. "Ama ben yine de siz hocamıza bir danışayım dedim. Benim kapalı ve dar alanlarda içim sıkışıyor ve panik..." derken Madam Bobogel'in çığlığı yükseldi.

"İmdat!" diye bağırdı. "İşte panik atak geçiriyorum! Bunu bana nasıl yaparsın Nirdoş? Sonsuz Işık'ın tek elçisi olduğum için telkinlere çok açık olduğum unutuluyor mu? Sende hiç kâinat korkusu yok mu?"

"Beni affedin yüce madam" dedi Nirdoş. "Korkabileceğiniz hiç aklıma gelmediği için..."

Bu sırada Madam Bobogel minderinden fırlamış, anlamsızca sağa sola koşturmaya başlamıştı. Yüzü kıpkırmızı olmuştu ve tuhaf bir şekilde nefes alıp veriyordu. Elini gırtlağına yapıştırdı, "İçeride hiç hava kalmadı, camları kırın!" diye avazı çıktığı kadar bağırdı.

Mama Nono birdenbire sert ve otoriter bir sesle konuşmaya başladı: "Sakin olun sevgili madam" dedi. "Şimdi derin nefesler alarak, yavaşça yerinize oturmanızı istiyorum."

Madam Bobogel kendini minderine atıp "Ölüyorum!" dedi kıvranarak. "Sonsuz Işık'a karışmama çok az kaldı! Çıkarın beni buradan. Nefes alamıyorum!" Bu defa yerlerde sürünerek debelenmeye başlamıştı.

"Beni dinleyin sevgili madam" dedi Mama Nono, güven veren bir sesle. "Dikkatinizi bana ve söylediklerime odaklayın. Aklınızdan geçen düşüncelere inanmayın. Bedeniniz istem dışı hareketler yapıyor, nefesinizi kullanarak onu yatıştırın. Boşuna kendinizi yorup, enerji kaybetmeyin."

Madam Bobogel hafif yatışır gibi oldu.

"Şu anda zihninizde bir fırtına çıktı" dedi Mama Nono. "Ama biraz sakin kalıp beklerseniz ve yalnızca izlerseniz geçip gidecek. Duygularınızın denizde yükselen dalgalar olduklarını düşünün. Siz ise bu fırtınanın içinde değilsiniz, onu yukarıdan izliyorsunuz. Dalgalar ne kadar büyük ve güçlü olsalar da sizi yutamazlar çünkü onun üstünde ve ötesindesiniz. Bedenimizdeki hisleri fark edin, ama düşüncelerinizle hiç ilgilenmeyin."

"Küçücük odalara hapsedileceğim" dedi Madam Bobogel.

"Bu yalnızca bir düşünce, onunla ilgilenmeyin. Nefesinize odaklanın."

"Hayır, hapsedilmeyeceğim çünkü kozmos buna asla müsaade etmez!"

"Bu da yalnızca bir düşünce! Aldırmayın ve nefesinize odaklanın."

"Sonsuz Işık aşkına! Kodeslerde kokuşup, zindanlarda buruşacağım!"

"Madam Bobogel!" dedi Mama Nono. "Tarif ettiğim sahneyi zihninizde canlandırın. Şu anda kafanızın içinde bir voleybol maçı oynanıyor. Takımlardan biri kaygılarınızı temsil ediyor, diğeri de o kaygılara karşı direnen tarafınızı. Kaygılar takımı bir düşünceyi top yapıp öteki takıma fırlatıyor: 'Hapislerde çürüyeceğim!' Direnen takım topu havada karşılayıp, kaygı takımına geri yolluyor: 'Hayır, çünkü kâinat buna asla müsaade etmez!'

Sonra top yine kaygı takımının tarafına geçiyor: 'Kâinat da hata yapabilir!' Şimdi top direnen tarafta: 'Benim gibi yüce bir madamı kozmos kötülüklerden korur!'

Nefesinize odaklanın ve bir adım geri çekilip, ilgisizce maçı seyredin. Siz kaygı takımı değilsiniz, direnen takım da değilsiniz. Siz bu oyunun oynandığı sahanın tamamısınız ve kimin kazandığı sizi ilgilendirmiyor. Oyuna katılmayın, takım tutmayın. Yalnızca tanık olun."

Madam Bobogel gözlerini yummuş, denileni yapmaya çalışıyordu. Biraz yatışmış gibiydi. Suratındaki kırmızılık azalmıştı ve bir parça sakinleşmiş gibi görünüyordu. Soluk alıp verişi de yavaş yavaş yatışıyor gibiydi.

Nirdoş Hanım'ın durumunun ise pek parlak olduğu söylenemezdi. Dersin başındaki neşeli halinden eser kalmamıştı. Mama Nono'nun anlattığı şeyler ve Madam Bobogel'in geçirdiği panik atak onu şoke etmişti. Kadıncağız yüzünde bir dehşet ifadesiyle donmuş kalmış, beti benzi solmuş bir vaziyette Madam Bobogel'i izliyordu.

"Çeşit çeşit yararsız düşünce ve duygu sizi rahatsız ettiği zaman kayıtsız kalın sevgili madam" dedi Mama Nono. "Duygularınıza kapılıp gitmeyin."

Madam Bobogel birkaç dakika daha gözleri kapalı halde durduktan sonra nihayet tamamen yatışıp, kendine geldi. "Kâinata şükürler olsun!" dedi. "Sonsuz Işık sayesinde bu gülünç bile olmayan kozmik saldırıyı atlatabildim!"

Nirdoş Hanım bana dönüp, "Kozmik saldırı mıymış?" diye sordu, titreyen bir sesle.

Derin bir iç çektim, "Değilmiş Nirdoş Hanım" dedim. "Voleybol maçıymış..."

"Gelmeyin üstüme sakın gelmeyin
Dostu arkadaşı kırarım bugün
Gözümde anılar canlandı yine
Kadehi şişeyi kırarım bugün."

Ali Tekintüre

Öfke

"Sizler, sizi kışkırtan kişi veya durum ne olursa olsun öfkeyle yanıt vermek üzere programlanmış durumdasınız" dedi Mama Nono. "Gün boyu, tuttuğunuz takımın maç kaybetmesi, telefonunuzun şarjının bitmesi veya cüzdanınızı bulamamanız gibi ufacık nedenlerden ötürü kızgınlık hissedip, enerjinizi israf edersiniz.

Hepiniz müthiş derecede öfkelisiniz. Öfke, şu an dünya üzerindeki en yaygın hastalık.

Peki, neden öfkeleniyorsunuz?

Çünkü incinmek istemiyorsunuz. Çünkü hoşunuza giden şeylerin sonsuza dek sürmesini ve hoşunuza gitmeyen şeylerin mümkün olduğunca çabuk sona ermesini istiyorsunuz.

Sizi öfkelendiren şeylere bir bakalım:

İstediğinizi elde edememek sizi öfkelendiren nedenlerden biridir. Mesela hoşlandığınız kişinin size yüz vermemesi, beğendiğiniz ayakkabının size uygun numarasının kalmadığını öğrenmek, iş başvurunuzun reddedilmesi, sosyal medyadaki paylaşımlarınızın az beğeni alması...

İstemediğinizi elde etmek de sizi öfkelendirir. Mesela bir tartışma, sınavda alınmış kötü bir not, bir hastalık, kaçırılmış bir penaltı, lezzetsiz bir yemek...

Duygularınızın incitilmesi de sizi öfkelendirir. Mesela bir dostunuzun sizin hakkınızda kötü dedikodular yaptığını öğrenmek, sevgilinizin sizi aldatması, bütün arkadaşlarınızın katıldığı bir partiye davet edilmemek...

Öfke, bir kişiyi veya bir durumu mutlulukla aranıza giren bir engel olarak görüp, ondan kurtulma ihtiyacı hissettiğinizde ortaya çıkar. Siz, sahte kişiliğinizin taleplerini karşılamayan her şeyi bir hakaret, tehdit veya saldırı olarak algılamaya şartlanmış vaziyettesiniz. Zihninizi öfke kapladığı anda siz derhal sahte kişiliğinizi savunmaya geçersiniz ve bütün dünyayı suçlu ilan etmeye, dostlarınızı düşman olarak görmeye yatkın bir hale gelirsiniz.

Aslında siz, kişiler ve durumlar yüzünden öfkeye kapılıyor değilsiniz. Öfkenizin gerçek nedeni beğenmemeye ve hoşnutsuzluğa yatkın, kolayca kızdırılabilen bir zihniniz olmasıdır. Sizin öfkelenme alışkanlığınız vardır ve karşınıza çıkan talihsizler de bu alışkanlığınızdan paylarını alırlar. Yapmanız gereken şey, zihninizi eğitmek ve daha zor kızdırılabilir bir hale getirmektir.

Öfkeyi kendi haline bırakırsanız, tedavi edilmeyen bir enfeksiyon gibi yayılıp, büyüyecektir. Zihninizi disipline etmeniz ve öfkenizin yangınını söndürmeniz gerekiyor.

Uygulayacağınız yöntem çok basittir: Öfke ortaya çıktığında nefesinize odaklanın ve dikkatinizi sizi öfkelendiren şeyden çekip, öfkenin kendisine yöneltin. İçinde bulunduğunuz durumla, sizi kızdıran olay veya kişiyle, düşüncelerinizin neler söylediğiyle ilgilenmeyin. Bütün dikkatinizi öfke duygusunun kendisine çevirin. Öfkeyle özdeşleşmeyin, ona sahip çıkmayın. 'Benim öfkem' demeyin. 'Ben öfkeliyim' diye düşünmeyin. Sadece 'Öfke var' deyin, onun orada olduğunu fark edin ve öfkeyi kendinizden ayrı olarak görün.

Kendinizi hiç yargılamadan gözlemlemeyi, tarafsızca izlemeyi ve onlarla özdeşleşmemeyi başardığınız zaman, öfke gibi yıkıcı duygular içinizde tutunacak bir yer bulamazlar ve sizi ele geçiremezler. Siz uyku halindeyken size zarar veren bütün duygular, uyanık kaldığınız ve kendinizi hatırladığınız zaman gökte uçan bir kuş gibi, hiç iz bırakmadan içinizden geçip giderler. Yalnızca sabırlı olun, kayıtsız kalın ve yok olmalarını bekleyin.

Sahte kişilik daima kendi isteklerine odaklanmış haldedir ve istediği şeylerle arasına engeller girdikçe sinirlenir, geçimsiz olur. Çoğunuzun sahte kişiliklerinin en belirgin özelliği kızgınlıktır. Zihinleriniz genel olarak çatışmaya, suçlamaya, kavga etmeye programlıdır. Karşınıza biri çıkar ve zihniniz derhal o kişiden hoşlanmadığını ilan eder. O kişinin hiçbir suçu yoktur, sizin zihniniz beğenmemeye, direnmeye, itmeye meyillidir. Aslında başkalarından ötürü değil, kendi zihninizden ötürü ıstırap çekersiniz. Zihniniz kızgınlıkla dolar, bu duygu sizi ele geçirir ve içsel durumunuz altüst olur. Sizin huzurunuz ve mutluluğunuz, zihninizin insafına kalmış vaziyettedir.

Bir kavgaya tutuştuğunuzda zihninizin içinde yangın başlar. Haklı olsanız da, haksız olsanız da fark etmez çünkü kavga her iki taraf için de aynı derecede yıkıcıdır. Kendinize şunu sorun: Sizce haklı olmak mı daha önemlidir, yoksa zihninizin içindeki cehennemden kurtulmak mı? İçinde öfke barındıran zihin, kendine düşmanlar bulmakta hiçbir zaman zorluk çekmez. Bu yüzden size zarar veren duyguları düşman olarak görmeye de bir son vermelisiniz. Böyle bir tavır, içeride büyüttüğü öfkeyi dışarıda yansıtacak düşmanlar aramaya meyilli olan zihin yapısını besler. Öfkeye kızmamalısınız, gelip sizi ele geçirecek diye korkmamalısınız ve onunla itişmemelisiniz.

Aynı nedenle, öfke anında kendinizi hatırlayamazsanız ve öfkenin sizi ele geçirmesine mâni olamazsanız kendinize de kızmamanız gerekiyor. Siz, öfke değilsiniz. Ona kapılıp teslim olmak sizi kötü biri yapmıyor. Siz zaten öfkeden ve kızgınlıktan özgür kalmaya, bu tür yıkıcı duygulara meyilli olan zihninizi kötü alışkanlıklarından kurtarmaya çalışıyorsunuz. Kendinize kızarsanız, zihninizi kurtulmaya çalıştığınız duygunun ta kendisiyle doldurmuş olursunuz. Zihin, kime kızdığınızla veya neden kızdığınızla hiç ilgilenmez. Kendinize, arkadaşınıza, patronunuza veya yere düşüp kırılan bardağa kızmış olabilirsiniz. Zihin, nedenini hiç umursamadan, kendini büyük bir süratle öfkeyle doldurur."

Mama Nono, Nirdoş Hanım'ın parmak kaldırdığını gördü ve "Sanırım bir sorunuz var" dedi. "Sizi dinliyoruz."

Madam Bobogel suratını ekşitmiş, homurdanmaya başlamıştı. Kınayan bakışlarını kadıncağızın üzerinde gezdirdi. "Mutlu olmak istiyorsan yabancılara içini açma Nirdoş" dedi. "Benden sana yüce bir madam tavsiyesi."

Nirdoş yutkundu, ürkek bir sesle "İçimi tamamen değil, yalnızca bir parçacık açacağım yüce madam" dedi.

Sonra Mama Nono'ya döndü, derin bir nefes aldı ve bir çırpıda "Ben bazen yüce madama çok kızıyorum" deyiverdi, günah çıkarırcasına. Görünüşe bakılırsa, kadıncağızın bu itirafta bulunabilmek için bütün cesaretini toplaması gerekmişti. Madam Bobogel'in gittikçe yükselen homurtularına kulağını tıkayıp, onun oturduğu tarafa bakmamaya çalışarak devam etti. "Yüce madamın iyi kalpliliği ve cömertliği onun başına büyük belalar getiriyor. Çoğu zaman karşısına onun yüce gönüllülüğünden istifade etmek isteyen kişiler çıkıyor ve ben tabii ki madamımız adına onları kınıyorum, ama madamımız onlara bile yardım elini uzatıyor. Tabii, herkese iyilikler yapacağım derken sonunda kendisi zor duruma düşüyor ve bu beni öfkelendiriyor! Yüce madamımıza çok kızdığım zaman o da beni nankörlükle suçluyor ve bana küsüyor. O zaman telaşa kapılıp, tek elçisine karşı saygısız davrandığım için Sonsuz Işık'tan özür diliyorum ve kâinatın affına sığınıyorum."

"Kızgınlığın yanlış bir tarafı yoktur Nirdoş" dedi Mama Nono. "Ondan kurtulmaya çalışma ve öfkeye kapıldığın zaman bir de üstüne suçluluk duygusu ilave ederek içsel durumunu daha da karmaşık hale getirme. Geldiği zaman öfkeyi kabul et ve bunu öfkeyi tanımak için bir fırsat olarak görüp, doğru bir şekilde değerlendir. Dikkatini seni öfkelendiren şeyden çekip, öfkenin kendisine çevirdiğin zaman o senin bakışının altında buharlaşıp, yok olacaktır. Kızgınlığınla özdeşleşme, yalnızca onu gözlemle. Onu nasıl dile getirdiğini de izle. Bazı insanlar kızgınlıklarını bağırıp çağırarak hatta fiziksel şiddete başvurarak gösterirler; bazılarıysa seslerini hiç yükseltmezler, bunun yerine karşı tarafla iletişimi keserler ve düşmanca, soğuk, mesafeli tavırlar takınırlar. Aslında bu iki tepki arasında pek bir fark yoktur, çünkü ikisi de şiddet içeren, zarar veren, yıkıcı tavırlardır. Kızgınlık geldiği zaman kızgınlığı hissedin, ama kızgın olmayın. Öfkeyle özdeşleşirseniz onun içinde hapis kalırsınız ve bütün dünyayı öfkenin gözünden görmeye... "

Derken, Madam Bobogel, "Bu gülünç bile olmayan budalaca soruyla daha fazla vaktimizi çarçur etmeyin!" diye bağırarak Mama Nono'nun sözünü kesti. Sonra soluk almadan söylenmeye başladı: "Zaten hapishaneden kaçma konusu yine açılmıyor ve... Sonsuz Işık'ın tek elçisi olduğum unutulunca... Garibanlara içini açan nankör müritler... Kâinat bu rezaletin hesabını elbette soracak... Bir servet ödediğim için terk edemediğim bu pespaye kurs... Ötekinin havuzu olduğu için nasıl da sırıtıyor... Bir gün bir kitap yazacak olsaydım..."

Bu defa araya giren Mama Nono oldu. "Bir okur sorumuz var, yanıtlayalım" dedi. "Buyurun, sizi dinliyoruz."

"Merhaba" dedi okur. "Söylediklerinizi yapmaya çalışıyorum, ama zihnimde sürekli yükselen bir öfke dalgası var. Küçücük bir kızgınlığım bile büyüyüp, öfke patlamasına dönüşüyor. Bu konuda ne yapmamı önerirsiniz?"

"Eğer zihninizde ısrarla ortaya çıkan ve size zarar veren bir öfke dalgası varsa ve sakin kalarak izleyemeyeceğiniz kadar kuvvetliyse bu dalga yükseldiği zaman karşıt bir dalga, bir sevgi dalgası yükseltmelisiniz. Sizin için en kıymetli olan varlıkları düşünün ve onlara beslediğiniz koşulsuz sevginin kalbinizde bir dalga gibi kabarıp coştuğunu ve yükseldiğini hayal edin. Öfke dalgasını kalbinizde oluşturduğunuz sevgi dalgasıyla karşılayın. Bu yöntem de işinize yaramazsa zihninizi boğazından yakalayıp, ona şöyle demelisiniz: 'Zihnim, bu öfke patlamaları sana zarar verecek, seni mahvedecek! Bu alışkanlık senin yıkımın olacak!'

Zihin telkinlere karşı hassastır. Ona öğrettiğiniz her şeyi öğrenir ve kendini yıkmayı da asla istemez. Öfkeli oluşunun onu yıkıma sürükleyeceği düşüncesini tekrar ve tekrar zihninize sokarsanız, zihin bu zararlı alışkanlıktan kendini kurtaracaktır."

Okur, Mama Nono'ya teşekkür edip ayrıldı. Mama Nono bize döndü. "Size zarar veren duyguların arasında en zehirli olanı nefrettir" dedi. "Gelin, biraz da nefret hakkında konuşalım."

Nefret

"Üzerinizde hâkimiyet sağlayan kuvvetli duygular algılarınızı zedeleyerek ve gerçeği çarpıtmanıza neden olarak, kişileri ve durumları oldukları gibi görmenizi engellerler" dedi Mama Nono. "Âşık olduğunuz kişinin bütün kusurlarına karşı körleşip, onu idealize ettiğiniz gibi nefret ettiğiniz kişinin de kusurlarını abartıp, iyi taraflarını yok sayarak zihninizde onu tamamen şeytanlaştırırsınız.

Nefret duygusu içinizde bir yangın çıkarır ve o yangın bütün benliğinizi kuşatır, alevleri her tarafınızı sarar. Nefret sizi ele geçirdiği zaman kendinize herhangi bir düşmanınızın size verebileceğinden çok daha fazla zarar verirsiniz. Onlara zarar verme arzusuyla dolar, intikam planları yaparak gece gündüz kendinizi cayır cayır yakar, zihninizi ve kalbinizi zehirlersiniz. İç huzurunuz bozulur, uykularınız kaçar, işlerinizi doğru düzgün yapamaz hale gelirsiniz, asık suratlı ve geçimsiz olursunuz ve bu halinizle sadece kendinizi değil yakınlarınızı da mutsuz edersiniz.

Aslında sizin gerçek düşmanınız içinizde büyütüp beslediğiniz öfke ve nefret duygularıdır. Birisinden nefret etmek demek, ona bağlı kalmak demektir. Siz içinizdeki düşmanlık duygusundan özgür kalana kadar düşmanınızı besler, ona mahkûm bir şekilde yaşarsınız. Düşmanlarınızı daima dostlarınızdan daha fazla düşünürsünüz ve nefret ettiğiniz kişiler sevdiklerinizden daha sık aklınıza gelirler. Onlara karşı ilgisiz kalamazsınız, çünkü onlardan korkarsınız.

Nefretin ve diğer yıkıcı duyguların sizi tutsak etmelerine izin vermeyin. Zihninizin size dayattığı şekilde düşünmek ve hareket etmek zorunda değilsiniz. Bir başka seçeneğiniz var. Dikkatinizi nefret ettiğiniz kişiden çekin ve nefret duygusunun kendisine odaklayın. Nefretinizi bastırmaya çalışmıyorsunuz, sadece onu beslemeden, sakin bir şekilde onunla kalmaya çalışıyorsunuz. Onu izlemeye ve tanımaya çalışıyorsunuz. Düşünceleriniz size bir sürü şey söyleyecekler, düşmanınızın ne kadar korkunç bir hain olduğuna dair konuşmalar yapacaklar. Düşüncelerinizin düşmanınızla ilgili anlattığı şeyler tamamen doğru olsa bile onlara katiyen aldırmayın, dinlemeyin ve ilgilenmeyin. Kendinize, içinizdeki nefreti besleyecek gerekçeler üretmek ve öfkenizi haklı çıkaracak bahaneler bulmakla uğraşmayın. Gerçekleri çarpıtıp kendinize yalan söylüyor olsanız da, yerden göğe kadar haklı olsanız da hiç fark etmez. Siz, nefret duygusu değilsiniz. Siz, zihninizde yükselen nefret duygusuna tanık olansınız. Nefretle özdeşleşmeyin, kıymetli zamanınızı ve enerjinizi hiçbir zaman onu beslemek için kullanmayın. Nefret duygusunun sizi canı istediği zaman ele geçirmesine ve size canının istediği her şeyi yaptırmasına müsaade etmeyin. Zihninizin kışkırtılmasına katiyen izin vermeyin.

Yıkıcı ve güçlü bir duygunun pençesinden kurtulduğunuz zaman geriye dönüp baktığınızda sizi nasıl yönettiğine, bir anda nasıl gözlerinizi kör edebildiğine şaşırırsınız. Bütün o duyguların içinde taşıdıkları enerji sizin yaşam enerjinizdir ve sizin hakkınızdır. O enerjiyi zihninizde fırtınalar çıkarmak yerine mutluluğunuzu ve huzurunuzu artırmak için kullanabilirsiniz. Biraz sabreder, kendinizi hatırlar ve tarafsızca izlerseniz o enerji neşeye, coşkuya, sevgiye ve şefkate dönüştürülmek üzere size kalır. Sizin o enerjiyi sevgiye dönüştürmek için çaba göstermenize gerek yoktur. Nefretinizi tarafsızca gözlemleyip, onu nazikçe bir kenara koyduğunuz zaman kalbinizdeki sevgi bunun doğal bir sonucu olarak, hatta bir yan etki olarak kendiliğinden beslenip büyüyecektir.

Nefretle savaşmayın, nefret hissettiğiniz için kendinize kızmayın, birilerini düşmanınız olarak gördüğünüz için kendinizi yargılamayın ve kendinize ya da çevrenize nefret duygusunun ne kadar kötü bir şey olduğuna dair hikâyeler anlatmayın. Yalnızca nefreti gözlemleyin, onu olduğu gibi görün ve onun sizin dikkatinizin şefkatli bakışı altında eriyip gitmesine izin verin.

Nefretin, zihninize hâkim olmasına izin vermeyin. Zihniniz zengin ve verimli bir toprak gibidir. Sık sık ortaya çıkan ve uzun bir süre orada kalan herhangi bir duygu yabani bir ot gibi zihninizi sarıp, onu ele geçirebilir. Eğer nefret zihninizde kök salarsa, sizin onu atmak için çok uğraşmanız gerekir. Size zarar veren duyguların yayılmalarına fırsat tanımayın, onları beslemeyin. Onlara dikkatinizi vermeyin ve içinizde büyüyebilecekleri alanlar açmayın. Bırakın kurumuş yapraklar gibi dökülüp gitsinler.

Zihninizde birine karşı öfke veya nefret duygusu ortaya çıktığında öncelikle karşınızdaki kişinin uykuda olduğunu, sahte kişiliğinin bir kuklası gibi hareket ettiğini ve tepkilerinin mekanik olduğunu anımsayın. Ateşi çıkan birinin sayıklamasına kızmadığınız gibi, öfkesine yenik düşen birinin de hakaretlerine aldırış etmeyin. Uykuda olan ve kendini hatırlamayan insanlar aynı yüksek ateşli hastalar gibi şuursuzca hareket ederler.

Davranışları mekanik olan kişi düşüncelerinin ve duygularının esiridir, onların oyunlarına katılmaya ve onlara itaat etmeye mahkûmdur. Zihnini eğitmek için çalışan kişi ise duygularının çaresiz kölesi olmaktan kurtulur. Her zaman, herkes için uyanma ve zihninin kalıplarını kırma şansı vardır. En büyük günahkârlar bile doğru çalışmayla zihinlerini eğiterek çok büyük bir dönüşüm gerçekleştirebilir, onları suç işlemeye zorlayan alışkanlıklarını fethedebilirler.

Aslında dünyada dost ve düşman diye bir şey yoktur. Siz bir insanı zihninizde 'düşman' olarak etiketlemediğiniz sürece kimse sizin düşmanınız değildir. Aynı şekilde erdem ve kusur, iyi ve kötü de sadece sizin zihninizdedir. Her insan sırf kendi hayal gücünden, kendi zihinsel eğilimlerinden ve düşünce alışkanlıklarından bir iyi ve kötü, zevk ve acı dünyası yaratır. İyi ve kötü, zevk ve acı nesnelerden, durumlardan veya kişilerden kaynaklanmaz. Bunlar sizin zihninizin tavrına aittir.

Zihnini eğitmeye çalışan kişinin içe bakışı daima devam etmelidir. Dışarıdaki koşullardan şikâyet etmek ve başkalarında hata bulmaya devam etmek, insanın ıstırabını yaratan çarkın döngüsünden çıkmasını engeller. Sizi rahatsız eden durumları ve kişileri kendinizi izlemek ve zihinsel alışkanlıklarınızı fark etmek için bir fırsat olarak görün. Zihninizde hangi duygu ortaya çıkarsa çıksın, onunla özdeşleşmeyin.

Kendini zihniyle ve düşünceleriyle özdeşleştiren kişi, zihninin bütün taleplerini yerine getirmeye çalışır. Böyle davranarak mutluluğa ulaşabileceğini zanneder. Orada burada amaçsızca dolaşan düşüncelerinin peşinden sürüklenen bir insan tutkularının ve zihinsel gerilimlerinin kurbanı olur. Zihnin çeşitli kaprislerine boyun eğerek hiçbir yere varılmaz. Özgürlük, huzur ve mutluluk düşüncelerin diktatörlüğünden kurtularak elde edilir.

Öfke ve nefret gibi yıkıcı duygular sizi sakatlarlar ve karanlıkta bırakırlar. Bu tip duyguları ortadan kaldırmak için uygulamanız gereken yöntem aynıdır: Uyanık ve yargılamayan, şefkatli bir dikkat ile kendinizi gözlemlemek ve mevcut olan durum her ne ise onu bütün kalbinizle kabul etmek. Kendinizi izlerseniz saldırganlığız azalır, çalkantılı duygularınız diner. Duygularınızı bastırmak veya onlara teslim olmaktansa onları gözlemlersiniz ve içinizden ne yükselirse yükselsin büyük bir açıklıkla kabul edersiniz. Bu zihin eğitiminin bir yan ürünü olarak kalbinizdeki şefkat de yavaş yavaş ortaya çıkar."

Mama Nono sözlerini bitirirken koridordan bir ses duyuldu ve salonun kapısının önünden, Nirdoş Hanım'ın oturduğu mindere yakın olan taraftan beyaz bir gölge hızla geçer gibi oldu.

Gölgenin, tam salon kapısının önünden geçerken, "Nefret kendisinden başka her şeyi öldürür, Oscar Wilde" dediğini işittim ve şaşkınlıkla irkildim.

Nirdoş Hanım benden daha çok şaşırmıştı. "Evin içinde bir tavus kuşu mu var?" diye sordu dehşet içinde. "Sanki koridorda beyaz bir tavus kuşu gördüm! Üstelik konuşuyordu!"

Madam Bobogel suratını ekşitti, "Konuşan bir tavus kuşu mu!" dedi, alaylı bir tonla. "Öyle acayip yaratıklar yalnızca romanlarda olur Nirdoş!" Durakladı, gözlerini bana dikti ve ekledi: "Hem de buram buram çürümüş balık kokan, berbat romanlarda..."

Yanıt vermedim.

"Bugünlük bu kadar yeterli" dedi Mama Nono. "Yarın sabah devam edelim."

Madam Bobogel'e dönüp "Dersin bittiğine çok sevindim doğrusu" dedim. "Gideyim de kendimi serin sulara bırakayım. Bildiğiniz gibi evimde büyük bir yüzme havuzu var."

Minderimden kalktım, kapıya doğru yürüdüm. Tam dışarı çıkmak üzereyken bir kez daha Madam Bobogel'e döndüm. "Hem de kaydıraklı!" dedim, sırıtarak...

"Ruhuma gecenin matemi doldu
Ben şimdi derdimle bir kırık ney'im
Ümidim kırıldı bir hayal oldu
Kimsesiz yollarda kalan gölgeyim."

Sadettin Kaynak

ALTINCI GÜN

Sakin ve Telaşsız Bir "Tek Başınalık"

Madam Bobogel minderine yerleştikten sonra yüzünü ekşitti ve "Nirdoş bugün bize katılamayacak çünkü çok hasta" dedi. Durdu, biraz düşündü, suratını iyice astı. "Ne yazık ki kendisi nankörlük hastalığından mustarip. Yüce madamının sırlarını ifşa etme hastalığına tutulmuş, besbelli."

Mama Nono oralı olmadı, hemen derse başladı. "Belki biliyorsunuzdur" dedi. "Metallerin bile dinlenmeye ihtiyacı vardır, çünkü onlar bile yorulurlar. Bu durumda zihninizin incelikli ve zarif mekanizmasının hiç yorulmayacağını varsaymanız doğru mu? Siz onu yıllar boyunca hiç kapatmadan, sürekli kullanıyorsunuz. Üstelik bomboş şeyler için enerjisini harcıyorsunuz; gereksizce ve yararsızca! Zihninizi nasıl kapatacağınızı bilmiyorsunuz. O hep açık ve yetmiş yıl, seksen yıl boyunca aralıksız işliyor. Gece gündüz, hatta siz uyurken bile hiç dinlenmeden çalışıyor. Bazı insanların zihni o kadar yorgun ki sırf bu yüzden akıllarını yitiriyorlar.

Eğer zihninizi biraz dinlendirebilseydiniz, eğer onu her gün kısacık bir süre için bile olsa tek başına bırakabilseydiniz canlanırdı ve çok daha verimli olurdu. Bedeninizi sık sık dinlendirir, yıkayıp temizler ve tatile çıkarırsınız, ama zihninizin de dinlenmeye ve temizlenmeye ihtiyacı olabileceği hiç aklınıza gelmez.

Meditasyona 'En Büyük Öğretmen' denilir ve bu şanlı isim ona boşuna verilmemiştir. Meditasyon zihniniz için soğuk bir duş gibidir. Onu yıkar, temizler, kendine getirir. Bu sayede algılarınız açılır, anlayış kapasiteniz artar ve zihniniz daha esnek bir hale gelir. Zamanla kalbinizdeki sevgi ve şefkat ortaya çıkar, mükemmel bir ebeveyn veya örnek bir hoca gibi hoşgörülü, anlayışlı, bilge olursunuz. Hepiniz sevginin ne kadar gerekli ve önemli olduğunu biliyorsunuz; kendinize ve başkalarına sevgi dolu olmaları yönünde sürekli telkinlerde bulunuyorsunuz. Ne yazık ki sevgi, 'Sevgi dolu olmalıyız' diyerek ortaya çıkarılabilen bir duygu değildir. Sevgi, kendini anlamaktan doğar. Kendi doğasına dair derin bir anlayışa kavuşan kişi, affedebilme özgürlüğünü kazanır. Kendini anlayan kişi, kendini geçmişe dönük olarak ve geleceği kapsayarak affeder. Kendini tüm kalbiyle affedebilen kişi, başkalarını, hayatı ve ölümü de affeder. Tüm insanların acılarıyla, korkularıyla, yaralarıyla, hatalarıyla, arzularıyla ve sevilme, beğenilme ihtiyaçlarıyla kendisine benzediğini gören kişi hoşgörüyle, sevgiyle ve şefkatle dolar. Meditasyon minderi, sizi bu anlayışa götürecek olan yerdir. Orada kişinin zihniyle ilişkisi sonsuza dek değişir. Meditasyon sizi efendi, zihni köle yapar.

Meditasyon yapmak için mindere otururken sahip olduğunuz zihin yapısıyla, meditasyon bittiğinde sahip olduğunuz zihin yapısı aynı değildir. Siz genellikle bunun kısa vadede farkına varmazsınız, ama her oturuşta sahte kişiliğinizle olan ilişkiniz de değişir. Meditasyon, sahte kişiliğin kibrini yakıp, küle dönüştürür. Ayrıca, meditasyon sayesinde hayatın zorluklarına daha kolay katlanabilecek, her şeyi büyük bir özgüven ve cesaretle karşılayabilecek güce kavuşursunuz. Yaşamla daha uyumlu hale geldiğiniz için korkularınız ve endişeleriniz azalır, neşeniz ve sevinciniz artar. Meditasyon yapmanın esas amacı mutlu olmak değil, kendini tanımaktır. Öte yandan kendine yakından bakan, karanlık tarafıyla barışan, geçmişin yükünü taşımayı bırakan ve kişiliğinin sahte olduğunu anlayan kişi zaten mutluluk ve huzurla dolar. Yani mutluluk ve huzur, meditasyonun yan ürünleridir. Elbette her zamanki gibi söylediklerimin gerçek olup olmadığını görmek için kendi üzerinizde denemek zorundasınız. Yemeğin tarifini okuyarak karnınızı doyuramazsınız. Mutfağa girmeniz ve yemeği pişirip yemeniz gerekiyor. Yeri gelmişken senin de mutfağa girmen gerektiğini hatırlatayım sevgili okur.

İnsanlar dışarıya bakmaya o kadar şartlanmışlardır ki içsel dünyalarından korkarlar ve içeri bakmamak için ellerinden geleni yaparlar. Kendilerini işle, her türlü eğlenceyle ve kuru gürültüyle doldururlar. Dış dünya kaotiktir, karmaşıktır, dinamiktir, uyarıcılarla doludur. Siz dünyada hüküm süren kargaşaya alışmış olduğunuz için sessizlikten ve hareketsizlikten korkarsınız. Kendinizi izlemek, zihninizin doğasını anlamaya çalışmak yapmak istediğiniz en son şeydir.

Oysa meditasyon yapmanın ne kadar kolay olduğunu ve size ne kadar iyi geleceğini bilseydiniz, bir an bile tereddüt etmeden, hemen başlardınız. Meditasyon yapmak çok rahatsız bir pozisyonda hissiz ve düşüncesiz bir halde, transa geçip oturmak değildir. Tuhaf enerjiler ve gizli mantralarla da uğraşacak değiliz. Öncelikle, meditasyon sırasında düşüncesiz kalmaya çalışmanız gerektiğine dair bir inancınız varsa, onu tamamen unutun. Zihninizi düşüncelerden arındırmaya değil, zihninizin ne tür düşünceler ürettiğini anlamaya çalışıyorsunuz.

Meditasyon bir rahatlama tekniği de değildir. Meditasyon yapmak için rahat ve gevşemiş olmak bir önkoşuldur, ama meditasyon bundan çok daha fazlasıdır. Meditasyon bir çeşit trans ya da hipnoz değildir. Bilincinizi askıya almaya, zihninizi karartmaya veya gerçeklerden kaçmaya çalışmıyorsunuz. Aksine, gerçekleri bütün çıplaklığıyla görmeye hazırlanıyorsunuz.

Meditasyon demek, sakin, sessiz ve rahat bir şekilde oturup nefesin yardımıyla zihni izlemek demektir. Zaten günlerdir bunu anlatıyorsun derseniz, haklısınız. Size meditasyonu günlük hayatınızda nasıl yapabileceğinizi, kendinizi nasıl izleyeceğinizi anlattım. Şimdi aynı şeyi bulaşık yıkarken, araba kullanırken veya biriyle sohbet ederken değil, otururken yapacaksınız. Kendinizi hatırlamaya ve uyanık kalmaya alışık olmadığınız için buna özel bir vakit ayırırsanız, günün keşmekeşi içinde uyanık kalmanız daha kolay olacaktır. Meditasyon gün içinde yapacağınız kendini izleme çalışmalarına destek olur, uyanık olmanın ne anlama geldiğini idrak etmenizi sağlar ve uyanık kalabildiğiniz süreyi uzatır.

Sakin ve telaşsız bir tek başınalık halinde, nefese odaklanarak zihni seyretmeye meditasyon denir. Meditasyon minderinde siz bütün dünyayı ardınızda bırakırsınız. Dikkatinizi kendi özel, küçük dünyanızdan alıp, zihninizin sonsuzluğuna verirsiniz. Kaygılarınıza, korkularınıza, hayatla mücadelenize, çatışmalarınıza, kızgınlıklarınıza, arzularınıza ve beklentilerinize en azından meditasyon süresi boyunca veda edersiniz. Basit, sade ve rahat bir şekilde, olduğunuz gibi, hiçbir maske takma gereği duymadan kendinizle baş başa kalırsınız. Oturup, nefesinize odaklanırsınız ve dikkatinizi zihninizin içine çevirirsiniz. Zihninize, 'Gel...' dersiniz. 'Gel, tanışalım!'

Meditasyondaki zihinle ne yapılır? Hiçbir şey! Zihninizin şimdiki hali bulanık ve kirli, çamurlu su gibidir. Siz onu karıştırmayıp kendi haline bırakırsanız çamur dibe çöker. Eğitimsiz bir zihin su gibidir, en ufak bir sallanışta titrer. Zihin eğitildikçe kıvamı bal gibi olur ve aynı bal gibi hareket etmeye başlar. Yani, ne kadar karıştırılırsa karıştırılsın hemen hareketsizliğe döner.

Meditasyon yaparken zihninize hiçbir şey dayatmayın, yük olmayın. Özel bir hazırlık yapmayın, büyük beklentilere kapılmayın, törenselliğe kaçmayın. Meditasyon yaptığınız fikrini bile kafanızdan atın. Yalnızca zihninizle baş başa kalın ve onu izleyin. Kendinize sığınarak oturun. Annesinin kucağında oturan bir bebek gibi oturun. Meditasyon, zihni eve getirmektir. Eve dönmenin sevinciyle, neşeli bir zihinle oturun.

Bir şeyle kıyaslamadan, bir şey beklemeden sadece oturun ve bırakın zihniniz ne istiyorsa yapsın. Meditasyon zihninizle buluşup tanışmak için ayırdığınız özel vakittir. Birisiyle tanışmak istediğinizde onu bir yerde buluşup kahve içmeye çağırırsınız. Öyle değil mi? Siz de aynı şekilde zihninizi meditasyon minderine çağırıyorsunuz. Oturup zihninizle biraz vakit geçireceksiniz çünkü onu tanımak istiyorsunuz. Sessiz kalın ve bırakın yeni arkadaşınız nereye isterse sürüklensin. Canı size ne anlatmak istiyorsa onu anlatsın. Siz konuşmayın, hiçbir yorum yapmayın, onu yargılamayın. Eğer onun sözünü keserseniz bir iletişim kurulamaz. Düşüncelerinize kapılıp giderseniz, nefesinizi kullanarak kendinizi geri çağırın. Zamanla zihninizle olan dostluğunuz ilerleyecek ve birbirinizin güvenini kazanacaksınız. O zaman zihniniz sizin sözünüzü dinlemeye başlayacak. Onun şefkatli, sevgi dolu ve sadık bir dost olduğunu göreceksiniz. Çamurlar dibe çökünce, yani zihnin karışıklığı ortadan kalkınca onun ne kadar bilge olduğunu anlayacaksınız. Ondan korkmayı bırakacak, onunla işbirliği yapmaya başlayacaksınız.

Meditasyon yapmak bu hayatta kendinize vereceğiniz en büyük armağandır çünkü sadece meditasyon sayesinde gerçek doğanızı keşfedebilirsiniz.

Meditasyon yaparken oturuş pozisyonunuz sağlam ve dengeli olmalı. Minderde oturuyorsanız, bağdaş kurun. Sandalyede oturuyorsanız bağdaş kurmayın, ayak tabanlarınız yerle temas etsin. Mümkün olduğu kadar dik durmaya çalışın. Başınızın tepe noktasına bağlanan bir ipin sizi yukarıya, tavana doğru çektiğini hayal edin. Omurganızı dik tutun. İç organlarınız, kaslarınız ve kemikleriniz omurganızın çevresinde bir elbisenin askıya yerleştiği gibi yerleşsinler. Duruşunuz önemlidir, çünkü bedenin duruşuyla zihnin tutumu arasında büyük bir bağlantı vardır. Bedeniniz hareket etmeden sessizce oturmaya alışkın olmadığı için kıpırdanmaya, dönüp durmaya çalışacaktır. Zihin ve beden birbirine bağımlı olduğu için bedeniniz kıvranırken, zihninizin de kıvrandığından emin olabilirsiniz. Nefesinizi ve bedeninizi sakinleştirdiğiniz zaman zihniniz de durulur. Bu bilgiyi zihninizin huzursuz olduğu zamanlarda hatırlayın ve bedeninizi sakinleştirerek, zihninizi yatıştırın.

Eğer hareket etme ihtiyacı hissederseniz ve kendinize mâni olamayıp hareket ederseniz muhakkak bilinçli ve uyanık bir şekilde hareket edin. Mekanik ve otomatik hareketlere izin vermeyin. Burnunuzu kaşıyorsanız, bunu burnunuzu kaşıdığınızı bilerek yapın. Eliniz kendi kendine burnunuza gitmesin. Tüm hareketlerinizin farkında olun.

Nefesin yalnızca farkında olmanız gerekiyor. Özel bir şekilde nefes almaya çalışmayın. Nefes normal ritminde devam etsin. Siz onu takip edin.

Gözlerinizi hafifçe yumun. Etrafta sesler varsa duyun, ama dinlemeyin. Bazı sesleri ısrarla işitiyorsanız onlara dikkatinizi veriyorsunuz demektir. Dikkatinizi oradan çekin.

Kendinizi izlemeye başladığınız ilk zamanlarda olduğu gibi, meditasyon yapmaya yeni başladığınızda da size zihniniz birdenbire azgınlaşmış, vahşileşmiş gibi gelebilir. Eğer böyle bir şey gözlemlerseniz korkuya kapılmayın. Bir sorun yok, her şey yolunda. Zihniniz yeni karışmış değil, o zaten hep böyle karışıktı. Bunun farkına varmanız sadece sizin dinginleştiğinizi ve sonunda düşüncelerinizin ne kadar gürültülü olduğunu anladığınızı gösterir.

Zihninizin bir okyanus olduğunu ve düşüncelerinizin de onun içinde yükselip kaybolan dalgalar gibi olduğunu daha evvel konuşmuştuk. Siz onu izlemeye başladığınızda zihniniz sakinleşir ve yavaşlar. Dalgalar daha seyrek oluşur ve daha az yükselirler. Bir süre sonra fırtınalar tamamen diner, ortalık yatışır ve siz okyanusun içinde gönlünüzce yüzebilmeye başlarsınız. Düzenli bir şekilde meditasyon yapmaya devam ederseniz derinlere dalıp, inciler çıkarabildiğiniz bir zaman da gelecektir. Acele etmeyin. Sabırlı olun ve meditasyona ne kadar vakit ayırmış olursanız olun, sanki bütün gün vaktiniz varmış gibi bir zihinsel tavır takının. Beş dakikanız bile olsa, hiçbir şeyi zorlamayın. Meditasyon bir bilim değildir, bir sanat değildir, o bir hünerdir. Bütün hünerler gibi meditasyon yapma hüneriniz de yavaş yavaş ilerleyip gelişecektir. Başlangıçta eski zihinsel alışkanlıklarınız devam edecektir ve düşünceleriniz büyük bir süratle akacaktır, ama bu sizi hiç endişelendirmesin. Oturma süreniz arttıkça zihniniz boşalmaya ve düşünceleriniz yavaşlamaya başlar. Eğer tembellikten ötürü veya başka bir bahaneyle vazgeçmez ve düzenli olarak meditasyon yapmaya devam ederseniz, o eninde sonunda sizin sahte kişiliğinizi güneşte bırakılmış bir buz kütlesi gibi eritecektir.

Meditasyon yapmanın en zor tarafı mindere oturmaktır. Tembellik ağır basar, zihin bahaneler üretir, yapılacak işler icat edilir. Birdenbire, tam da meditasyona oturacakken evi temizlemeniz, çiçekleri sulamanız veya yemek yapmanız gerektiğini hatırlarsınız. Çok yoğunsunuzdur ve zihninize ayıracak hiç vaktiniz yoktur. Aslında bu yoğunluk, kılık değiştirmiş bir çeşit tembelliktir. Zihninizi izlemeye üşendiğiniz için başka işler yaratarak kaçmaya çalışırsınız. Meditasyon için yirmi dakika şart değildir. Beş dakika bile başlangıç seviyesi için yeterlidir. Hatta her gün yirmi dakika ayırmanız zor olduğu için, bence beş dakika yapın. Böylece 'Vaktim yok' bahanesini öne sürerek kendinizi kandırmanız daha zor olur. Herkesin kendisine ayıracak beş dakikası muhakkak vardır.

Meditasyon yapmak için mükemmel bir yer aramaktan vazgeçin. Bu vakit kaybıdır ve meditasyona başlamamak için zihninizin bulduğu bir kaçış yöntemidir. Meditasyonu her yerde yapabilirsiniz. Üstelik kimileri sessiz olsun diye dağlara kaçar ve orada da kuşların, böceklerin sesinden rahatsız olurlar. Önemli olan zihninizin tutumudur. Meditasyon yapmak için günün belli bir saatini belirleyin ve hep aynı saatte oturmaya çalışın, ama belirlediğiniz saatte oturamadığınız günleri bunu bahane ederek boş geçirmeyin. O günlük başka bir saatte meditasyon yapıverin. Arada sırada istisnalar elbette olabilir.

Zihninizin aşırı gergin olduğu zamanlarda, mesela birisiyle kavga ettiyseniz hemen kavganın ardından meditasyona oturmayın. Biraz yatışmayı, sakinleşmeyi bekleyin. Gerekirse önce bir yürüyüş yapın. Uykunuz varken meditasyona oturmayın. Öncesinde bir duş alıp, daha zinde bir şekilde oturmaya çalışın. Aksi takdirde minderde uyuyakalma ihtimaliniz yüksektir. Eğer canınız meditasyon yapmak istemiyorsa, meditasyonun faydalarını anlatan bir kitaba göz atın. Size neden oturmanız gerektiğini hatırlatıp, ilham verecektir.

Birçok kişi de sıkıcı olacağını düşündüğü için meditasyon yapmaz. 'Yani orada hiç kıpırdamadan, hiçbir şey yapmadan oturacağım. Öyle mi?' diye sorarlar. Bu düşünce onları ürkütür.

Onların zihinleri bir çocuğunki gibidir; şu veya bu şekilde eğlendirilmeden bir dakika bile duramayacak hale gelmişlerdir. Oysa meditasyon yaparken kavuştukları sükûneti günlük yaşamlarının kaotik haliyle kıyasladıklarında, 'İyi ki oturmuşum!' diyeceklerdir. Eğer sıkılma korkusunu atlatıp meditasyon yapmaya başlarsanız gerçekte sıkıcı olan tek şeyin zihninizde tekrar eden düşünceler olduğunu göreceksiniz. Aynı düşünce kalıpları zihninizde dönüp dururlar ve bunu fark etmenin tek yolu zihninizi izlemektir. İzleme süreci bir başladı mı, zaten durmak istemeyeceksiniz. Zihninizle dostluk kurmanın tadına varacağınız için meditasyona uyguladığınız direnç de kaybolacak.

Hayatlarında hiç meditasyon yapmamış kişilerin akıllarında meditasyona ait fikirler vardır ama bu fikirler gerçekle örtüşmezler. Bütün bu fikirlerin terk edilmesi ve meditasyona önyargısız bir şekilde oturulması gerekir. Eğer siz hayalinizden meditasyona dair bir şeyler uydurursanız, o zaman 'Meditasyon çok zor!' deyip, vazgeçersiniz. Bütün beklentileri bir kenara bırakın ve yalnızca oturun.

Bir de, meditasyonu sık sık yapma alışkanlığına kavuştuğunuzda 'Ben büyük bir meditasyon ustası oldum' diye düşünüp kibirlenmemelisiniz. Bu tarz düşünceler sahte kişiliğinizin incelikli oyunlarından ibarettir. Unutmayın ki meditasyonu, iyi meditasyon yapmak için veya başkalarından daha iyi meditasyon yapmak için yapmıyorsunuz. Kendinizi tanımak ve zihninizin işleyiş mekanizmasını anlamak için yapıyorsunuz."

Bu sırada Madam Bobogel'in yüzüne bir gülümseme yayıldı. "Çok büyük bir meditasyon ustasıyım" diye mırıldandı. "Evet, kuşkusuz öyleyim! Sonsuz Işık'a şükürler olsun ki dünyanın en büyük meditasyon ustasıyım."

Sonra dönüp bana baktı. "Bu gariban daha oturmayı bile bilmiyor" dedi. "Utanmasa yere düşmemek için minderine tutunacak. Buna rağmen bir kitap yazmaya kalkışacak kadar cüretkâr olması çok acıklı doğrusu. Yazık!"

Mama Nono, "Bir okurumuz soru sormak istiyormuş" diyerek araya girdi. "Buyurun, sizi dinliyoruz."

"Merhaba, ben meditasyon yaparken bazen korkuya kapılıyorum. Korku birdenbire ve nedensiz ortaya çıkıyor. Sizce bu korku nereden kaynaklanıyor ve nasıl üstesinden gelebilirim?"

"Meditasyon sırasında ansızın korkuya kapılmak, sık rastlanılan bir durumdur" dedi Mama Nono. "Düşünceler ilk olarak bilinçaltında ortaya çıkarlar ve bir düşünce yığınının duygusal yükü bazen düşünce henüz kendini bilinç düzeyinde göstermeden evvel sızıntı yapar. Yani siz düşünceyi düşünmeden evvel ona eşlik eden duyguyu hissedersiniz. Aslında bu yalnızca meditasyon sırasında değil, günlük hayatınızda da ara sıra başınıza gelir, ama fark etmezsiniz. Aniden ve sebepsiz bir korku duyarsınız veya kendinizi birdenbire üzgün, melankolik, yıkık, umutsuz ya da tam tersi neşeli, umut dolu hissedersiniz. Görünürde bu duyguları tetikleyecek bir neden yoktur. Neden, bilinçaltında oluşmakta olan düşüncede yatar.

Ortaya çıkan duyguya kapılmadan sakin bir şekilde zihninizi izlemeye devam ederseniz, bir süre sonra altta yatan kendini gösterecektir. Nedensiz oluşmuş gibi görünen duygular kimi zaman kıpırdanıp ortaya çıkmaya hazırlanan bir anıdan da kaynaklanıyor olabilir. Bazen de korkunun nedeni yalnızca hepinizin ortak korkusu olan 'bilinmeyen korkusu' olabilir. Duyguların kaynakları ne olursa olsun meditasyon yapmak size bütün duyguları onlara kapılmadan ve onlar tarafından yere serilmeden, rahatça taşımayı öğretir."

"Çok teşekkür ediyorum" dedi okur. "Müsaade ederseniz bir sorum daha var."

"Elbette."

"Ben meditasyon yapmaya başlayalı üç yıl oldu ve bu süre boyunca neredeyse her gün düzenli olarak meditasyon yaptım, ama bana zihnimde pek bir değişim olmuş gibi gelmiyor. Acaba sonuçlar ne zaman kendini gösterecek?"

"Meditasyonu, sonuç peşinde koşmadan yalnızca meditasyon yapmanın keyfine varmak için yapmalısınız. Öte yandan şunu da unutmamalısınız: Zihninizde bir değişim olmadığını zannetmeniz, bunun doğru olduğu anlamına gelmez. Sonuçlar her zaman sizin görüş alanınızın içinde olmayabilirler. Meditasyon yapan kişilerin zihni onlar farkında olmasalar bile muhakkak bir değişim geçirirler. Meditasyon yapanların düşünceleri berraklaşır, duyguları incelir ve davranışları saf ve zarif bir hale gelir."

"Teşekkürler" dedi okur.

"Bir okurumuzun daha sorusunu yanıtlayalım, sonra ilerleyelim" dedi Mama Nono. "Buyurun."

"Merhaba, ben birkaç aydır düzenli olarak meditasyon yapıyorum ve bazı arkadaşlarım bu yüzden beni bencil olmakla suçluyorlar. Dünyaya sırtını dönerek bir odaya kapanmak ve orada yalnızca kendinle ilgilenerek vakit geçirmek egoist bir davranışmış. Öyle diyorlar. Bu konuda ne düşünüyorsunuz?"

"Dışarıdan bakıldığında meditasyon yapmak, onun anlamını ve amacını bilmeyen kişilere bencilce bir aktivite gibi görünebilir. Her şeyden uzaklaşıp içine dönmüş bir kişi minderinin üzerinde rahat bir vaziyette, hiç kıpırdamadan öylece oturuyor. Bunun dünyaya nasıl bir faydası dokunabilir? Bu kişinin amacı nedir? Daha iyi biri olmak için mi meditasyon yapıyor? Niyeti buysa, dışarı çıksın ve fakirleri doyursun veya bir hastaneye gidip kan bağışlasın ya da barınaklardaki hayvanlara battaniye götürsün.

Elbette bir insan daima varlığıyla bütün canlılara elinden geldiği kadar yardım etmelidir. Bu çok açık bir gerçektir ve tartışmanın gereği yoktur. Ancak meditasyon yapmayı, yardım eylemleriyle kıyaslamak anlamsız bir yaklaşımdır. Her şeyden evvel, kişiyi meditasyon yapmaya sevk eden nedenleri bir gözden geçirelim. Kişi, kendini izlemeye ve içindeki öfkeyi, bencilliği, önyargıları, kötü niyeti, kıskançlıkları, kısacası kendi karanlık taraflarının tamamını olduğu gibi görmeye karar verdiğinde ve bunu yapacak cesareti topladığında meditasyon yapmaya başlar. Bu, başlı başına saygıdeğer bir girişimdir çünkü kişinin kendi içindeki pislikle, çirkinlikle yüzleşmesi kolay bir şey değildir. Zihnini izleyerek kendisiyle yüzleşen kişi, içinde başkalarına karşı sevgi ve şefkat duymasını engelleyen ne varsa hepsini birer birer keşfeder ve ortadan kaldırır. Kendini bencillikten kurtarma çabası, bencilce bir çaba değildir. Yalnızca bunu başarabilen kişiler başkalarına gerçek anlamda sevgi, şefkat ve anlayış gösterebilirler.

Üstelik kendini hatırlamak, zihnini izlemek ve uyanmak bir insanın hayatta yapabileceği en önemli şeydir ve bunu başarmaya çalışırken, gerekirse bencil olmanıza da izin vardır. Uykuda olan bir kişi istese de iyilik yapamaz. Çoğu zaman onun iyilik diye yaptığı şey, daha çok ıstırap yaratmaktan başka bir işe yaramaz. Bunun nedeni basittir: Uykuda olan kişi tamamen bilinçsizdir ve kördür. Hayatını koşulların bir kurbanı olarak, mekanik olarak yaşar. Şu anda içinde yaşadığımız dünya savaşlarıyla, ıstıraplarıyla, fakirliğiyle, yıkımlarıyla, perişanlığıyla ve bütün acımasızlığıyla tamamen uykuda olan insanların eseridir.

Kendini tanımayan bir kişinin zihni karmakarışıktır. Karışık bir zihin, bozuk olan toplumsal yapıyı düzeltemez ve daha iyiye doğru bir değişimi gerçekleştiremez çünkü zaten kendisi karışıktır. Uykuda olan bir kişi sosyal yapıyı kendi karmaşasına, kendi kısıtlı, dar ideallerine ve fikirlerine dayanarak değiştirmeye kalkışırsa yalnızca daha fazla zulme ve daha fazla sefalete yol açar, çünkü zihnini doğru şekilde kullanmayan insanların eylemlerinde bayağılık ve cinnet vardır.

Dünyadaki yoksulluğun kaynağı zihnini kötü kullanan, uykuda olan insanların açgözlülüğüdür. Yoksullukla mücadele ederek yoksulluk yok edilemez. Yoksulluğa sebep olan açgözlülüğün görülmesi ve kökünden sökülüp atılması gereklidir. Savaşların nedeni bireysel saldırganlıktır. Herkes kendi içindeki saldırganlıkla yüzleşirse savaşlar otomatikman sona erer. Hayvanlara zulmedilmesinin, doğanın yok edilmesinin nedeni insanın içindeki vahşettir. İnsan uyandığı zaman, kendi yarattığı vahşet kâbusundan da uyanır.

Dünyaya ve insanlara gerçekten faydalı olmak istiyorsanız, uyanın! Diğer tüm meseleler ikinci derecede önemlidir. Uyanmak için kendinize zaman ve imkân yaratmanız gerekiyorsa ve bunun için bencilce davranmanız gerekecekse öyle yapın. Tıpkı uçakta önce kendi oksijen maskenizi takmanız gerektiği gibi, öncelikle kendinizi uyandırmanız gerekiyor. Şu anda siz kendiniz yardıma muhtaç bir haldesiniz. Siz ancak kendinizi kurtardıktan sonra, kendi ayaklarınızın üzerinde durmaya başladığınızda başkalarına yardım edebilirsiniz. Bırakın diğer insanlar sizi eleştirsinler, hakkınızda kötü şeyler düşünsünler ve söylesinler. Başkalarının ne düşündüğüyle hiçbir zaman ilgilenmeyin. Değerli vaktinizi buna harcamayın. Uykuda olanlar, bencilliğin tanımını bile doğru yapamazlar. Bir gül, çiçek açtığı zaman bencilce mi hareket etmiş olur? Sizin de çiçek açmanız gerekiyor. Bu yüzden size bencil diyenler olacaktır. Bırakın desinler. Siz yalnızca kendi içinizdeki kötülüğü attıktan sonra başkalarına gerçekten yardım edebilirsiniz."

"Teşekkür ederim" dedi okur. "Son bir sorum olacak. Bazen meditasyon yaparken düşüncelerime kapılıp gidiyorum ve bunu fark edip kendimi geri getirmem çok zaman alabiliyor.

Meditasyonumu bozduğum zaman üzülüyorum ve kendimi sorguluyorum. Sizce başkaları da meditasyon yaparken benim gibi zorluk çekiyor mu, yoksa ben beceriksizin teki miyim?"

"İnsanın kendini yargılamaya ne kadar şartlanmış olduğunu daha evvel konuşmuştuk" dedi Mama Nono. "Meditasyon yapan kişiler de bu şartlanmadan muaf değildir. Zihnin zararlı alışkanlıklarını ortadan kaldırmak zaman alır. Meditasyon yapan herkes bazen kendini yetersiz bulur ve 'Düşüncelerim hakkında düşünmemeyi beceremiyorum...' 'Nefesime odaklanamıyorum...' veya 'Hareket etmeden oturamıyorum...' diyerek kendini eleştirir. Üstelik meditasyon yapan kişi kendini yargılamaması gerektiğini bilen biridir. Bu yüzden sıkıntısı ikiye katlanır, çünkü mevcut problemlerinin üstüne bir de 'Kendimi eleştiriyorum' eleştirisi eklenmiştir.

Zihninizde beliren her yeni düşünce, eleştiri veya yargı şimdiki anla aranıza biraz daha mesafe girmesine yol açar. Meditasyon sırasında zihninizde kendinize yönelik olumsuz düşünceler ortaya çıkmaya başladığını fark ederseniz, hemen şu uygulamayı yapın:

Kendinize, 'Gözlerimi yumdum ve nefesime odaklanıyorum' deyin. İçinizden söylemeniz yeterlidir, ama odaklanmakta çok zorluk çekiyorsanız yüksek sesle de konuşabilirsiniz. 'Nefes alırken, nefes aldığımın farkındayım. Nefes verirken, nefes verdiğimin farkındayım. Ayak tabanlarımın farkındayım. Ayak tabanlarıma gülümsüyorum. Şimdiki anda kalıyorum ve bedenime gülümsüyorum. Saçlarımın farkındayım. Saçlarıma gülümsüyorum.'

Bu şekilde bütün vücudunuzu tarayın ve her bölgeye beşer nefes boyunca ayrı ayrı gülümseyin. Bir rahatsızlığınız varsa o bölgede daha uzun kalabilirsiniz. Bedeninizde ve içsel dünyanızda gördüğünüz her şeyi kabul edin, hepsine gülümseyin. İyi ve kötü ayrımı yapmayın, yargılamayın. Midenizde hâlâ duran öğlen yemeğine de gülümseyin, patronunuza duyduğunuz öfkeye de gülümseyin, meditasyon yapmayı beceremediğinize dair düşüncenize de gülümseyin, ameliyattan kalma dikiş izlerinize de gülümseyin, yüzünüzdeki kırışıklıklara da gülümseyin. Kendinize gülümseyin, kendinize şefkat gösterin ve minderinizde annesinin kucağında oturan bir bebek gibi oturun. Bu egzersiz zamanla kendinizi yargılama alışkanlığınızın kırılmasını sağlayacaktır."

Madam Bobogel bu sırada gözlerini yummuş, sayıklarcasına kendi kendine konuşuyordu. Yüzünde tuhaf bir sırıtışla, "Çok derin meditasyonda olduğumun fakındayım" diyordu. "Çok derin meditasyonuma gülümsüyorum. Pek yüce bir madam olduğumun farkındayım. Pek yüce bir madam oluşuma gülümsüyorum. Sonsuz Işık'ın tek elçisi olduğumun farkındayım. Sonsuz Işık'ın tek elçisi oluşuma gülümsüyorum."

Sonra gözlerini yavaşça açtı ve bana dönüp, "Yanımdaki garibanın bir kitap yazmaya kalkışmış olduğunun farkındayım" dedi. "Buram buram çürümüş balık kokan bu cüretkâr girişime gülümsüyorum."

"Bu hazan yine kalbim maziden daha kırık
Gönül boş, gözüm yaşlı, dudağımda hıçkırık."

Zeki Müren

Aptalca Bencillik, Akıllıca Bencillik

"Zihnini izleyen insan çok beklenmedik ve çok şaşırtıcı bir şeyle karşılaşır" dedi Mama Nono. "Zihnine bakan kişi, kalbini keşfeder. Kalp daha evvel elbette yok değildir. Her insanda sınırsız ve koşulsuz sevgiyle dolu bir kalp vardır, fakat uykuda olan insanların kalpleri sahte kişiliklerinin gölgesinde kalmıştır. İnsanın karanlık tarafı, yüreğindeki sevgiyle temas edebilmesine engel olur. Bencillik, hırs, kıskançlık, açgözlülük, korkular ve arzular kalple olan iletişim yollarını kapatır. Zamanla sevgi ve şefkat kalbin derinliklerine gömülür, ulaşılamaz bir hale gelirler.

Zihnini eğiten kişi, kendi karanlık tarafının içinden geçer ve kalbine ulaşır. O artık insanları rakip veya düşman olarak değil, tıpatıp kendisine benzeyen, acı çeken ve yaralı varlıklar olarak görür. Kendini izleyen kişinin şefkati ve hoşgörüsü zaman içinde çoğalır, bütün canlıları kapsayacak şekilde çevresine yayılır.

'İnsanları sevmelisiniz' diyerek kimseye sevgi aşılanamaz. Sevgi, bir görev değildir ve dışarıdan telkinlerle öğretilemez. Sevgi insanın doğasında vardır, saf ve bozulmamış bir halde keşfedilmeyi, ortaya çıkarılmayı beklemektedir. Onu ortaya çıkarmak için kişinin kendi içine dönüp bakması gerekmektedir.

Sahte kişilik size daima aynı şeyi söyler: 'Mutlu olmak istiyorsan yalnızca kendinle ilgilen ve kendi arzularını tatmin et. Dünyadaki en önemli kişi sensin!' Bu, sahte kişiliğin kendi varlığını devam ettirebilmek için söylediği büyük bir yalandır ve dünyadaki ıstırapların birçoğu sizin bu yalana inanmanızdan kaynaklanır. İnsanın en büyük hatası kendini fazla önemsemesi ve bencilce davranarak, yalnızca kendine hizmet edip, kendi çıkarlarına göre hareket ederek mutlu olabileceğini zannetmesidir. Bu, bencilliğin aptalca olan türüdür.

Gerçekte yalnızca bencilliğini fethetmiş olan, kendini çok fazla önemsemeyen ve diğer insanlara karşı yüreği şefkatle dolabilen kişi özgürlüğü ve mutluluğu tadabilir. Sahte kişiliğinin boyunduruğundan kurtulan bir insan kendisine olan takıntısından da kurtulur ve böylece kendi kusurlarını inkâr etmeyi, kendini yargılamayı ve kendine acımayı bırakır. Onun artık bir dilenci gibi başka insanlardan sevgi, övgü ve beğeni toplamaya ihtiyacı yoktur. Bunlar çok büyük özgürlüklerdir. Normalde herkes aklını kendisiyle bozmuş vaziyettedir ve sahte kişiliğinin pençesinde olan bir kişi kalbindeki en büyük yeri kendisi zannettiği sahte kişiliğine ayırır. Uyanıp kendini hatırlayan bir insanın kalbi ise otomatikman genişler. Aslında kalp müthiş derecede esnektir; içine evrendeki bütün canlıları sığdırabileceğiniz kadar genişleyebilir.

Sadece kendini düşünen ve her şeyden çok kendini önemseyen bencil bir insan eninde sonunda, kaçınılmaz olarak hayal kırıklığına ve yıkıma uğrayacaktır, çünkü onunki aptalca bencilliktir. Bir de akıllı benciller vardır. Onlar, kendilerini çok önemsemezler ve hayatı çok ciddiye almazlar. İçinde bulundukları koşullar ne olursa olsun mizah duygularını asla yitirmezler ve başarısızlıktan yılmazlar. Bu, kendilerini sevmedikleri anlamına gelmez. Onlar kendilerini akılsızca, kendilerine ıstırap çektirecek şekilde değil, bilgece severler. Kendilerini tanımak ve zihinlerini eğitmek için çaba harcarlar.

Sahte kişiliklerine sıkı sıkıya yapışmayı bırakmışlardır. Böylece hayatın her alanında başarılı olmak adına kendilerini yıpratmazlar, başkalarının hayranlığını kazanmak uğruna çırpınarak vakit kaybetmezler ve başarısız oldukları zaman büyük bir yıkıma uğramazlar. Kendini izleyen kişilerin takındıkları zihinsel tavırlar onlara zarafet kazandırır. Onlar, bütün insanları ve bütün canlıları sevebilmenin zevkini tatmışlardır. Bu zevkin başka arzuların tatmininden daha büyük ve daha kalıcı bir mutluluk getirdiğini gördükleri için kalplerini açık tutmaya ve zihinlerini izlemeye devam ederler. Ayrıca içlerindeki düşmanlık güçlerini de kontrol altına alırlar, çünkü çatışma barındırmayan bir zihnin ne kadar hafif ve neşeli olduğunu da görmüşlerdir. Siz onları kızdırdığınız zaman bile size kızmazlar, çünkü size kızamayacak kadar bencildirler. Zihinlerini öfkeyle doldururlarsa kendilerinin zararlı çıkacağını bilirler. Kendi zihinlerini incitmemek uğruna sabırlı ve sakin davranırlar; haklı oldukları zaman bile çatışmaya girmez, kavgaya tutuşmazlar. İnsanları aldatmamak ve incitmemek için büyük bir özen gösterirler. Bu tür davranışların her şeyden çok kendi içsel dünyalarına zarar vereceğinin farkına varmışlardır. İyiliğin daima kötülükten daha değerli bir şey kazandığını, zihinsel huzur kazandığını bilirler. Başkalarının hatalarını da yalnızca kendi huzurlarını korumak için bile olsa, gönülden affederler.

Kendilerine zarar veren duyguları, kederleri, üzüntüleri, kızgınlıkları, pişmanlıkları ve kırgınlıkları zihinlerinde depolamazlar. Üstelik insanların zihinlerinin nasıl çalıştığını bildikleri için onların incitici sözlerinden ve davranışlarından kolayca alınıp darılmazlar.

Uyanık olan ve kendini hatırlayan kişi başkalarının mutluluğuyla mutlu olabilmeyi öğrenir. Her zaman hakkaniyetli, şefkatli ve merhametli bir şekilde davranmaya çalışır. Bu, bencilliğin akıllı olan türüdür. Lütfen siz de bencil olun, ama bu tarife uyan şekilde, yani iyi yolda. Kendiniz için daima iyi olanı isteyin ve sizin için iyi olan uğrunda çalışıp çabalayın. Sizin için kötü olan şeyleri yapmayı bırakın. Bütün içsel gücünüzü toplayın ve size zarar veren her türlü eylemi sonsuza dek terk edin. Gerçekten iyi olanla, görünüşte iyi olanı ayırt etmeyi öğrenin.

Her an hayatın size sunabileceği bir güzellik ve zarafet işareti için uyanık olun. Mutluluk ile sizin aranızda duran bütün engelleri yok edin ve kendi mutluluğunuzun ustası olun. Varoluş, sevinç denilen kumaştan biçilmiştir. Siz de keyifli, neşeli, sevinçli olun ve her sevincinizi paylaşın. Enerjinizi doğru şekilde kullanın. Mutluluğunuzun hizmetine vermediğiniz enerji, mutsuzluğunuzu besler, çünkü enerjinin muhakkak şu veya bu şekilde harcanması gerekir. Mutluluk, mevcut zihin yapınızla size kendiliğinden gelmez. O, şans eseri gelip, şanssızlıktan ötürü giden bir şey değildir. Mutlu olmanız için kendi üzerinizde çalışmanız, zihninizi eğitmeniz gerekiyor. İçsel çatışmalardan arınmanız ve yaşamla uyumlu bir hale gelmeniz gerekiyor.

Kendinizi içsel mahşerinizden, dedikodularınızdan, şikâyetlerinizden, olumsuzluklarınızdan, intikam planlarınızdan, sonsuzca tekrarlayıp duran ve içsel dengenizi bozmaktan başka bir işe yaramayan psiko-dramalarınızdan arındırın.

Çatışmalar, kavgalar ve tartışmalar zihinsel gerilime neden olur. Zihninizin kışkırtmalarına ve ayartmalarına kapılmayın. Ayartma hiçbir zaman dışarıdan gelmez. Bir şeytan gelip sizi ayartmaz, şeytanlaşan ve öç almak isteyen daima sizin kendi eğitimsiz, disiplinsiz zihninizdir. Öfke, nefret, kıskançlık ve bencillik gibi size zarar veren ve zihninizin düşmanı olan duygulardan uzak durduğunuz zaman zihniniz sabunlu suyun içinde tutulan bir giysi gibi temizlenir.

Kişilerin kalbindeki iyiliğe güvenmek, onların iyiliğinin ortaya çıkmasını sağlar. Bakışlarınızı hiçbir zaman insanların içindeki karanlığa ve kötülüğe odaklamayın. Bu, yalnızca kötülüğü güçlendirir. Hiç kimse tamamen ve her zaman kötü değildir. Herkes temel iyilikle ve sevgiyle dolu olmayı hak eder, çünkü bu var olmanın en doğal, en güzel, en sevinçli biçimidir.

Mutsuz olan insanlara karşı daima şefkatli olun. 'Etkin şefkat' kederli olan canlılara hizmet etmek demektir ve başkalarına yardım etmek sizin yüreğinizi genişletir. İnsanlara yardım etmek için şartlar öne sürmemelisiniz ve şefkatinizi bazı kişilere gösterip, diğerlerinden esirgememelisiniz.

Uyanık olan bir insan sadece iyi bir insan değildir, bundan çok daha fazlasıdır. İyi bir insan için iyilik her şeydir; uyanık olan bir insan içinse iyilik sadece bir yan üründür. Kendinizi hatırladığınız ve zihninizi izlediğiniz zaman iyilik sizi bir gölge gibi takip eder. O zaman iyi olmak için bir çaba göstermenize gerek kalmaz çünkü iyilik sizin doğanız olur. Varlığınızdan iyiliğin doğal bir şekilde akması, uyanık olmanın bir yan ürünüdür. Ağaçların yeşil olması gibi siz de iyi olursunuz."

Mama Nono bir an durakladı. Gözleriyle bizi taradı, hâlâ orada olduğumuzdan ve bütün dikkatimizi ona verdiğimizden emin olmak istiyordu. Madam Bobogel durduk yere biraz homurdandı. Sonra yüzünü ekşitti ve başındaki karton tacı eliyle düzeltti. İlk günden beri başında duran tuhaf tacı hiç çıkarmamış, sağ elinde tuttuğu plastik asayı asla bırakmamıştı. Bir önceki derste giydiği, kendine küçük gelen, pahalı ve şık elbiseleri çıkarmış, yine her zamanki paçavralarına bürünmüştü. Bu sırada onu izlediğimi fark etti ve gözlerini kısıp, meydan okuyan bir bakış attı. Hemen gözlerimi kaçırdım.

Birinci Egzersiz

"Şimdi, birkaç tane egzersiz yapalım" dedi Mama Nono. "Birinci egzersiz, gözlerinizi yumun ve nefesinize odaklanın. Bedeninizi tarayın, gerginlikleri bulun ve gevşetin. Yeteri kadar gevşemiş ve rahat olduğunuzu hissettiğinizde çok sevdiğiniz birini seçin ve tüm dikkatinizi o kişiye odaklayın. Onu zihninizde net ve berrak bir şekilde canlandırın ve karşınıza geçip, oturduğunu hayal edin. Şimdi, bu kişiye karşı duyduğunuz bütün sevgi ve şefkatin kalbinizde yoğunlaştığını ve bir ışık topuna dönüşerek büyüdüğünü hayal edin.

Sevgi ve şefkatten oluşan ışık topunuzu karşınızdaki kişiye doğru uzatın ve bunu ona verirken bütün varlığınızla gülümseyerek, 'Senin neşeli ve sevinçli olmanı diliyorum. Güçlü, enerji dolu ve sağlıklı olmanı diliyorum. Endişelerden ve korkulardan özgür olmanı, huzurlu olmanı diliyorum. Bu dünyada kendini daima evindeymiş gibi rahat hissetmeni, daima güvende olmanı diliyorum. Acılardan ve ıstıraplardan uzak olmanı, mutlu olmanı diliyorum. Kendini tanımanı, görmeni ve sevmeni diliyorum' deyin.

Bu egzersizi kendi isteğinize göre çeşitlendirebilirsiniz. Ölmüş olan bir yakınınızı hayal edip, ona olan sevginizi bu şekilde ifade edebilirsiniz. Zor bir dönem geçiren bir arkadaşınıza bu çalışmayla desteğinizi sunabilirsiniz. Bu çalışmayı evcil hayvanlarınız dahil tüm sevdiklerinizi, hatta dünyadaki bütün canlıları kapsayacak şekilde genişletebilirsiniz. Sevginizi dünyaya yöneltip, kalbinizden çıkan ışık topunu dünyaya, sizi büyüten, size bakan ve sizi taşıyan bu zarif ve güzel gezegene verebilirsiniz.

Acı çeken, hastalıklarla boğuşan her kim varsa ona bu çalışmayla sevginizi ve şefkatinizi yollayabilirsiniz. Tanımadığınız kişilere de sevginizi yollayabilirsiniz. Küçücük bir işaret bile sizin sevginizi, şefkatinizi harekete geçirmek için yeterli olabilir. Yanınızdan bir ambulans geçtiğinde minderinize oturup, hastaneye götürülen kişiye kalbinizin ışığını yollayabilirsiniz.

İkinci Egzersiz

Gözlerinizi yumun ve nefesinize odaklanın. Bedeninizi tarayın, gerginlikleri bulun ve gevşetin. Yeteri kadar gevşemiş ve rahat olduğunuzu hissettiğinizde hiç sevmediğiniz, size kötülükleri dokunmuş olan, düşman olarak gördüğünüz, hatta nefret ettiğiniz birini seçin ve tüm dikkatinizi o kişiye odaklayın. Onu zihninizde net ve berrak bir şekilde canlandırın ve karşınıza geçip, oturduğunu hayal edin. Şimdi, kalbinizde bu kişiye karşı bir sevgi ve şefkat oluşmaya başladığını hayal edin. İlk başta zorlanacaksınız, çünkü zihninizin şartlanmalarına tamamen aykırı bir şey yapıyorsunuz. Sahte kişilik itiraz edecek, direnecek ve binlerce neden öne sürerek sizi durdurmaya kalkışacak. Aldırmayın. Zihninizde, düşman bellediğiniz kişinin size yaptığı kötülüklerin anısı canlanacak. Bununla da ilgilenmeyin. Nefesinize odaklanın ve devam edin.

Eğer şefkat ve sevgi hissetmekte çok zorlanıyorsanız, düşmanınızın sizin karşınızda çocukluk haliyle, hatta bir bebek olarak oturduğunu hayal edebilirsiniz. Onun doğduğunda nasıl bir bebek olduğunu gözünüzde canlandırmaya çalışın ve gördüğünüz bebeği bir anne gibi kucaklayın.

O hâlâ sizin nefret ettiğiniz bir kişi, en büyük düşmanınız mı? Elbette ki öyle değil.

Şimdi, karşınızda duran çocuğa veya kucağınızdaki bebeğe karşı duyduğunuz bütün sevgi ve şefkatin kalbinizde yoğunlaştığını ve bir ışık topuna dönüşerek büyüdüğünü hayal edin.

Sevgi ve şefkatten oluşan ışık topunuzu karşınızdaki kişiye doğru uzatın ve bunu ona verirken bütün varlığınızla gülümseyerek, 'Senin neşeli ve sevinçli olmanı diliyorum. Güçlü, enerji dolu ve sağlıklı olmanı diliyorum. Endişelerden ve korkulardan özgür olmanı, huzurlu olmanı diliyorum. Bu dünyada kendini daima evindeymiş gibi rahat hissetmeni, daima güvende olmanı diliyorum. Acılardan ve ıstıraplardan uzak olmanı, mutlu olmanı diliyorum. Kendini tanımanı, görmeni ve sevmeni diliyorum' deyin.

Üçüncü Egzersiz

Gözlerinizi yumun ve nefesinize odaklanın. Bedeninizi tarayın, gerginlikleri bulun ve gevşetin. Yeteri kadar gevşemiş ve rahat olduğunuzu hissettiğinizde yanlış, kusurlu ve kötü davrandığınız, bir insana bariz bir şekilde haksızlık ettiğiniz bir durumu anımsayın. Suçluluk duymanıza ve vicdanınızın sızlamasına yol açan, düşünürken bile canınızı sıkan, güçlü bir anı seçmeye özen gösterin. 'Ben kimseyi incitecek bir şey yapmadım' demeyin. Savunmaya geçmeyin, inkâr etmeyin ve kaçmayın. Meditasyon minderi kendinizle baş başa olduğunuz, kendinizle yüzleştiğiniz yerdir. Açık ve dürüst olun.

Odaklanacağınız anıyı seçtiğiniz zaman başlayın. Af dileyeceğiniz kişi veya kişiler kimlerse, onların sizin karşınızda oturduklarını hayal edin. Nefes alırken bahanelere sarılmadan, kendinizi haklı çıkarmaya çalışmadan 'Hatalıydım, beni affet' deyin ve olayın bütün sorumluluğunu kabullenin. Kalbinizde birleştirici, iyileştirici, şefkatli, barışçıl ve anlayışlı bir enerjinin doğduğunu ve yoğunlaştığını hissedin. Nefes verirken bu enerjiyi dışarıya, size suçluluk duyduran olayın anısına doğru yollayın.

Yani suçluluğunuzu nefesinizle içinize çekip, affedilme hissini nefesinizle dışarı verin. Nefes alırken olayın sorumluluğunu alın, nefes verirken verdiğiniz zararı iyileştiren enerjiyi dışarıya salın.

Vicdanınızı kemiren ve iç huzurunuzu bozan bir olay varsa bu egzersizi sık sık yapın. Bir süre sonra incittiğiniz kişiden özür dileyecek güce ve cesarete kavuşacaksınız. Eğer o kişi artık yaşamıyorsa da, bu sizi egzersizi yapmaktan alıkoymasın.

Dördüncü Egzersiz

Gözlerinizi yumun ve nefesinize odaklanın. Bedeninizi tarayın, gerginlikleri bulun ve gevşetin. Yeteri kadar gevşemiş ve rahat olduğunuzu hissettiğinizde kendinizi karşınızda otururken hayal edin. Bütün yaralarınızla, kederlerinizle, ıstıraplarınızla, korkularınızla, hatalarınızla, pişmanlıklarınızla, her şeyinizle tam olduğunuz gibi, çırılçıplak ve kırılgan bir şekilde kendinizi karşınızda görün.

Şimdi, kendinize karşı duyduğunuz bütün sevgi ve şefkatin kalbinizde yoğunlaştığını ve bir ışık topuna dönüşerek büyüdüğünü hayal edin. Eğer kendinize karşı şefkat ve sevgi hissetmekte çok zorlanıyorsanız, çocukluk halinizle, hatta bir bebek olarak oturduğunuzu hayal edebilirsiniz. Kendi çocukluğunuzu veya bebekliğinizi gözünüzde canlandırın ve bir anne şefkatiyle kucaklayıp, bağrınıza basın.

Sevgi ve şefkatten oluşan ışık topunuzu kendinize doğru uzatın ve onu verirken bütün varlığınızla gülümseyerek, 'Senin neşeli ve sevinçli olmanı diliyorum. Güçlü, enerji dolu ve sağlıklı olmanı diliyorum. Endişelerden ve korkulardan özgür olmanı, huzurlu olmanı diliyorum. Bu dünyada kendini daima evindeymiş gibi rahat hissetmeni, daima güvende olmanı diliyorum. Acılardan ve ıstıraplardan uzak olmanı, mutlu olmanı diliyorum. Kendini tanımanı, görmeni ve sevmeni diliyorum' deyin.

Yaralarınızı sarmak için kendinize hoşgörülü ve anlayışlı bir şekilde yaklaşmanız gerekiyor. Zihninizi ve bedeninizi ince, narin, şefkatli ve nazik kılın. Dilerseniz şefkatli davranmayı kendinize hatırlatmak için bileğinize bir bilezik veya ip bağlayabilirsiniz. Her ne zaman bir kabalık ettiğinizi veya bir kişiye yeterince şefkatli davranmadığınızı düşünürseniz, bileğinizdeki ipi bulunduğu bileğinizden çözüp, diğerine geçirin.

Bugünlük bu kadar yeterli... Yarın sabah devam edelim."

***

Yerimden ağır ağır doğruldum. Yine bacaklarım uyuşmuştu. Madam Bobogel benden daha çevik bir hareketle kalktı, aceleyle kapıya doğru yürüdü ve çıktı gitti. "Herhalde bir an evvel limuzinine binmek istiyor" diye düşündüm.

Mama Nono'ya sarılıp teşekkür ettikten sonra sokağa çıktım. Hava çok güzeldi, eve yürüyerek gitmeye karar vermiştim. Birkaç dakika yürüdükten sonra bir sokağa saptım ve karşı kaldırımda, az ötemde Madam Bobogel'i görüp, şaşırdım. Demek, bugün limuzinine binmemişti.

Boynu bükük, kırık ve yenik bir halde, ağır adımlarla, adeta sürüklenircesine yürüyordu. Kursta takındığı şirret, yırtık, buyurgan ve iddialı tavırlarından eser yoktu. Nereye gittiğini ölesiye merak ediyordum. Onu takip etmeye karar verdim ve beni görmemesi için epeyce yavaşladım.

Hiç durmadan homurdanıyor, başını sağa sola sallıyor, kendi kendine konuşuyordu. Bir ara esen rüzgâr, kartondan tacını uçurdu. Telaşla tacının peşinden koştu, yerden alıp eteğine sildi ve itinayla başına geçirdi. Köşeyi döndüğümüzde önce gözden kaybettiğimi sandım, ama sonra gördüm onu. Küçücük bir parka girmiş, banka oturmuştu. İki büklüm olmuş, başını ellerinin arasına almıştı. Hali gerçekten çok sefil, çok perişandı. Başını benden tarafa doğru çevirdiğinde hemen arkamı döndüm ve büyük bir süratle oradan uzaklaştım. İçimde Madam Bobogel'e karşı derin bir şefkat doğmuştu...

"Baharı beklerken ömrüm kış oldu
Gözümde her zaman biraz yaş oldu
En güzel duygular bana düş oldu
Yorgunum dostlarım yorgunum artık
Vefasız yıllara dargınım artık."

Sami Derintuna

SON GÜN

Zor Zamanlar İçin Ev Yapımı Bir Paraşüt

Güne erken başlamaya karar vermiştim. Şafak sökerken saatimin alarmı çaldı ve zihnim derhal "Bu saatte kalkılır mı? Daha dersin başlamasına çok var. Yat uyu!" dedi.

Müthiş derecede uykum olmasına rağmen doğruldum. Kahvemi içtikten sonra bisikletime atlayıp –evet, lastiğini tamir ettirmiştim– Mama Nono ile karşılaştığım parka gittim. Her zamanki yerime oturdum, gözlerimi kapattım ve kısa bir meditasyon denemesi yaptım. Çok başarılı olduğum söylenemezdi. Zihnime düşünceler hücum etmişti, ama bunun cesaretimi kırmasına izin vermeyecektim. Mama Nono bu durumun özellikle yeni başlayanlar için gayet doğal olduğunu ısrarla belirtmişti.

On dakika kadar meditasyon yaptıktan sonra bankta öylece oturdum. Bu defa kuşların şarkılarına kulak vermeye kararlıydım. Çok keyifli değildim, ruh halim hâlâ sıkıntılı ve kasvetliydi. Öte yandan artık bunu dert etmiyordum. Canım sıkkınsa sıkkındı, büyütecek bir şey yoktu... Elbet içsel dünyam sonsuza dek böyle kalmayacaktı ve bir noktada eski halime dönecektim. O zamana dek hayatımı askıya almaktansa harekete geçmeye ve günlük işlerimi, egzersizlerimi kendimi zorlayarak da olsa yapmaya karar vermiştim.

Parkta biraz daha oyalandıktan sonra fırına uğrayıp ekmek aldım. Yol boyunca ekmeğin sıcaklığını ve kokusunu hissetmeye, duyularımın hepsini uyanık bir dikkatle kullanmaya çalıştım. Eve girdiğimde hemen güzel bir kahvaltı sofrası kurmayı planlıyordum, ama çalışma masamın önünden geçerken zihnimde bir şimşek çaktı. Kafamın içinden hızla cümleler akıp geçiyordu.

Masama oturdum, bilgisayarımı açtım. O meşhur boş sayfa karşımda belirdi. Bir süre bakıştık. Sonra elim yavaşça klavyeye doğru uzandı ve aklımdan geçenleri hızla yazmaya başladım. Romanımın adını hâlâ bulamamıştım, ama artık bunu hiç umursamıyordum.

Bittiği zaman elbet bir isim bulurdum. Öyle değil mi?

***

"Hoş geldiniz" dedi Mama Nono. "Bugün yedinci ve son dersimizi yapacağız. Size biraz zihninizin bakımı ve beslenmesinden bahsetmek ve bazı tavsiyelerde bulunmak istiyorum."

"Hapishane konusu yine açılmayacak besbelli" diye söylendi Madam Bobogel. Büsbütün beter, perişan bir haldeydi. Yine o aynı felaket kılıkta oturuyordu. Yorgun, bıkkın ve moralsiz görünüyordu. Üstelik saçı başı pislik içindeydi ve gözlerinin altında mor halkalar vardı. Belli ki gece hiç uyumamıştı. "Bu acınacak derecede uydurma kursa katılmak için bir servet ödediğimi düşündükçe kutsal aklımı oynatacak gibi oluyorum!"

"Bana bir parça güvenin sevgili madam" dedi Mama Nono. "Biraz sabırlı olursanız bugün burada sorunlarınızın büyük ölçüde çözüleceğini göreceksiniz. Ayrıca kurs boyunca anlattığım bütün diğer konular gibi bugün vereceğim bilgiler de hayatınız boyunca, en çok da zor zamanlarınızda işinize yarayacak."

"İstemez!" diye bağırdı Madam Bobogel. "Buram buram çürümüş balık kokan tavsiyeleriniz sizin olsun! Bana hapishaneden kaçmayı öğretin!" Sesinde tehlikeli bir delilik tınısı vardı. Belki de hakikaten kutsal aklını oynatıyordur diye düşündüm, tedirgin oldum.

Mama Nono ona sakin ve sıcak bir gülümsemeyle karşılık vermekle yetindi ve hemen derse başladı. "Disiplinli bir zihin, dünyada en nadir bulunan şeydir" dedi. "İnsanların büyük çoğunluğu düşünce yasalarını bilmezler. Zihinlerini başka yönlere çekip, iyi, güzel ve zarif düşüncelere odaklanmayı beceremezler. Eğitimsiz bir zihin, açık bir pencerenin önünde yanan mum gibi her türlü rüzgârdan kolayca zarar görür ve dışsal etkiler yüzünden kolayca sağa sola savrulur.

Zihnini tanımayan insanların iradeleri son derece zayıftır; kendilerine zarar verecek bir arzuya ya da ilkel bir dürtüye direnemezler. Kendi üzerlerinde neredeyse hiç hükümleri yoktur. Zihinlerinde bir arzu uyandığı zaman hemen onu buyur ederler ve arzulanan nesneyi kovalayıp, kendilerini mutlu etmeye çalışırlar. Küçücük şeylerin onları tatmin edebileceğine inanırlar. Zihinsel enerjilerini bu şekilde dışsal şeylere odaklayarak, bomboş ve anlamsız şeyleri kovalayarak ziyan edip dururlar.

Aslında arzular kendi başlarına tamamen zararsızdırlar. Onlar doğru veya yanlış değillerdir ve sizin verdiğiniz yöne göre size dost ya da düşman olabilirler. Bir fincan kahveye duyulan arzu masum bir arzudur ve kolayca tatmin edilebilir. Öte yandan zihin arzulanan şeye düşkünleşip, onsuz kalmaya katlanamaz hale gelirse arzular zihni zehirlemeye başlar. Zihin bir nesneye veya kişiye takıntılı bir biçimde bağlandığı zaman onu her açıdan çekici ve kusursuz olarak algılamaya başlar. Bu noktada zihin için arzuladığı şeye sahip olmak bir mecburiyete dönüşür.

Bir arzunun yanlış yönetilmesi şu şekilde gerçekleşir: Önce, bir arzunun size mutluluk getireceğine dair yanlış bir düşünce zihne girer. Sonra zihin bu düşünceyi sever, ona inanır ve onu hayal gücüyle besleyip büyütür. Zihin yanlış düşünceyi sürdürmekten keyif aldığı için onun kalmasına razı olup, içeride tutar. Zihnin içine buyur edilen ve orada barınmasına izin verilen yanlış düşünce gittikçe güçlenir ve zamanla zihnin onu tutmasına gerek bile kalmaz çünkü artık o, zihne büyük bir kuvvetle tutunmuştur. Bu noktada arzuları kovmak çok zor hale gelmiştir ve size çok büyük hasar verebilirler.

Arzuladığınız her şeyi elde etmeniz elbette mümkün değildir. Neyse ki arzularınızın kölesi olmanın dışında bir seçeneğiniz daha vardır: Zihninizi eğitmek. Zihninizi eğitmek istiyorsanız eski, başıboş ve faydasız düşünce alışkanlıklarınızın yerine iyi düşünce alışkanlıklarını koymanız gerekiyor. Bu çok kolay bir iş değildir, çünkü eski alışkanlıklar direnirler ve tekrar tekrar ortaya çıkmaya çalışırlar. Eski kötü düşünceler, 'Bizi kovamazsın' derler. 'Bunca zamandır burada kalmamıza izin verdin. Artık burası bizim evimiz oldu ve evimizi terk etmeyeceğiz. Burada kalmaya hakkımız var!"

Cesaretiniz kırılmasın. Gayretle çalışmayı sürdürürseniz kötü düşünceleriniz zaman içinde seyrekleşecekler ve sonunda hepsi yok olup gidecekler. Eğitimsiz bir zihin yaramaz bir çocuk gibidir ve her gün disipline edilirse zamanla yavaş yavaş kontrolünüz altına girer.

Zihninizi doğru düşüncelerle doldurursanız sizi mutluluğa ve özgürlüğe kavuşturacak sağlıklı zihinsel alışkanlıklar edinebilirsiniz. En derindeki benliğinizi -yani benim patron olarak adlandırdığımı- daima aklınızda tutun. Kendinizi hatırlayın, uyanık olun ve hayatınızı zekice yaşayın."

Bir an durakladı, sonra "Bir okurumuz soru sormak istiyormuş" dedi. "Buyurun, sizi dinliyoruz."

"Merhaba" dedi okur. "Henüz dersin başında araya girip böldüğüm için kusura bakmayın, ama bu benim için çok önemli bir soru. Uzun yıllardır sigara içiyorum ve birçok defa bırakmayı denedim, ama bir türlü başaramıyorum. Bana bu konuda verebileceğiniz bir tavsiye var mı?"

Madam Bobogel yüzünü buruşturdu, "Acınacak derecede zavallı ve pespaye bir soruyla vaktimizi çaldığınız için kâinatın sizden hesap soracağını bilemeyecek kadar gariban olmanız çok üzücü" dedi. "Ayrıca ağaçlarda sallanan çıplak maymunlar gibi edepsiz bir zihniniz var besbelli."

Mama Nono bu sızlanmalara aldırış etmedi, soruyu yanıtlamaya koyuldu. "Bağımlılıktan kurtulmak kolay değildir, ama muhakkak başarılması gerekir. Başarana kadar denemeye devam etmelisiniz. Başarısızlık abidesi olsanız bile yılmadan, tekrar tekrar denemelisiniz.

Denemeyi lütfen ertelemeyin, 'Yavaş yavaş bırakacağım' diyerek zihninizin sizi kandırmasına, bahaneler üretmesine izin vermeyin. Ateşin içine düşerseniz, yavaş yavaş mı çıkarsınız? Yanlış eylemlerinizi ve size zarar veren şeyleri hemen bırakın.

Bağımlılıktan kurtulmaya çalışırken işe zihinsel tutumunuzu değiştirmekle başlayın. 'Bağımlılık kötüdür' ve 'Bağımlı olduğum için ben kötü biriyim' gibi yargılayıcı düşünceleri zihninizden atın. Bunlar sizin cesaretinizi kırmaktan, enerjinizi boşa harcamaktan ve yolunuzu tıkamaktan başka bir işe yaramazlar.

Bağımlılığa sert ve yargılayıcı bir şekilde değil, dostça ve biraz hafife alan bir tavırla yaklaşın. Hemen silahlarınızı çekip dövüşmeye başlamaya hazırlanmayın. Bağımlılıktan kurtulmaya çalışmadan önce bağımlılık duygusunu uyanık bir şekilde izleyin ve onu tanımaya çalışın.

Normalde eliniz pakete kendiliğinden gider, içinden bir sigara alır ve yakar. Sigara içilir, biter ve siz bir sigara içmiş olduğunuzu ancak belki onu söndürürken fark edersiniz. Esasen zihinsel tavrınız değişmediği sürece bir şeyi yapmanızla yapmamanız arasında pek bir fark yoktur. Hatta belki sigarayı da bırakabilirsiniz, 'Eskiden sigara içiyordum, artık içmiyorum' diyebilirsiniz. Yüzeyde bir değişiklik olmuştur, bir davranış değişikliği olmuştur, ama zihinsel yapıda bir değişiklik olmamıştır. Kendine zarar veren şeylere bağımlı olmaya yatkın zihin yapısı değişmemiştir ve tehlike ortadan kalkmamıştır. Bu durum, ya sigaraya yeniden başlayacağınızın ya da onun yerine başka bir şey koyacağınızın habercisidir. Belki de yeni bir kötü alışkanlık edinmezsiniz, ama sahte kişiliğiniz her zamankinden daha huysuz ve geçimsiz bir hale gelir. Bu da yeterince kötüdür.

Bir dahaki sefere içinizde bir sigara yakma dürtüsü uyandığında mekanik olarak hareket etmeyin ve hemen elinizi pakete atmayın. Durun, kendinizi hatırlayın ve nefesinize odaklanın. On on beş nefes arası duraklayıp, kendinizi izleyin. Sizi sigaraya doğru iten alışkanlık enerjisini ve içinizi kaplayan huzursuzluk duygusunu, bir an evvel sigarayı içinize çekmek için nasıl sabırsızlandığınızı izleyin. Bütün dikkatinizi hislerinize yöneltin.

Bu şekilde izleyip nefes çalışması yaptıktan sonra isteğiniz hâlâ aynı şiddette devam ediyorsa ve dürtüye dayanamayacak gibiyseniz kendinize izin verin ve bir sigara yakın. Fakat bütün hareketleri bilinçli bir şekilde yapın, sigaradan aldığınız her nefesin tamamen farkında olun.

Eğer isteğinizde azalma olduysa, direnin ve henüz yakmayın. İzlemeye devam edin. Dikkatinizi bağımlılık enerjisine çevirdiğinizde kendinizi önce vahşi bir ata binmiş gibi hissedeceksiniz, ama siz onun üzerinde durduğunuz sürece güçleneceksiniz ve at evcilleşecek. Sigara yakma isteği geçtiyse, yani dayanılmaz bir şekilde, kriz halinde istemiyorsanız sigara yakmayın. Bir sonraki dürtüyü bekleyin. Atlattığınız her kriz sizi güçlendirirken, alışkanlık enerjinizi zayıflatacak.

Zihniniz size her 'Sigara yak' dediğinde hemen itaat etmeyin. Uyanın, kendinizi hatırlayın ve kendinizi izleyin. Önemli olan mekanik hareket etmeye son vermeniz ve tüm dikkatinizle orada olmanızdır. Yani sigara kendi kendini içmemeli. Bir de dalga dalga gelen alışkanlık enerjisinden korkmamalısınız. Sakin ve açık bir zihinle hatta hevesli ve meraklı bir şekilde krizin gelmesini beklemelisiniz. 'Eyvah, canım sigara isteyecek...' 'Yapamayacağım...' 'Bu haksızlık...' veya 'Sigarasızlığa dayanamam...' 'Bir krizi daha atlatamam...' gibi düşünceler üretmeyin.

Bir kriz baş gösterdiğinde, dürtü oluştuğunda yalnızca onunla ilgilenin. Uyanın, nefesinize odaklanın. Her kriz sizin için güzel bir çalışma fırsatıdır. İyi değerlendirin. 'Bir sonraki krizi nasıl atlatacağım, ondan sonrakini nasıl atlatacağım, önümüzdeki haftayı, bir sonraki ayı nasıl atlatacağım?' diye düşünmeyin. Önemli olan tek şey şu anda olanla yüzleşmeniz, onunla doğru şekilde başa çıkmanızdır.

Bir süre sigara içmemeyi başarırsanız, ama bir gün bir tane içerseniz sakın eski zihinsel alışkanlıklarınıza teslim olup, hemen pes etmeyin. Yoldan çıkmış olabilirsiniz, ama bu başladığınız noktaya geri döndüğünüz anlamına gelmez. Yalnızca yoldan çıktınız. Büyütmeyin ve yola geri girin. Hepsi bu.

Eğitimsiz zihin sürekli kendini eğlendirmeye çalışır ve her an oyuncak peşindedir. Ne yazık ki bu oyuncaklar çoğunlukla sizin sağlığınızı bozan ve ilerlemenizi engelleyen şeylerdir. Zihnini izleyen ve tanıyan kişi, onun sevinçlerinden zevk almayı öğrenir ve kendini yıkıp yaralayacak zevklerin peşinde koşmayı bırakır.

Uyanan ve kendini hatırlayan insan sürekli oyuncaklar tarafından avutulma gereği duymaz. O, kendi zayıflığını görür ve kendi kendisinin üstüne yükselmenin yollarını öğrenir."

"Bir sorum daha olacak" dedi okur. "İlk dersinizden beri sizi dikkatle takip ettim. Eğer doğru anladıysam, anlattıklarınızdan şu sonuç çıkıyor: Zihnini eğitmeyen kişi hayatını yanlış bir biçimde yaşayarak çöpe atar. Doğru mu? Eğer durum buysa, karşısına bu öğreti çıkmayan kişi perişan olmaya mahkûm mudur?"

"Zihnini eğitmeyen kişi, kendini bilmeden yaşar ve kendini bilmeden ölür" dedi Mama Nono. "Zihnini tanımayan kişi hayatı boyunca kendi varlığının potansiyelini tam olarak anlayamaz ve hayatın ona sunduğu olanakları doğru değerlendiremez. Zihnini doğru kullanamayan kişinin kendisiyle, çevresiyle ve hayatla olan ilişkisi daima çatışmalı olacaktır. Kişinin, zihniyle olan ilişkisinin bozuk olduğunu kendiliğinden idrak etmesi oldukça zor bir şeydir. İlk etapta kişi kendisine yol gösterecek birine muhtaçtır, çünkü daha evvel de belirttiğim gibi insanın kör noktası kendisidir. İnsan, hayatında yolunda gitmeyen şeylerin sorumluluğunu daima dışarıdaki şartlara, rastlantılara, talihe ve hatta kadere yükler. İnsanın dönüp de kendine bakması ve kendisinde bazı eksiklikler olduğunu görmesi, kendini tanımadığını ve zihni hakkında hiçbir şey bilmediğini kabul etmesi çok nadir karşılaşılan bir durumdur. Böyle vakalar milyonda bir olsa da görülür ve kişi zihnini keşfe çıkmaya kendiliğinden karar verir. Zihnini keşfetmeye karar veren kişi de doğru yöntemleri uygulamak için burada aktardığım bilgilere ve daha fazlasına sahip olmalıdır. Aksi takdirde ilerleme çok yavaş gerçekleşir. Burada sizinle paylaştığım bilgiler binlerce yıl evvel keşfedilmiş, üzerinde çalışarak mükemmelleştirilmiş, yazılı ve sözlü olarak öğretmenlerden öğrencilere aktarılmış çok kıymetli bilgilerdir. Bu bilgilere ulaşmak artık hiç zor değil. Meditasyon yapmayı öğrenmek isteyen bir insan yüzlerce kitap bulabilir. Öte yandan meditasyon yapma yöntemlerini kendi kendine geliştirmeye çalışmak yersizdir ve böyle bir çaba yalnızca zaman kaybı olacaktır."

Okur, yanıt için teşekkür ettikten sonra Mama Nono bize döndü ve dersi anlatmaya devam etti.

"Zihniniz huzursuzsa ve onun huzursuzluğunu kontrol altına almak istiyorsanız, öncelikle onun neden huzursuz olduğunu bilmelisiniz" dedi. "Huzursuzluk, zihnin saflığını bozan şeylerden kaynaklanmaktadır. Zihin ne kadar safsa, onu anlamak ve eğitmek de o kadar kolay olur.

Zihninizi neyle beslediğinize dikkat edin. Tıpkı kas yapmak isteyenlerin protein aldığı gibi, zihnini iyileştirmek ve ona zarafet kazandırmak isteyenler de doğru besinleri almalıdırlar. Bazı şeyler zihni arındırır, bazıları ise kirletirler. Bütün boş vakitlerinizi televizyon seyrederek, gazete okuyarak ve internette dolaşarak geçiriyorsanız, zihniniz abur cuburla dolar.

Zihninizin içine koyduğunuz şeyler konusunda seçici olun ve onun çarpıklıklarını, saflığını bozan şeyleri giderin. Bütün düşünceleriniz, bütün konuşmalarınız ve bütün eylemleriniz daima zihninizi etkiler ve şekillendirir. Eğer besininiz zehirliyse, düşünceleriniz de zehirli olur. Yanlış besinleri alıp bunun sonucunda ortaya çıkan yanlış düşünceleri bastırmaya çalışmanızın hiçbir faydası yoktur. Kendinize ve başkalarına zarar veren davranışlarda bulunuyorsanız, kibirli, öfkeli ve kıskançsanız, yalan söylüyor ve çevrenizdeki kişileri aldatıyorsanız, boş tartışmalara girme alışkanlığınız varsa ve başkalarının hatalarını bulmaya hevesliyseniz zihninizin karanlık tarafını besliyorsunuz demektir. O zaman zihniniz esnekliğini yitirir ve donuklaşır. Yaşam enerjiniz doğru bir şekilde akmamaya başlar; neşesiz, cansız ve mutsuz olursunuz.

Eğer besininiz safsa, düşünceleriniz de saf olur. Sevgi ve şefkat zihninizi temizler, arındırır. Zihninizi eğitmeye başladığınızda bilerek iyi şeyler düşünün ve kendinizi incelikli düşüncelerle donatın. Düşüncelerinizde daima samimi, temiz ve dürüst olun. Kötü düşüncelerden özellikle kaçının. Onları bastırmaya çalışmayın, ama dikkatinizi onlardan çekin ve güzel düşüncelere yöneltin. Zarif düşüncelerin yardımıyla, kaba düşünceleri temizleyin. Duyularınız aracılığıyla hangi besinleri aldığınıza da çok dikkat edin. Korkutucu, vahşi ve şiddet dolu görüntülerden zihninizi titizlikle koruyun. Çevrenizdeki insanların söyledikleri şeyleri ayıklamadan yutmayın. Etrafınızda hakaret dolu konuşmalar, kabaca tartışmalar veya kötü dedikodular oluyorsa onlara dikkatinizi vermeyi reddedin.

Zihninizde yararsız bilgileri boşuna depolamayın. Ona unutmayı öğretin ve size faydası olmayan şeylerin hepsini unutun. Böylece dağınık düşünceleriniz bir araya toplanır ve yeni bir zindelik, taze bir zihinsel kuvvet kazanırsınız.

Zihninizi rahat ve gerilimsiz tutmaya özen gösterin. Gerçekler sizi korkutmasın. Gerçekler gözlemlenmek için vardırlar ve onları tarafsızca izlemeyi başarabilirseniz, sizi asla korkutamazlar. Gerçekler korkunç değildir, ama onlara sırtınızı dönüp kaçmak isterseniz o zaman korkunçlaşırlar.

Endişelerinizi bir andan diğerine, bir saatten diğerine taşımayın. Hepsinin gitmesine izin verin ve bu özgürlüğü bir kez olsun tadın. Nefes alır gibi rahat ve sakin bir şekilde yaşayın. Sadece sakin bir zihinden büyük şeyler doğar ve endişeli bir zihin hiçbir zaman sakin olamaz.

Başkalarının telkinlerinden kolayca etkilenmeyin ve kendi bireysellik duygunuzu muhafaza edin. Zayıf zihinli biri, güçlü zihinli birinin telkinlerine kolayca teslim olur. Kuvvetli bir telkin sizi hemen o anda etkilemese de, zihninize bir tohum atar. Zihninize kimlerin, ne tür tohumlar attığına dikkat edin, çünkü zihnin toprakları çok verimlidir. Her tohum ileride bir gün muhakkak filizlenir. Kendinizi, zihni eğitimsiz olan kişilerin bilinçsiz ve kötü telkinlerinden dikkatle koruyun.

Eğitimsiz zihin olumsuzluğa mıknatıs gibi çekilmeye meyillidir. Söylenmeye, sızlanmaya, dünyadan, çevreden ve kendinizden şikâyet etmeye başladığınızda uyanın ve kendinizi hatırlayın. Zihniniz sıkıntı ve kasvet yüklü bir döngüye girdiğinde onunla işbirliği yapmayın. Karanlık düşüncelere kapılıp umutsuzluğa düşerseniz ilham verici düşüncelere odaklanın. Zihninizi sevinçle dolduran şeyleri düşünün. Gülümseyin, şarkı söyleyin, bir ağacın altında meditasyon yapın, bir bebeği kucağınıza alın, çimenlere uzanıp gökyüzünü izleyin, yağmurda yürüyün. Kendinize seslenin, yüksek sesle isminizi haykırın ve 'Burada mısın?' diye sorun. Yüksek sesle yanıt verin, 'Buradayım' deyin, kahkaha atın. 'Zihninin tuzaklarına düşme!' deyin. 'Peki, düşmeyeceğim!' diye yanıtlayın. Size iyi gelen ne varsa yapın ve sizi ele geçiren olumsuz duygudan hızlıca kurtulun.

Hayatınızdaki zorluklara aşırı üzülmeyin ve yolunuza engel olarak dikildiğini düşündüğünüz şeylerle savaşmayın. Hayat bazen acılar ve ıstıraplar getirir. Bu gerçeği içselleştirin ve hayatı bütün yönleriyle, koşulsuz olarak kabul edin. Büyük kederler karşısında güçlü, dayanıklı ve sabırlı olun. Kendinize zorbalık etmeyin ve kendinizi harap etmeyin, çünkü bu yalnızca zaman ve enerji kaybıdır.

Zihnin oyunlarına ve kışkırtmalarına ve sahte kişiliğin ayartmalarına karşı her an tetikte olun. Karmaşık ve çelişkili bir şekilde yaşamayın, kendinizi duygusal ve zihinsel zorluklara sokmayın. Her ne yapıyorsanız onu derin bir uyanıklıkla yapın ve tamamen onun içinde olun. Yemek yerken yalnızca yemek yiyin, çalışırken yalnızca çalışın ve dinlenirken yalnızca dinlenin. Hayatınızı sadeleştirmek için gayret gösterin ve içsel olarak çok yalın olun. Zihninizi küçük şeylerle meşgul etmeyin, abes konuların fazla üstünde durmayın.

İnsanların büyük çoğunluğu hayatlarını zevk peşinde koşarak geçirirler. Onların ufukları çok sınırlıdır ve çok küçük hayatlar yaşarlar. Kendilerine has psikolojik sorunları, küçük üzüntüleri ve küçük sevinçleri vardır. Kendilerini asla anlamazlar, sorunlarından özgür kalamazlar ve yaşamlarının sonuna kadar kederlerinin ötesine geçemezler. Zengin, fakir, ünlü, eğitimli, eğitimsiz, başarılı veya başarısız milyonlarca insan birbirlerinden çok farklı olmayan, sıradan hayatlar yaşarlar. İnsanların yaşamları arasındaki farklılıklar yalnızca yüzeyseldir, görünüştedir. Bir insan yaptığı işte olağanüstü iyi olabilir, büyük bir bilimadamı, çok ünlü bir sanatçı olabilir ve bütün bunlara rağmen içsel olarak çok sıradan bir yaşam sürüyor olabilir. Tüm dünyadaki insanlara çocukluklarından itibaren iyi olmaları, sevgi dolu olmaları, çalmamaları ve yalan söylememeleri gerektiği öğretilir. Fakat hiç kimse bir çocuğa kötülüklerden nasıl sakınacağını, içsel iyilik haline nasıl ulaşacağını öğretmez. Kendini nasıl tanıyacağını ve zihnini nasıl eğiteceğini bilmeyen bir çocuk, büyüdüğü zaman dünyadaki milyonlarca sıradan insandan biri olmaya mahkûmdur.

Kendinize, gelecekte nasıl bir insan olmak istediğinizi sorun. Zihninizle, kalbinizle, tüm varlığınızla sıradan olmak mı istersiniz? Yoksa kendinizi tanımayı ve bu sayede zarifçe, duyarlılıkla olgunlaşmayı mı tercih edersiniz?

İnsanın kendini yok etme ve yeniden yaratma gücü vardır ve tercihini istediği yönde kullanabilir; bu onun kendine karşı olan sorumluluğudur. Kendini tanımak ve daha öteye taşımak isteyen kişinin bu işi tek başına başarması, kendisinin ışığı olması gereklidir. Bu konuda dışarıdan yardım alması, kaçıp başkalarına sığınması mümkün değildir. Kendini bilmek isteyen insanın kaçıp sığınabileceği tek yer, yine kendi benliğidir. Eğer kendinizi tanımak istiyorsanız, kendinize bir yön tayin etmeniz ve o yönde büyük bir kararlılıkla, azimle ve disiplinle çalışmanız gerekiyor. Bir hedef veya amaç değil –çünkü onları kovalayarak acı çekersiniz– ama bir yön belirlemeniz gerekiyor. Ve yönünüzü bir kez belirlediğiniz zaman bir kalabalık içinde insanların arasından yolunuzu bulup geçebildiğiniz gibi, hayatınızın içinde de genel doğrultunuzu kaybetmeden öylece olayların arasından geçip, sizi kendi benliğinize götüren yolu bulabilirsiniz.

İnsanlar hayatları boyunca eğer zihinleri disiplinli olsaydı asla yapmayacakları bir sürü aptalca eylemde bulunurlar ve sonra onlar yüzünden kendilerini berbat hissederler. Oysa uyanık olan ve kendi zihninden haberdar olan kişi, bu tür saçmalıklardan sonsuza dek özgür kalır.

Zihninizin içine girip onu tanır ve onun işleyiş mekanizmasını öğrenirseniz onu kontrol edebilmeye başlarsınız. Zihnin, zihnin kendisi tarafından kontrol edilmesi gerekir ve zihni kontrol etmekte çektiğiniz zorlukları yaratan da zihninizin ta kendisidir. Sabırla, zekice ve sistematik bir şekilde çalışırsanız bir süre sonra zihniniz sizin sözünüzü dinlemeye, koyduğunuz yerde durmaya başlayacaktır.

Zihin eğitimi bir çocuk oyunu değildir; yaşam boyu sürecek olan bir çalışmadır. Bir gün hevese kapılıp zihninizi eğitmeye karar verir ve ertesi gün vazgeçerseniz hiçbir ilerleme kaydedemezsiniz. Ama eğer çalışmaya devam ederseniz, bütün zorlukların üstesinden gelir ve her şeye değer bir kazanım elde edersiniz.

O, sizin kendi benliğinizdir ve hiç kuşkusuz bu dünyadaki en kıymetli hazinedir."

"Dertlerimi bilmediniz
Çektiğimi görmediniz
Bana fırsat vermediniz
Sayenizde yaşamadım yıllar."

Selahattin Cesur

Hapishaneden Kaçma Yöntemleri ve Diğer Saygıdeğer Uğraşlar

"Uyanan ve kendini hatırlayan kişi daima keyiflidir" dedi Mama Nono. "O artık kalabalık değildir, birden çok kişiliğe sahip değildir. Hiç kimseye zarar vermez, çünkü kendine zarar vermeyi bırakmıştır. Yaraları yoktur ve bu yüzden düşmanı da yoktur. Kalbi bir tüy kadar hafiftir. Her geçen gün daha mutlu, daha canlı ve daha zeki olur.

Uyanın, sizi esir eden bütün zincirleri kırın ve kendi mutluluğunuzun mimarı olun. Zihninizin size dayattığı sınırları kaldırın, şartlanmalarınızın sizi kapattığı hapishaneden dışarı çıkın ve özgürlüğün tadına varın."

Madam Bobogel büyük bir hevesle, "Sonsuz Işık'a şükürler olsun, nihayet hapishane konusu açıldı" dedi. "Kutsal sabrım taşmak üzereydi."

"İnsanların büyük çoğunluğu hapishanede olduğunun farkına bile varmadan yaşayıp giderler" dedi Mama Nono. "Durumunun farkına varan azınlık ise hapishanenin içinde başkaldırmakla yetinir. Daha iyi yemekler, daha geniş bir hücre, gökyüzünü görebilmek için biraz daha büyük bir pencereye sahip olmak isterler. Bunlarla yetinmeyip, hapishaneden sonsuza dek çıkmak gerektiğini..."

Derken durakladı. Birisi çok sert bir şekilde kapıyı yumrukluyordu. Şaşkınlık içinde birbirimize baktık. Madam Bobogel birdenbire panik içinde ayağa fırladı, bas bas bağırmaya başladı: "İşte tutuklanıyorum! Polisler geldiler ve beni buldular. Üstelik hapishane konusu yeni açılmıştı! Kodeslerde çürüyen çok yüce bir madam! Sonsuz Işık aşkına, bu serserilerde hiç mi kozmos korkusu yok?"

Mama Nono doğruldu, Madam Bobogel'in yanına gitti, "Sakin olmaya çalışın sevgili madam" dedi. "Kapıdaki her kimse, eminim sizi hapse atmaya gelmemiştir."

"Geldiler!" diye haykırdı Madam Bobogel. Küçük salonun içinde bir oraya bir buraya koşturuyordu. "Suçum neymiş söyleyin!" dedi ve etrafımızda dönerek yüksek sesle sayıklamaya başladı.

Söylediklerini dikkatle dinliyor, neler olduğunu anlamaya çalışıyordum. Bölük pörçük olsa da şunları duydum: "Kozmik kraliçelik unvanım elimden zorla alınınca... Bütün müritlerim birer birer çekip giderken... Gitmesinler diye rüşvetler vererek... Önce malikânelerimi, yatlarımı, katlarımı satıp dağıttım, ama yetmeyince... Bankalardan krediler çekerek... Son kuruşuma kadar alan nankörler şimdi neredeler?... Buram buram çürümüş balık kokan polisler... Hakkında tutuklama kararı çıkarılan çok yüce bir madam..."

Kapıya yine çok sert bir şekilde vuruldu ve bir erkek sesi, "İçeride olduğunuzu biliyoruz!" diye seslendi. "Kapıyı açmazsanız kırmak zorunda kalacağız. Madam Bobogel'i bize teslim edin!"

Kulaklarıma inanamıyordum. Hakikaten Madam Bobogel'i tutuklayıp götürmeye gelmişlerdi! Anlaşılan kadıncağız gözden düşünce müritlerini yanında tutmak uğruna bütün servetini onlara yedirmişti. Bir de üstelik bankalara borçlanmıştı ve borçlarını geri ödeyemediği için hapse atılmak üzereydi. Peki ama o ilk günkü limuzin neyin nesiydi?

Madam Bobogel birdenbire yakama yapıştı, "Beni onlara verme!" diye bağırdı. "Karması kokuşuk polisler... Çakrası buruşuk Nirdoşlar... İstemem dedim, limuzinin senin olsun Nirdoş dedim... Al kıyafetlerini de dedim... Kâinat bana ne gerekirse verir dedim... Keşke demese miydim? Limuzinsiz kalınca sokaklarda yatarak... Parklarda uyuyan çok yüce bir madam..."

Durum anlaşılmıştı.

Nirdoş Hanım derste de belirttiği gibi, Madam Bobogel'in servetini müritlerine dağıtmasına kızmış, buna mâni olmaya çalışmıştı. Madam Bobogel onu dinlemeyip varını yoğunu çarçur etmiş, her şeyini kaybetmişti. Parasız kalınca iyice gözden düşen yüce madamın yanında bir tek Nirdoş kalmış, sadakat ve sevgiyle ona destek olmuştu. Madam Bobogel hatalarını yüzüne vurduğu ve herkesin içinde dile getirdiği için Nirdoş'a da küsmüş, böylece büsbütün ortada kalmıştı.

Her şey bir anda oldu. Kapı kırıldı, polisler bir hışımla içeriye daldılar. Madam Bobogel tiz bir çığlık atıp, arkama saklandı. Plastik asasıyla başıma sert bir şekilde vurdu, "Bir gün bir kitap yazacak olsaydım yüce madamların başına böyle işler açmazdım!" dedi. "Karması kokuşuk, çakrası buruşuk yazar bozuntusu seni!"

O anda zihnimde bir şimşek çaktı. Madam Bobogel yerden göğe kadar haklıydı. Evet, belki karmam kokuşuk ve çakram buruşuktu, ama yine de bu kitabın yazarı bendim ve benim borum öterdi!

Madam Bobogel'e döndüm, "Sakin olun sevgili madam" dedim. "Şimdi kâinat size yapılan haksızlıkların hesabını soracak! Bu serserilerde hiç kozmos korkusu yok, besbelli!"

***

"İnsanların büyük çoğunluğu hapishanede olduğunun farkına bile varmadan yaşayıp gider" dedi Mama Nono. "Durumunun farkına varan azınlık ise hapishanenin içinde başkaldırmakla yetinir. Daha iyi yemekler, daha geniş bir hücre, gökyüzünü görebilmek için biraz daha büyük bir pencereye sahip olmak isterler. Bunlarla yetinmeyip, hapishaneden sonsuza dek çıkmak gerektiğini..."

Derken durakladı. Birisi çok sert bir şekilde kapıyı yumrukluyordu. Şaşkınlık içinde birbirimize baktık. Madam Bobogel birdenbire panik içinde ayağa fırladı, bas bas bağırmaya başladı.

"İşte tutuklanıyorum!" dedi. "Polisler geldiler ve beni buldular. Üstelik hapishane konusu yeni açılmıştı! Kodeslerde çürüyen çok yüce bir madam! Sonsuz Işık aşkına, bu serserilerde hiç mi kozmos korkusu yok?"

Mama Nono doğruldu, Madam Bobogel'in yanına gitti, "Sakin olmaya çalışın sevgili madam" dedi. "Kapıdaki her kimse, eminim sizi hapse atmaya gelmemiştir."

"Geldiler!" diye haykırdı Madam Bobogel. Küçük salonun içinde bir oraya bir buraya koşturuyordu. "Suçum neymiş söyleyin!" dedi ve etrafımızda dönerek yüksek sesle sayıklamaya başladı.

"Hiçbir suçunuz yok sevgili madam!" dedim. "İçiniz rahat olsun. Sonsuz Işık şahidim olsun ki gelenler polis değil."

Madam Bobogel söylediklerimi işitince kalakaldı. Mama Nono şefkatli bakışlarını bana doğrulttu. Yüzünde sımsıcak bir gülümseme ve bariz bir memnuniyet ifadesi vardı.

"Ve eğer gelenler polisse onlara şöyle söyleyin" dedim. "'Defolun polisler! Bana gelmeyin. Eğer gelmişseniz de çabuk gidin. İsterseniz şu gariban yazara gidebilirsiniz. Hem, onun evinde havuz var."

Madam Bobogel donuk bir ifadeyle bir süre daha yüzüme baktıktan sonra bir mucize gerçekleşti. İçten ve samimi bir kahkaha atıp, beni kucakladı. Neler olduğunu anlamaya başlamıştı. Ona sıkıca sarıldım, "Hadi kapıyı açın sevgili madam" dedim. "Arkadaşınızı bekletmeyin."

***

Gelen Nirdoş Hanım'dı. Yanına avukatını da almıştı ve ikisi beraber Madam Bobogel'e müjdeli haberi verdiler. Mahkemeler Madam Bobogel'i haklı bulmuştu ve dağıttığı servetin tamamı müritleri tarafından ona iade edilecekti.

Hep beraber neşe içinde küçük salona geçtik ve Mama Nono'nun son egzersizini dinlemek üzere minderlerimize oturduk.

"Bu egzersizi oturarak değil, uzanarak yapacaksınız" dedi Mama Nono. "Sırtüstü yatın, gözlerinizi kapatın ve nefesinize odaklanın. Bedeninizi tarayın ve gergin noktaları bulup, rahatlatın. İyice gevşediğiniz zaman ölüm döşeğinde yattığınızı ve bunun son saatiniz olduğunu hayal edin. Hayatın sona ermek üzere olduğunu öğrendiğiniz anda her şeyin birdenbire ne kadar kıymetli bir hale geldiğini fark edin. Şimdi dikkatiniz her sese, her görüntüye, her kokuya ve her hisse nasıl da odaklanıyor, değil mi? Günlük kaygılarınızın nasıl da önemsiz hale geldiğini izleyin. Sevdiğiniz ve geride bırakacağınız insanları düşünün. Onlarla yaptığınız tartışmalardan pişmanlık duyuyor musunuz? Keşke onlara olan sevgimi daha sık söyleseydim, daha çok belli etseydim diye düşünüyor musunuz?

Tam olarak ne değişti, söyler misiniz? Hayatınız boyunca bir gün öleceğiniz bilgisine sahip olarak yaşamıştınız, ama nedense bu bilgi hayatınıza gerekli özeni ve itinayı göstermeniz için yeterli olmadı. Neden bir gün öleceğinizi bildiğiniz halde kendinizi tanımak için hiçbir gayret göstermediniz? Neden zihninizden, düşüncelerinizden ve eylemlerinizden dikkatinizi esirgediniz? Neden çevrenizdeki kişilerden sevginizi esirgediniz?

Şu andan itibaren hayatınızın geri kalan bütün saatlerini son saatinizmiş gibi yaşamanızı istiyorum. Uyanık olun, orada olun, içinde bulunduğunuz anın tadına varın, onu kana kana için. Hayatın ne kadar kıymetli olduğunun farkına varın, hayatın içindeki her şeye hizmet edin ve her şeyi sevin. Tüm insanlığı ve tüm canlıları kendi aileniz kılın. Kalbinizi yumuşatın; o kadar yumuşasın ki kırılmaz olsun. Kendinizi sevgi ve şefkatle doldurduğunuzda yumuşaklığın da kendine has, ayrı bir gücü olduğunu göreceksiniz.

Şimdi gözlerinizi açın ve bundan sonra alacağınız her nefeste hayatınızın kıymetini çok iyi bilin."

Gözlerimi açtım ve yavaşça doğruldum. Nirdoş Hanım çoktan kalkmıştı. Gözleri fal taşı gibi açılmıştı, yüzünde dehşet dolu bir ifade vardı. Elini kaldırdı, "Bir soru sorabilir miyim?" dedi.

"Tabii, buyurun" dedi Mama Nono.

"Bundan önceki dersleri kaçırdığım için tam olarak anlayamadım" dedi Nirdoş. "Biraz sonra ölecek miymişiz?"

"Sonsuz Işık aşkına!" dedi Madam Bobogel. "Komik olma Nirdoş! İstesek de ölemeyiz, çünkü bir kitabın içindeyiz."

Nirdoş bunu duyunca büsbütün şoke oldu. Bana doğru döndü ve çekinerek sordu: "Bir kitabın içinde miymişiz?"

Başımı salladım, onayladım.

Bir an durakladı. Sonra, "Demek bir kitabın içindeyiz ha!" dedi. "O zaman yazıklar olsun bize!"

KAYNAKÇA

Anger: Wisdom for Cooling the Flames / Thich Nhat Hanh

Art of Meditation / Matthieu Ricard

As One Is: To Free the Mind From All Conditioning / Jiddu Krishnamurti

Beginning Mindfulness / Andrew Weiss

Being Zen / Ezra Bayda

Ben / Red Hawk

Bring Me the Rhinoceros and Other Zen Koans That Will Save Your Life / John Tarrant

Conquest of Mind / Swami Sivananda

Conquest of Mind: Take Charge of Your Thoughts and Reshape Your Life / Eknath Easwaran

Don't Believe Everything You Think / Bhikshuni Thubten Chödron

Everything Is the Way / Elihu Genmyo Smith

Fail, Fail Again, Fail Better: Wise Advice for Leaning into the Unknown / Pema Chödron

Farklı Bir Yaşam / Jiddu Krishnamurti

Feast or Famine / Lee Lozowick

Food For the Heart / Ajahn Chah

Fully Present: The Science, Art and Practice of Mindfulness / Diana Winston

Getting Real / Lee Lozowick

Glimpse After Glimpse / Sogyal Rinpoche

Gurdjieff's Early Talks 1914-1931 / G. I. Gurdjieff and Joseph Azize

Happiness / Matthieu Ricard

Hardwiring Happiness / Rick Hanson

Hayatınızı Nasıl Pişirirsiniz? / Köshö Uchiyama Röshi

How to Train a Wild Elephant: And Other Adventures in Mindfulness / Jan Chozen Bays

I am That / Sri Nisargadatta Maharaj

In Simple Terms / Ajahn Chah

It's Up to You / Dzigar Kongtrul

Joyful Wisdom / Yongey Mingyur Rinpoche

Life is Real Only Then, When I am / G. I. Gurdjieff

Love Your Enemies / Sharon Salzberg-Robert Thurman

Making a Change for Good: A Guide to Compassionate SelfDiscipline / Cheri Huber

Meditation in Action / Chögyam Trungpa

Mind, It's Mysteries and Control / Swami Sivananda

Mindfulness / Daniel Robbins

Mindfulness in Plain English / Bhante Gunaratana

Mindfulness, Bliss and Beyond / Ajahn Brahm

Opening the Door of Your Heart / Ajahn Brahm

Practical Work on Self / E.J. Gold

Prior to Consciousness / Sri Nisargadatta Maharaj

Quiet Mind / Sharon Salzberg, Sakyong Mipham

Smile at Fear: Awakening the True Heart of Bravery / Chögyam Trungpa

Stillness Speaks / Eckhart Tolle

Taming the Tiger: Tibetan Teachings for Improving Daily Life / Akong Tulku Rinpoche

The Awakening of Inteligence / Jiddu Krishnamurti

The First and Last Freedom / Jiddu Krishnamurti

The Force of Gurdjieff, Vol. 1 / G. I. Gurdjieff, Magisteria

The Force of Gurdjieff, Vol. 2 / G. I. Gurdjieff, Alfred Orage

The Force of Gurdjieff, Vol. 3 / G. I. Gurdjieff, Alfred Orage

The Force of Gurdjieff, Vol. 4 / G. I. Gurdjieff, Magisteria

The Human Biological Machine as a Transformational Apparatus / E. J. Gold

The Joy of Living / Yongey Mingyur Rinpoche

The Joy of Sacrifice / E.J. Gold

The Mindfulness & Acceptance Workbook for Anxiety / John P. Forsyth-George H. Eifert

The Mindfulness Toolbox / Donald Altman

The Miracle of Mindfulness / Thich Nhat Hanh

The Myth of Freedom / Chögyam Trungpa

The Places That Scare You / Pema Chödron

The Realizes Idiot / Bruno Martin

The Tibetan Book of Living and Dying / Sogyal Rinpoche

Thoughts Without a Thinker / Mark Epstein

Toward Awakening / Jean Vaysse

Turning the Mind Into an Ally / Sakyong Mipham

Virtue and Reality / Lama Zhopa Rinpoche

Wherever You Go, There You Are / Jon Kabat Zinn

Who Ordered This Truckload of Dung? / Ajahn Brahm

Your Mind is Your Teacher / Khenpo Gawang

Zen Heart / Ezra Bayda

Zihin Kapılarının Ardındaki Sessizlik / Sogyal Rinpoche

Zihin Kontrolü / Swami Budhananda

→ İlk [illegible] 2 pm

→ Rakle

→ hayat

→ [illegible] kes